广播影视新视角丛书

电视编辑理论与实践

吴 兵 阎 安著

国防工业出版社

·北京·

内 容 简 介

本书内容主要包括三个方面。一是对电视编辑的一般性介绍;二是运用影视理论对电视编辑实践的阐述;三是分析在现代哲学影响下产生的新的电视美学观念。

第一章包括电视编辑的概念、工作流程、编辑素养、业务要求;第二章对声画编辑的蒙太奇原理的形成、发展以及基本述事方式进行了介绍;第三、第四、第五、第六、第七章,结合相关理论,分别对电视画面编辑、电视声音编辑、文字处理、特效处理、编辑节奏控制等电视编辑实践进行论述与分析;第八章和第九章从传统影视空间观念和现代主义、后现代主义哲学对影视美学影响的两个不同维度,探讨了电视创造的不同美学价值。

为强化实践性,在本书的最后,还附有案例分析,以供读者在阅读时参考。

图书在版编目(CIP)数据

电视编辑理论与实践/吴兵,阎安著. —北京:国防工业出版社,2013.6
(广播影视新视角丛书)

ISBN 978-7-118-08752-9

Ⅰ. ①电… Ⅱ. ①吴…②阎… Ⅲ. ①电视节目—编辑工作—高等学校—教材 Ⅳ. ①G222.1

中国版本图书馆 CIP 数据核字(2013)第 113238 号

电视编辑理论与实践

出版发行 国防工业出版社
责任编辑 丁福志
地址邮编 北京市海淀区紫竹院南路 23 号 100048
经　售 新华书店
印　刷 北京嘉恒彩色印刷有限责任公司
开　本 710×960　1/16
印　张 16¼
字　数 286 千字
版 印 次 2013 年 6 月第 1 版第 1 次印刷
印　数 1~4000 册
定　价 36.00 元

(本书如有印装错误,我社负责调换)

国防书店:(010)88540777　　投稿电话:(010)88540632
发行邮购:(010)88540776　　发行业务:(010)88540717

"广播影视新视角丛书"总序

胡正荣

20 世纪末以来,数字技术、互联网技术及现代通信技术飞速发展,给广播影视等传媒带来巨大的影响,传媒和科技都呈几何级数发展速度变化与增长。年龄稍长的人,可能都经历了电视的视图从黑白到彩色,广电技术从模拟信号到数字信号,节目从单调到越来越丰富的过程。如今广播影视传播的数字化、网络化、互动化已经成为现实。就通信而言,20 年前,传呼机还是新潮的通信工具,现如今手机已经非常普及并开始进入 3G 时代。手机向着微型计算机的方向快速延展,其功能之强大已现端倪。当然,近 10 年来互联网对人们社会生活的影响就更大、更为深远,其中网络电视、网络音视频等视听新媒体也起到了重要作用。广播影视需要技术作为支撑,技术的进步必将给广播影视的存在形态与发展模式带来新的嬗变因素。可以预见,在媒介融合趋势的主导下,广播影视事业必将获得更快的进步,其中既有机遇,也有挑战。

对广播影视事业另一个至关重要的影响来自体制改革与媒介管理层面。自 20 世纪 90 年代中期以来,国家出台了一系列广播影视事业的管理办法,有力推动了广电体制改革,鼓励人们探索、实践新的媒介经营与管理模式。外资的进入、民营影视机构的准入、电影院线制的实施、电视节目"制播分离"制度的浮现,都有效繁荣了广播影视市场,并促使中国的广播影视事业迈上国际化的道路。于是我们有了国产大片,有了许多叫好又叫座的电视节目,更为重要、也更为内在的是广播影视机构的专业人士在经营与管理方面逐渐获得了自我意识。2011 年 10 月举行的中共十七届六中全会对文化产业予以了高度重视,全会提出了"推动文化产业成为国民经济支柱性产业"的战略发展目标,广播影视事业作为国家文化产业的重要组成部分,必定会在这一大背景下受到积极的引导与激励,从而获得健康的、长足的发展。

所有这些,都使得广播影视在技术、产业、文化等方面不断出现新现象、新问题、新态势、新思潮、新理念。从广播影视学术研究与教学的角度来看,则出现了许多新案例与新的研究对象。传统的广播影视研究的内容、方法与范式面临挑战。在此形势下,广播影视学者理应把握住时代脉搏,将广播影视传播实践中所发生的巨大变化——从技术到产业、从理论到实践、从现象到文化——注入教学内容之中,从而让广播影视教学能够"与时俱进"。在这前提下,孙宜君、陈龙教授任总主编的"广播影视新视角丛书"的意义很自然地就凸显了出来。这套丛书很明确地将自己定位在"新视角"上。所谓"新视角",不仅意味着丛书会瞄准广播影视业界出现的新现象、新问题、新态势、新思潮,突出新案例、新材料,也意味着丛书会吸收学术界的新观点、新思维。其总体脉络则是广播影视在技术进步与体制改革背景下的发展趋势。这一点充分体现出丛书编委在编写这套教材时的新理念。

在"新视角"的主导下,这套即将陆续推出的丛书全方位地建构了广播影视本科教学的教材体系。广播电视新闻、广播电视编导、影视艺术、广告学等方面的内容悉数涵盖,涉及新闻传播学、艺术学两个学科。在编写思路上则以满足广播影视的本科教学为目标,充分体现教学特点,兼顾学理性与实用性。在体系上也较为完备,从技术(比如《影视数字制作技术》、《电视新闻摄影教程》、《电视摄像技术与艺术》等)到美学(比如《影视艺术概论》、《影视美学》等)、从理论(比如《影视传播导论》、《影视文化概论》、《广告传播概论》)到实务(比如《广播电视实务》、《广播电视经营与管理》等),涉及的课程较为全面,构架则较为严谨。所设课程尽管较多,却都不出广播影视之大范畴,这在一定程度上确保了这套丛书在选题上的集中性、在特色上的鲜明性。

求"新"并不意味着一味地赶时髦,唯新潮之马首是瞻。一味地求"新"而无视传统,必将使所谓的"新"成为无源之水,最终失去生命力,徒留空洞的外壳。唯有推陈,方能出新;唯有继往,方能开来,这是"发展"之辩证法。对广播影视的学术研究与教学来说,求"新"并非是将传统理论弃之如敝屣,实际上,新现象、新问题并没有颠覆原来的理论观点,而是对之进行了充实和发展,或者是将原来的理论观点拓展到一个更大的范畴,从而使之具有当代适用性。总之,本丛书的编写理念遵循了唯物辩证法的发展规律,求新而不忘本、追求新视角却注意保持与传统的内在贯通,将"新"建立在深入理解传统的基础上。惟其如此,丛书所彰显出来的新观念和新思维,方能做到言之有据、顺理成章。

"广播影视新视角丛书"编委成员都是来自教学一线学者。他们具有丰富教学经验;同时又在广播影视学的不同学术分支里潜心治学,可谓术业有专攻。前者保证了这套教材的针对性和实用性,后者则保证了学理性。基础理论与前沿观念结合、理论阐释与实践案例结合、学与用结合,正是这套丛书的定位。

教材为教学之本。作为这套丛书的学术顾问,我们非常期待这套教材能够积极、有效地推动中国的广播影视的教学与研究的发展。谨以为序。

前　　言

加拿大学者麦克卢汉认为："媒介是社会发展的基本动力,也是区分不同社会形态的标志,每一种新媒介的产生与运用,宣告我们进入了一个新时代。"尽管麦克卢汉的这种观点饱受诟病,但不可否认的是,每一种新媒介的产生之所以改变了人类的传播现状,是由于新型媒介的技术对传统媒介产生了既抑制又推动的双重效应。正是在这种双重效应的作用下,人类的传播能力才得以从一个时代进入到另一个时代。

网络电视、移动电视、手机电视等多种视频平台对传统电视媒介的双重影响也是如此。从电视编辑技术手段上看,早期的电视编辑采用的是线性编辑设备,无论是一对一编辑方式还是一对多编辑方式,时间和空间的线性特征始终是电视编辑突破时间和空间限制的桎梏。而非线性数字编辑设备的出现,则彻底解决了线性编辑技术上的一系列难题,使电视编辑的技术理念产生了重大的改变,并随之影响了电视编辑的艺术语言。作为人类传播的符号,无论是文字语言、口头语言还是肢体语言,其传播都要遵循特定的语言结构和语法规范。作为述事的影视媒介,电视同样也要遵循影视艺术语言的语言结构和语法规范。虽然传统上电视编辑所遵循的艺术语言更多运用的是电影艺术语言,但在数字影视技术的推动下,电视与电影在制作技术、传播渠道、艺术语言等诸多方面均有了越来越多殊途同归之感。《电视编辑理论与实践》正是阐述电视节目编辑中如何运用这种语言去述事、传情,以感染观众,并对观众行为、认知、态度产生影响。虽然本书着重从影视语言角度去分析电视编辑的基本理论和技巧,但本书不是单纯影视语言的语法书,更不是运用现代语言学、叙事学去分析影视文本意义的理论书,而是从影视语言的一般特点、规律、法则出发,阐述在电视创作中如何有效地运用这些语言规律,去表现故事、情节、人物和细节。

需要说明的是,电视节目既有新闻节目、社教节目,也有电视剧、综艺类节目。作为真实题材的新闻和社教节目,必须恪守"新闻专业主义"精神,展示直述编辑基础上的适当美学理念;而作为虚构故事的电视剧,更多强调在"事实"或类似"事实"基础上艺术化地反映社会。前者需要的是理性编辑的色彩,后者更多体现的是感性的色彩,两者虽有偶交,但毕竟各有其路,终点不一。因此,读者在阅读时应注意体会这两种不同语境下的编辑思想和编辑手段之间的差异。

此外,后现代主义哲学思潮对影视编辑语言的不断渗透,也为突破现有的编辑理论和实践提供了难得的契机。对影视编辑者而言,除了要不断吸收人文社会科学理论,丰富自身的人文素养以外,还要及时了解和掌握新传媒技术条件下影视编辑的新特点。随着网络视频节目的风起云涌,其对一般意义上的编辑理念正在产生重大的影响。网络视频语言融合了现代网络、手机等多种新媒体的语言,形成了一种全新的视频语言表现方式。这种语言对传统的影视编辑语言的影响到底有多大、多深,现在还不得而知,但任何语言都是人类文明进步的产物,都会随着历史的发展而不断更新。及时掌握这些新的编辑语言,既是编辑工作的现实需求,也是编辑理论创新的必要条件。

吴 兵

2013 年 1 月于南京

目录 Contents

第一章 电视编辑工作概述

学习要点

　　本章主要对电视编辑的概念、职责进行了界定,同时勾画了电视编辑工作的基本流程,并就电视编辑工作者的素质构成以及如何提升电视编辑的整体素质、创作能力和业务水平进行了细致讲解。

第一节　电视编辑的基本含义

　　《现代汉语词典》将"编辑"一词解释为:一是对资料或现成的作品进行整理、加工;二是做编辑工作的人。也就是说,在电视行业里,"编辑"一词通常有双重含义,既指代一个创作环节,又是一项工种名称。那么,究竟如何科学理解这一概念及其性质呢?

一、何谓电视编辑

　　作为工种而言,电视编辑是"从事组织、取舍、加工节目文字稿件和音像素材以及编制节目等工作的专业人员",其"日常工作和职责是:制订报道计划,为节目约稿、组稿;选择和修改稿件,编录、剪辑音像素材;撰写言论;录制节目;审听、审看和检查校对节目等。"①广播电视编辑按专业分工,有新闻编辑、经济编

---

　　① 赵玉明,王福顺:《广播电视辞典》,北京广播学院出版社,1999 年,第 23 页。

辑、文教编辑、文艺编辑、言论编辑等。

电视编辑有时也被称为编导,既是电视节目的组织者与策划者,又是电视节目创作具体的实践者与完成者,负责整个节目的构思、采访、后期剪辑、合成等一系列的工作,在节目创作中有着举足轻重的地位。在电视创作过程中,绝大多数情况下导演和剪辑的责任难以分开,因为电视的素材基本来源于现实,对这些真实但缺乏情节的零散素材进行加工处理并且提炼主题,是十分细致的工作,无论是在前期采访拍摄还是后期剪辑制作过程中,创作者个人判断的影响至关重要,所以,编辑承担后期剪辑、结构节目的任务,同时,也会参与前期的策划。在采编合一的情况下,编辑还须参加现场拍摄工作,既是记者又是编辑。

对于全世界大多数电视传播机构来说,编辑都是一个重要的岗位。在有些国家,电视编辑工作仅限于文学范围,也就是只负责撰写解说词或创作文学剧本,或从事一些具体的技术工作。例如,在英、美等国家,编辑工作被称为"editing",即影片或电视节目的后期剪辑,这是一项比较具体的技术工作。而在我国,电视编辑工作比较特殊,常常集编、导、制于一身。电视编辑还意味着特定的职称或职务。目前我国广播电视编辑人员专业职务分为高级编辑、主任编辑、编辑、助理编辑四级。

作为创作环节,编辑工作主要是指电视创作的后期阶段。电视创作是一个较为复杂的系统工程,本书讨论的电视编辑工作,所涉及的概念主要是指电视播出前的最后一道工序,即电视节目后期制作。后期制作主要是完成与整合零乱的前期素材、建立完整节目形态相关的一系列工作,如撰写文字稿本、整理素材镜头、配合语言文稿录音、叠加屏幕文字和图形、编配音响效果和音乐,最后把素材镜头组合编辑成播出带。

在这一阶段,声画剪辑为重中之重。编辑的主要工作是围绕"剪辑"进行的。所谓剪辑,就是按照视听规律和影视语言的语法章法,对原始素材进行选择和重新组合。一部影视片只有视听语言准确流畅,才能很好地讲述事件、表达观念和情绪,而视听语言的形成与表达效果的好坏,主要依赖于声画组接的质量。在概念的表达上,"编辑"侧重思维意义的表述,而"剪辑"侧重具体操作层面的技术意义,它担负着叙述事件、连贯动作、转换场景、结构段落、处理时空、组合声画等任务。这些都是本书主要讲授的内容。

二、电视编辑的性质

电视编辑是一项富有创造性的工作。各种镜头在被巧妙组接之前,只是一些零碎的片段,只有通过艺术与技术的巧妙融合,使之具有叙事传情的生命力,创作者的思维才情和美学追求才能渗透其间。在不同的创作观念和编辑水准影响下,同一素材的命运可能会有极大的不同,传达效果也完全不一。一个镜头如果不能与其他镜头恰当地组合,即便构图再美、视觉感再强,也可能"有功无效"。

因此,电视编辑工作性质实质上由两方面因素决定:一是技巧层面的剪辑因素,它需要制作者掌握电视语言的表现方式和表达技巧;二是内容层面的创作因素,它要求制作者能驾驭节目表现的广度与深度,这是以创作者多方面的素质和长期实践为基础的。

对于电视编辑性质的认识还应该上升到观念层面上。电视编辑思维应该贯穿于整个节目的创作过程,它不仅仅体现在后期工作中,在前期的策划、采访尤其是拍摄中,都应有画面意识和编辑意识。如果一个摄像师只是单纯考虑个人兴趣,不了解内容及其表现需要,结果往往是拍摄了大量素材,后期工作仍会陷入"无米之炊"的境地:如镜头雷同、缺乏关联、运动镜头没有适宜的落点等;相反,有编辑意识的摄像师不仅在现场能有效地配合编导,而且会自觉根据需要,适时地抓拍与调度场面,为后期剪辑提供更大的便利和创作空间。

纪录片研究者保罗·罗沙曾经在谈及剪辑工作时说:"一旦开始剪辑,才能真正理解拍摄过程中正确分析的重要性,也才能认识到初步方案的根本必要性,只有理解素材内在的含义,才可能生动表现出镜头中本来不存在的动作,那么,不管你怎么剪辑,剪短或剪长,都不可能使镜头产生动作,如果你对所拍摄对象不理解,不管你如何运用相互参照的剪辑技巧,也不可能使段落增加画面诗意的想象力"。[1]

三、电视编辑的主要职责

作为电视节目的主要组织者、策划者、实践者与完成者,电视编辑将素材整理成可供播出的电视节目时,应能充分体现出其创作意图,并将自己的创作理念融入到电视片当中。只有这样,才能使拍摄到的素材在规定的情境中展现其主题意义。

不同类型的电视节目,电视编辑的工作流程和工作内容并不完全相同。下面以电视专题片创作为例,介绍电视编辑在专题片创作不同阶段的工作内容与职责。

从工作流程上来看,一部电视片的创作过程可以分为前期与后期两个阶段。在节目制作的前期阶段,电视编辑的主要工作是:策划选题、撰写节目制作大纲、与创作人员一起进行节目稿本的编写、拟定节目制作计划,必要时将专业稿本改

---

① 王晓红:《电视画面编辑》,中国传媒大学出版社,2002年,第5页。

写为分镜头稿本,最后组织指挥有关人员深入采访,拍摄素材。

当采访拍摄素材完成以后,前期工作就基本完成了,可转入第二个阶段,即后期制作阶段。后期制作主要是对前期采访内容进行编辑与整理,完成电子编辑。电视编辑在这一阶段的主要工作是对拍摄的电视分镜头进行编辑、配加解说、配乐、叠加字幕、特技处理,最后进行声音混合录制。

后期阶段不仅仅是将前期拍摄的素材进行编辑整理的技术过程,同时也是电视编辑创作意图、艺术风格最终实现的阶段。通过对拍摄素材的整理、编辑,电视编辑可以进一步简化内容、升华主题、体现艺术品质。因此,后期阶段也是电视编辑实施节目思想、艺术风格的第二次创作。由于电视是群体创作的产物,在后期阶段电视编辑应充分发挥各部门的技术特长,协调各部门之间的工作,使节目能按预想方案顺利完成。

可见,电视编辑的职责贯穿于电视艺术创作的整个流程。编辑要把包括采访、构思、文字、图像的成果,通过自己特有的思维形式,转化为影视表现的形象,并能使其成为统一的艺术整体,以完整、全面地展示自己的思想、个性、创意和美学追求。

第二节　电视编辑的工作流程

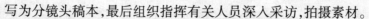

在电视节目创作过程中,后期编辑环节非常重要,但如果编辑人员离开了其他创作成员,离开了编辑之前各环节的工作,其后期编辑也不可能有所作为。精心拍摄的画面、认真拾取的音响、巧妙构思的脚本、扎实详尽的场记……都是后期编辑的有效支撑。

进入后期编辑环节之后,电视编辑就像是一个作家,要从一大堆词汇中找到组合句子、段落的正确方式。这种选择和重新组织的过程是复杂而细致的,因为一个镜头由若干分秒组成,1秒由25帧构成,而电视节目就是在帧、秒之间连接起来的,有时,1秒长度内就可能包含了多个镜头,需要几次剪辑才能完成。纵观整个后期编辑工作,大致可分为三个阶段,具体如下:

(1) 准备阶段:修改脚本—熟悉素材—选择素材—确定风格基调—撰写编辑提纲。

(2) 剪辑阶段:选择素材—剪辑(粗编、精编)—检查声音画面。

(3) 合成阶段:配解说、加字幕、配加音乐(音效)—合成为播出版。

一、准备阶段

在正式进入后期编辑前,做好准备工作很有必要,准备得越细致,编辑时就会越顺利,也越节省时间。

在创作之初,创作者一般对节目的主题、内容、风格等会有基本的构思,并且会拟定大致的拍摄提纲,有些电视片甚至会有文字脚本。但在实际拍摄中,提纲和文字脚本往往只起提供方向的作用,随着采访深入以及现场情况的变化,最终的拍摄结果常常不同于最初的构思。同时现场的不可预测性、摄像师结构影像的能力往往也会影响素材质量和表现效果,这是前期再周密的计划也无法控制的。因此,在后期编辑开始前就必须根据实际情况修改脚本,注入新信息。

在这一阶段,编辑人员需要反复观看拍摄素材,熟悉原始图像和声音素材,这是很重要的,它至少有以下作用:

(1)通过熟悉素材,想象可能的编辑效果,在脑海里建立起初步的形象系统。

(2)激发创作灵感,适当调整构思,保证素材的最有效利用。

(3)发现现有素材的不足,以便尽快补拍或寻找相关声像素材。

(4)对素材进行整理分类,做详尽的场记单(图1-1)。场记单可以包括视频(素材带)编号、每个镜头的内容、长度、质量效果,以便编辑时查找。

场 记 单　　　　　　　带号:

序号	时间长度(时码)	内　　容	摄法	景别	特技	备注

图1-1　场记单

场记(script supervisors)工作非常重要。这一工作贯穿于电视制作的前后期。在前期,场记的工作大部分应由现场编辑直接参与或指导,因为编辑是最后节目的完成者。如果不了解已经拍摄的素材内容和质量,编辑就很难把握好方向,难以进行内容取舍并准确制订下一步的拍摄计划。此外,看素材带、做场记,这些都会为编辑后期制作节目节省时间。

场记的主要任务是将现场拍摄的每个镜头的详细情况,包括镜头号码、拍摄方法、镜头长度、被采访者的神态动作以及话语、环境声响、所采访拍摄的环境等各方面的细节和数据,详细、精确地记入场记单。由于整个电视拍摄可能是由若干场景和几个甚至几百个镜头组合而成的,拍摄时镜头顺序比较乱,因此,场记所作的记录有助于编辑做各镜头之间的衔接,为编辑剪辑、配解说词等提供准确的数据和资料。采访结束后,这些记录还可供制作完善台本之用。因此,可以说,场记单是后期剪辑人员工作的主要依据,也是导演在后期制作时必要的依据。

有时,在正式剪辑前,还需要同解说词作者和作曲者协调,就节目的主题风格和基调效果等达成共识,使节目最终具有统一的形态。如果该节目安排在栏目内播出,还需要事先与栏目负责人沟通,了解栏目要求,以便与栏目总体风格一致。

编辑提纲是剪辑的依托,它包括总体结构、各个段落的具体镜头、时间长度的分配等内容。可以说,完成一个完善的编辑提纲,就等于完成了节目的一半。其好处在于:

(1)保证素材被充分利用,不遗漏最适宜的镜头。

(2)有利于安排结构和各段落比例。

(3)大大提高编辑效率。

(4)保证节目时间的精确。

二、剪辑阶段

剪辑工作并不是将镜头素材简单地连接在一起。在组合素材的过程中,可能出现多种多样的情况,如动作不衔接、情绪不连贯、现场同期声不好、时空不连贯、光影色彩不协调、镜头数量不够等。剪辑的基本任务之一就是要将这些不清楚、不完善的地方通过一定的组接技巧使之合理、完善。

(一)镜头选择

如何选择镜头是剪辑时首先面临的问题。一般从以下几个方面综合考虑:

(1)技术质量:即镜头影像是否清晰、曝光是否准确、运动镜头速度是否均匀。通常要求镜头影像清晰、曝光准确、镜头稳定(速度均匀)。

(2)美学质量:即光线、构图、色彩等造型效果如何,有时还需考虑辅助元素的可用量。如哪个镜头适合配以音乐或音响等辅助元素,用以抒情传意或起承转合。

（3）影像的丰富多变性：尽可能丰富形象表现力和画面信息量，避免使用重复或过于相近的镜头，为观众提供多视点多角度的观看方式。

（4）叙事需要：所选镜头应该是与内容表现相关的。这里主要有两种情况，一是影像质量好但与内容无关联的镜头，应该坚决舍弃，不要枝蔓；二是质量欠缺但是内容表现必需的镜头，如偷拍画面、突发性事态等，一般应予以保留，因为此时首先考虑的是内容意义的表达，而不能简单地以技术、美学要求为限定。

（二）剪辑组接

镜头组合是剪辑的核心。编辑要考虑每一个镜头的长度、镜头的剪接点位置、镜头连接关系、镜头的连接方式、镜头安排的顺序、段落的形成与转换等一系列问题，这也是本书在后面篇章中探讨的重点。

根据创作习惯不同，有的编辑在编片时一步到位，有的编辑按粗编和精编两个步骤进行。此外，由于声音画面可以分别编辑，因此，在剪辑中，镜头连接可以采用平剪和串剪两种基本方式。

（1）粗编：根据节目表达需要和时长规定，将镜头大致串接在一起，基本完成节目结构形态，它是精编的基础。

（2）精编：对已粗编的节目进行调整、修改和包装，从而达到播出要求。粗编的节目长度略长于规定时间，以便在精编时增减替换镜头，作特技处理，实现最佳效果。

（3）平剪：在连接镜头时，上一个镜头的画面和声音同时同位结束，下一个镜头的画面和声音同时同位进入，这是镜头编辑的基本方式。

（4）串剪：上下镜头的画面声音不同时同位转换，比如，上一镜头的画面结束，而相应的声音却延续至下一画面内，或者下一个镜头的声音提前进入上一个镜头。可用于加强上下镜头的相互呼应和艺术感染力。

三、检查合成阶段

节目初步完成后，应进行检查。除了推敲意义表述外，还需检查编辑的技术质量，如是否有夹帧、剪接点是否恰当、声音过渡是否连贯、声画是否同步、图像质量是否达到播出要求等。上字幕后，还需检查是否有错字、漏字，一旦发现问题，必须立即更正。

完成版节目需要加字幕、加特技、配解说或者配音乐和音响效果。位于不同轨道上的声音应按播出要求合成在一起。至此,节目编辑才基本完成。

在编辑流程方面,初学者常常提出这样的问题:先写解说词还是先编画面?电视节目类型丰富,前期创作条件有所不同,后期编辑程序也可能差异较大。电视剧、广告、MTV等一般有较详尽的分镜头本,而纪实类的节目,其素材大多是零散的即兴抓取,因此,编辑的创作余地更大,节目的结构、意图的表达在很大程度上依靠后期编辑的创作。

一般而言,如果画面素材具有较强的叙事功能和纪实性,应该先编辑画面,然后根据画面写解说词,因为电视是以影像和声音为元素的可闻可见的语言,文字只是辅助性手段。从实际操作看,这样能保证声画统一,避免相互脱节的"声画两张皮",即使有些节目先配解说词,它也只是编辑的提示,在完成画面编辑后,常常还需要根据画面实际调整解说词。

消息类节目的编辑有时会先写解说词配音,再插入相关画面,这样做通常基于两方面考虑,一是解说稿被要求表述得准确严谨,以供有关部门审查,二是可以加快编辑速度。但是,严格来说,即便采用此方式,也应该事先熟悉素材,基本做到心中有形象。因此,对于电视编辑来说,建立画面意识十分重要。

第三节　电视编辑的业务要求

作为电视节目主创人员,电视编辑必须强化政治意识、市场意识、受众意识、创新意识和精品意识,同时不断提高自己驾驭电视节目的能力,这种能力是在长期的业务实践、艺术实践中得来的。总的来看,一位优秀的电视编辑人员应具备以下业务能力。

一、精通电视节目制作流程与方法

电视节目的制作涉及到电视台各专业部门。一个不了解电视制作过程和电视制作方式的人是很难当好电视编辑的。因此,电视编辑对摄像、编辑、音乐、音响等内容都应该尽可能多地了解和掌握。除了有比较好的人文知识以外,还应该善于运用电视镜头的画面、光线、色彩、角度、运动速度来体现自己的创作意图和目的,而在后期制作过程中,要对电视画面的编辑技术、编辑手法、表现风格有比较全面的了解和把握,充分运用影视时空的特殊魅力向观众传达节目的思想内涵和影视艺术的美感。

电视编辑工作开始之前,首先要确立风格。电视节目的种类繁多、形式各异,节目编导们的构思、拍摄、制作风格也不尽相同,这就给节目编辑人员提供了很大的创作、表现空间。但无论采用怎样的节目编辑方式,在编辑过程中都必须以整体的创作意图为根本,编辑人员在这个根本的基础上发挥个人的聪明才智,把握节目的内容、结构,力求将节目编导的创作意图表现得淋漓尽致。所以,在动手剪辑一部片子前,必须首先熟悉节目、吃透剧本,把握节目的创作意图、艺术追求,根据节目的内容、形式,考虑适宜采用的编辑手段,建立片子的风格。风格一经确定,就要保持前后一致,贯穿始终。

由于不同类型的节目有不同的编辑思路,因此,电视编辑人员有必要熟悉不同类型节目的各自特点和编辑方法。例如综艺晚会类节目,大多数以歌舞为主,其剪辑点需按歌曲内容及音乐旋律、节奏、乐句、乐段来选择,如在音乐节拍强点上切换镜头就比较流畅。电视剧类的节目,多数按剧情的发展及人物情绪的变化来选择剪辑点。对于访谈性节目,一般按访谈者的谈话内容及现场气氛来切换镜头。纪录片及纪实性专题片的剪辑要力求真实可信,尤其是长镜头的处理,剪辑时要尽量保证镜头完整,避免剪得过细过碎。竞技体育类节目,由于动感较强,应选择动感强烈的地方作为切换点。

二、具有较强的文字写作能力

无论电视媒体如何转型、电视技术怎样发展,对于编辑人员来说,文字始终不可或缺。文字是什么? 文字是一种符号,是用来记录语言的,而语言是人类思维的工具。这就是马克思所说的"语言是思想的直接现实"。从这个意义上说,语言、文字、思维能力是连在一起的,忽视语言文字,某种程度上讲就是忽视思维能力。人是"一根能思维的苇草",是靠思维才成为万物之灵长的。可以说作为这根苇草盛开的"最美丽的花朵",思维层次决定一切。由语言文字锻造的思维能力、思维层次,则是人的核心素质。如果语言不强,文字很弱,必然会制约思维能力。如果思维能力稀松平常,想在激烈的电视市场竞争中脱颖而出,几乎是天方夜谭。

电视编辑人员要重视文字写作能力,是从两个层面来讲的:一个是指语言文字像过去一样,作为思维的一种工具,在电视节目编辑过程居于基础性地位;另一个是指在具体的业务环节,电视编辑人员应该能够驾驭常用电视文本的写作。电视之所以能成为当代最有影响的现代传播,归结于它视听兼备、声画并茂,"视"、"听"、"读"融为一体。一般而言,电视较擅长展示事物发展表象、具象的内容,而对内在的、本质的东西,单纯用画面去表现就显得力不从心,从这个意义而言,电视需要声画兼备。要将表象背后的实质内容转化为通俗易懂的语言,电视编辑必须具有较强的文字功底。

电视稿本是一种特殊的文体形式,不同于一般文体的写作。在无限时阅读过程中,读者可以根据自己的理解能力,或放慢阅读,或加快阅读,或对同一段内容反复阅读。而电视传播的特性决定了电视观众无法采用传统的阅读方式,他们必须在电视的播放时间内看懂、听清、理解画面语言与听觉语言的内容。这就要求电视编辑必须懂得电视媒体的表现特性,熟悉电视制作的技巧,能够准确地将抽象的文字材料转化为在一次性传播过程中易于听清、便于理解的文体形式。

在后期编辑过程中,创作者应特别注意分镜头稿本的写作。分镜头稿本是根据文字稿本的主题,利用电视语言的造型与表现手法,依据编辑人员自己的艺术构思、艺术风格,对制作节目制订的详细的工作蓝本。当文字稿本完成以后,通常不能立即使用文字稿本进行电视节目的制作,这主要是因为文字稿本通常还是文字思维的表现形式,必须使用电视语言将其改成直观的影像思维的表现形式。

分镜头稿本不仅对拍摄来说至关重要,对后期的声画结构、声音创作、画面剪辑等,都具有不可或缺的作用。它既是提示,又是依据。它为各类专门创作者提供的想象空间,有利于创作者调动本专业的创作手段去实践各自的艺术构想。在写作时,可根据拍摄需要将内容加以分切,以拍摄分场号、镜头号、各种提示,以原故事线索为依据改写而成。这类稿本主要根据电视分镜头的需要,将每个镜头的拍摄要点,各种声音指示,每场戏、每个情节之间的各种联系,以更方便于工作、更有利于现场拍摄的提示性方式,列于纸上,使用者一眼便可以感受到声画结构后的效果。分镜头稿本是为了电视节目制作的需要而写的,因此可以不像电视文学本那样追求完整,只需根据具体的节目结构要求、制作的繁杂程度和制作时间的长短而定。

(一) 完整式分镜头稿本

这种分镜头稿本对节目的每一个镜头的拍摄方案以及镜头的连接方式都予以精心考虑。其主要内容有:

图像部分:主要包括拍摄的人物、物体、风景、字幕、资料的内容、长度,可以用文字的形式进行描述,也可以采用速写或草图的形式表现。

技术(技巧)部分:主要包括镜头的长度、摄像机镜头的角度、景别、运动形式、画面组接(转换)方法。

声音部分:主要包括节目中人物的台词内容、画外音内容、解说词内容、同期声、音乐的长度、出现和消失的时间。

特定内容:主要包括镜头的序号、组别、摄像机的机号,以及其他一些相应内容。

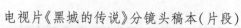

电视片《黑城的传说》分镜头稿本(片段)

序	景	摄法	画面内容	解说词	技巧	长度/s
1	全		宿营之夜,采访团围坐篝火旁	采访团夜晚没有进城		9
2	特	摇	篝火	达木腾老人拉着马头琴述说着黑城的古老传说		10
3	全	推	以篝火为前景的蒙族歌手			39
4	特	拉	从眼睛拉出扮演的黑将军	很久以前,黑城很富足。它最后的国王叫巴台鲁,英勇善战,人们称他黑将军	叠化	5
5	特		篝火		叠化	4
6	特	拉	从大刀拉出扮演的黑将军			7
7	特		篝火		叠化	6
8	近	推	佛教画	由于巴台鲁治国有方,黑国更兴旺了		6
9	全		透过火焰气浪看到的落日	巴台鲁的金银能够装满八十辆车,他还用金粉将佛经写在丝绢上,通过这种现在看来不可思议的文字治理黑城	长焦	7
10	近	摇	由佛教画摇到用金粉在绢上写的西夏文书			31
11	全	急推	山岗上三个蒙古骑兵,光环笼罩	突然有一天,黑城前出现了敌军,这是蒙古汗国成吉思汗的部队		3
12	全		黑城佛塔			3
13	全	后移	俯视移跟飞奔的马蹄			5
14	远		马队冲杀		长焦	9
15	全	前移	从城门沿城墙快速移动	黑将军率领部下出城迎战,厮杀于城东的山坡上,交手三个时辰终因寡不敌众退守回城	6.5 毫米	13
16	全		马队砍杀冲过画面		超广角	4
17	全	前移	快速移动过佛塔			10

（续）

序	景	摄法	画面内容	解说词	技巧	长度/s
18	全		马队砍杀冲过画面		超广角	3
19	全	前移	在移动中展示遗址	成吉思汗几次攻城都没有奏效，军队异常焦躁	超广角	3
20	中		火光中骑兵砍杀			2
21	中		火光中骑兵砍杀			6

（二）简略式（两段式）分镜头稿本

对于一些电视纪实类节目，也可以采取简略式分镜头稿本，即只把画面内容和解说词分左右两栏同时写出，省去其它的部分。根据作者掌握情况的不同和习惯不同，有些以解说词为主，镜头只是大意；有些以镜头为主，解说只是大意。这种写作方法是人们最多采用的。

三、拥有丰富的视觉形象想象力

电视编辑的工作在很大程度取决于丰富的视觉想象能力。电视编辑应该善于捕捉现实视觉空间中美的瞬间，而且还善于通过摄像机的角度变化、视觉元素的组合以及电视特技的使用，使社会生活中一般的场景具有新的特别意义。比如，经常编辑画面的人都会有这样的感觉，画面的组接、剪接点的选择往往主要是靠感觉而非规律。这种感觉并非凭空而来，而是建立在大量实践的基础之上，通过反复实验得到的。这种能力就是诉诸于视觉形象的想象力。

电视编辑要想培养自己的视觉想象力，主要应从以下几个方面进行锻炼。

（一）屏幕造型感

所谓屏幕造型感，是指电视编辑善于将文字材料转化为可视的造型材料。在前期稿本编写时，能够对今后实际拍摄的画面进行画面造型构想，脑海中应该有所拍摄画面的虚拟影像，通过想象将节目的各种景别建立起来。这种虚拟的屏幕构建，使产生于文字描写的抽象映像具象化。

比如古典小说《三国演义》第50回中，描写关羽在华容道拦截曹操的一段，原文是：

一声炮响，两边五百校刀手摆开，为首大将关云长提青龙刀，跨赤兔马，截住去路。操军见了，亡魂丧胆，面面相觑。操曰："既到此处，只得决一死战！"

……

如何透过这段文字描写显现画面,如何透视文字结构中的视觉形象,建立一种更加直观的一幅幅画面呢?

首先原文中"一声炮响,两边五百校刀手摆开"描写了关羽所率人数众多,既有多达五百之众,就必须使观众看清蜀军严阵以待的宏大气势,所以画面上就应该尽可能反映出这种气势,而表现这样的宏大场面肯定离不开全景镜头。

其次,"大将关云长提青龙刀,跨赤兔马,截住去路",文中如此描写,体现在画面上,观众可以看清为首大将是关云长,当然就比远景、全景要近得多了,但又不可能是近景、特写,因为在画面内包括了提青龙刀、跨赤兔马的形象,恰好是个中景镜头。

再其次,"操军见了,亡魂丧胆,面面相觑",这段描写表现了众多操军的胆怯。而要看出操军亡魂丧胆、面面相觑的表情,决不能采用远景或大全景,而只有通过人物的表情特征反映出人物的心理特征,但考虑到当时跟随曹操的尚有一百多人,所以拍摄时以采用中全景为宜。

最后,"操曰:'既到此处,只得决一死战'"。这里反映了当时曹操绝望的心理。而让观众看到曹操开口说话并能听清其声,则只在近处才能实现。因此拍摄中采用近景镜头或特写镜头最为合适。

通过这样的想象,将原来文字的内容体现在屏幕上,就形成了如下的拍摄稿本:

全景	路两边众多士兵摆开阵势
中景	关云长提青龙刀,跨赤兔马,立于路中
中全景	操军队形混乱
特写	曹操:"既到此处,只得决一死战"

通过对以上事例的分析可以看到,很多原有的文字也具有视觉形象因素。电视编辑应该充分发挥自己的想象力,将文字当中存在的视觉成分抽取出来,转为更加直观的视觉形象。

(二)屏幕形象感

除了建立屏幕造型感以外,电视编辑还需要具有屏幕形象感。对拍摄完成的素材未经选择,编辑就应该能够知道这些素材是否可以形成形象动作的连续和联系,内容是否符合主题表现的要求,是否还缺少什么素材、还存在什么问题、需要补充些什么内容。总之,应在尚未编辑成片以前,在自己的头脑中建立起节目编辑完成后的大致样式。

（三）屏幕效果感

在分解镜头时,对所划分的不同远、近景别和静态的与动态的各种镜头,能够预先知道它的屏幕效果是否符合"戏剧动作"的分解和"规定情景"的要求,并对声画结合关系以及情节线走向有宏观的把握。

（四）剪接感

在后期实际编辑过程中,面对多种素材具有准确选择、合理运用的能力,能够预想到选用哪一种素材对表现主题效果更好;能够找准剪接点,使镜头的组接合理,画面进程更加流畅,艺术效果更加感人。

总之,对于电视编辑人员而言,是否具有丰富的视觉想象力,不仅关系着电视创作中前期案头工作能否顺利完成,同时也直接影响着素材的拍摄和后期的编辑工作。而在培养视觉形象想象力和提高驾驭视听语言的能力方面,除了大量实践,向电影借鉴编辑手法也是电视编辑人员提高编辑能力的一条途径。

四、具备较强的组织与口头表达能力

电视编辑工作不同于那些依据个人体力、脑力完成新闻或艺术实践的人。画家的工作是个体性的工作,画家使用作画工具,绘出自己的思想和对社会的理解。作家也是个体性创作。作家运用手中之笔,描述出自己的故事,展示自己精神世界的轨迹。无论是画家、作家还是其他的个体性艺术创作人员,他们的工作均游离于群体之外,只凭个体行为完成自己的创作实践活动。

电视创作是一门复杂而特别的工作。工艺流程涉及各个部门,甚至涉及到创作组的每一个人。从选择题材、制订摄制计划、确定节目的风格样式到拍摄、后期制作、宣传发行,都需要各方面的专业人员完成,电视编辑无法游离于创作群体之外,他(她)们必须与这个群体通力合作。

电视编辑应该使整个创作组理解自己的创作思想和创作意图,理解自己的创作风格,通过与各专业人士的充分交流和有效合作,求得他们的支持。电视节目作为群体创作的产物,电视编辑与其他创作人员协调的好坏将直接影响到他们的合作关系,进而影响到节目的质量。

人们戏言,只有"五子登科"才能创作出比较好的电视作品。一个好的"创作班子"是最重要的。事实证明,优秀的电视编辑都善于与所有创作人员交流与勾通,都善于调动全体人员的创作智慧。换言之,电视编辑既是创作者,又是组织者和协调者,没有组织能力和协调能力,光凭个人的能力是很难实现自己的创作意图的。

五、了解世界电视传播技术发展趋向

从电视发展的历史来看,每一次重大技术的发明都会对电视传播产生变革性的深远影响。在当今世界,电视已全面进入数字化时代。数字化给电视带来的影响是多方面的。比如在拍摄方面,数字化技术产生的虚拟场景使电视突破了实景拍摄的局限,让电视空间走向了更加广阔的表现领域。尽管实景制作在记录生活、再现生活、反映生活等方面具有无与伦比的真实优势,但是对于电视而言,特别是对类似于电视剧这样的情节化节目,有时仅仅依靠实景无法完成如地震、火灾、海啸等难以实现的场面。数字技术将这些难以实现的场面通过计算机"真实"地模拟出来,创作出一个类似于现实生活的"真实场景",从另外一个方面准确地再现了现实生活。

在后期编辑制作方面,数字化技术下的桌面编辑系统结束了线性编辑设备多样、繁杂的状态,电视的创作周期大大缩短,而节目表现手法则更加多样。从模拟(线性)编辑系统向数字(非线性)编辑系统的转变,"要求的不仅仅是不同的操作技术,更是一个全新的编辑理念"。线性和非线性编辑系统之间的基本区别在于,"线性系统将信息从一盘录像带复制到另一盘录像带上;而非线性系统以特定的顺序创建和排列音画数据文件,它不是一个镜头一个镜头地逐个编辑,而是基本上类似于文件管理"①。非线性编辑系统集录像机、切换台、特技机、图文创作系统、调音台、编辑控制器等于一身,在完成编辑功能的同时,还能实现特技效果、切换、字幕叠加、配音、配乐等功能。从这个意义上说,非线性编辑系统实际上是一个完整的节目制作系统(图1-2)。它带来了编辑的方便性、瞬时性和随意性,大大缩短了编辑时间,为电视节目制作提供了良好的操作环境。

图1-2 非线性编辑系统

① [美]赫伯特·泽特尔:电视制作手册(第七版),北京广播学院出版社,2004年,第23、268页。

可见,电视技术对当代电视传播及发展走向产生的影响是巨大的。随着云计算与"物联网"的发展,不难想象,在未来还将有更多、更新的技术应用于电视编辑制作领域,电视节目的面貌将大大改观。作为电视编辑人员,必须时刻把握新传播技术发展与变化,站在传播技术革命发展的前沿,充分发挥电视传播技术的巨大威力,以策应世界电视传播的发展。

总之,电视编辑要不断研究电视传播规律,努力提高自己的政治理论水平和业务能力,全面了解电视产业发展的新情况,找准中国电视传播的方向。只有这样,才能创作出符合时代要求,广受大众欢迎的电视节目。

思考与练习

1. 何为电视编辑? 电视编辑的主要工作是什么?
2. 电视编辑的业务素质包括哪几个方面的内容?
3. 电视编辑视觉想象力指的是什么?
4. 何为屏幕形象感? 何为屏幕效果感?
5. 将下列文字"具象化"后写出来,要求包括镜号、景别、画面内容、技巧。

《望庐山瀑布》

李白

日照香炉生紫烟,

遥看瀑布挂前川。

飞流直下三千尺,

疑是银河落九天。

推荐阅读书目

1. 任远,《电视编辑理念与技巧》,中国广播电视出版社,2008 年。
2. 张晓锋,《当代电视编辑教程》(第二版),复旦大学出版社,2010 年。
3. [美]赫伯特·泽特尔,《电视制作手册》(第七版),北京广播学院出版社,2004 年。
4. [美]Alan Rosenthal,《纪录片编导与制作》(第三版),复旦大学出版社,2006 年。
5. 国家广电总局,《全国广播电视编辑记者资格考试大纲》。

第二章　声画编辑的基本原理——蒙太奇

学习要点

　　蒙太奇是电视声画编辑的基本原理。本章主要介绍影视蒙太奇语言的起源与发展;介绍蒙太奇学派和纪实主义学派在影视语言上的各自特征与作用;重点讲解如何将叙事性蒙太奇和表现性蒙太奇运用于电视创作之中。

　　蒙太奇源于电视的姐妹艺术——电影。问世之初,电影只是机械复现生活现象的"活动照相";当运动摄影、特技摄影、特写镜头等一系列表现手段出现,特别是创造了镜头组接——蒙太奇这一银幕特有的叙述形式之后,电影才找到了自己表述世界的艺术方法,成为一门独立的艺术。电视是在广泛吸收了包括电影在内的传统艺术表现形式的基础上逐步成熟完善的,特别是在镜头语言以及文法结构上,大量接收了电影艺术的理论成果。可以说,源于电影的"蒙太奇"是电视编辑工作最重要的原理,也是电视编辑人员必须具备的观念和意识。

第一节　蒙太奇的形成与发展

　　影视艺术开始是纯视觉的。无声电影的无声画面既是一种局限又是一种特长。早期电影制作者在运动的造型形象、画面空间运用和镜头组接技巧等方面,进行了广泛的实验和探索,为蒙太奇语言的形成奠定了基础。1927 年,有声电影诞生以后,电影艺术可以将电影画面与声音有机地结合起来,出现了更加丰满而生动的视听综合、时空复合的银幕形象。

一、早期的探索

一般认为,电影是 1895 年 12 月 28 日诞生的。其标志是法国卢米埃尔兄弟在巴黎卡普辛路 14 号"咖啡馆"的地下室里,第一次公开放映了他们拍摄的《工厂大门》《火车进站》《水浇园丁》等 12 部短片。当 33 个巴黎人坐在那洁白的银幕下,第一次观看到与现实生活完全一样的情景时,不禁为迎面驶来的火车而感到惊恐万分,但另一方面,人们也深深地被这一神奇的、可以再现现实生活的新工具而吸引。

然而,尽管卢米埃尔发明了电影,但是以再现生活图景为内容的"活动照相"并没有让人们始终对它保持兴趣,这种一次只能放映一分钟的小玩意在时髦的法国社会很快失去了魅力。18 个月以后,人们对于卢米埃尔的"活动电影机"已经不感兴趣了。直到乔治·梅里爱(图 2-1)将戏剧艺术的叙事方式运用到电影当中,并发明了大量的电影表现方式,才使电影摆脱了单一的机械创作模式,逐步走上了表现主义的创作之路。

图 2-1　乔治·梅里爱

1896 年,梅里爱在放映自己所拍摄的街头实景时,画面上一辆行驶着的公共马车突然变成了一辆拉灵柩的车,这使得梅里爱感到万分惊奇,后来他发现是在拍摄那辆行驶着的公共马车时机器出现故障了,而当机器修好重新拍摄时,一辆拉灵柩的车正好行驶到摄影机前,并被拍了下来。由此,他发明了"停机再拍"的电影技术。乔治·萨杜尔曾评价说,这次偶然的事情对梅里爱来说,和"牛顿的苹果"一样,使他由舞台的特技专家一变而为银幕上的特技专家了。1896 年,乔治·梅里爱采用"停机再拍"手法完成了《贵妇失踪》。影片中可以看到坐在椅子上的贵妇人忽然不见了。以后,梅里爱又系统地学习了《魔术》一书,并将传统魔术上的各种手法直接运用于他的"特技电影"当中,如二次曝光、多次曝光、合成照相等,并发明了叠印、模型、溶入溶出和淡入淡出等镜头转场方式(组接)方法,并使这些特技手法成了吸引观众眼球的主要元素。

实际上,早在电影诞生之初,卢米埃尔就在电影创作的实践中,将拍摄的影片内容按表现的方式进行了最早的剪辑,并在剪辑过程中体现出影视传播与传统戏剧创作的不同,即不同的时间、不同的地点、不同的人物的"三不一律"。如在一组表现救火的短片当中,卢米埃尔用水龙出动、水龙配备、消灭火灾、救援工作等四部分组成一个小故事,形成了完全区别于戏剧的时间和空间规律,这也是技术蒙太奇的最早形式。但是由于卢米埃尔兄弟并不是有意识地运用时间、空间的转换,因此,并没有形成真正意义上的蒙太奇语言艺术。

尽管梅里爱比卢米埃尔创造了更多的电影技巧,但是,作为完整的电影语言,不仅在卢米埃尔那里尚未形成,即使在梅里爱那里也未出现。法国电影评论家乔治·萨杜尔在谈到梅里爱时说过"梅里爱利用特技,经常是为了使人感到惊奇。它本身成了一个目的,而不是一种表现的手段。梅里爱发明的是未来电影语言的音节,但他应用的却是莫名其妙的咒语而非表达意思的语句。人们在他的作品中可以看到他的魔术方法和电影语言应用之间有很大的距离。"直到蒙太奇出现以后,电影才真正进入了一个新的创作时代,也标志着电影具有了自己独特的艺术语言。

二、蒙太奇的形成

(一)格里菲斯的技术蒙太奇

20世纪上半叶,电影语言艺术的探索主要表现为对蒙太奇语言的探索上,而促使电影语言向前迈出决定性的一步的,是被人们尊称为技术蒙太奇创始人的美国导演大卫·沃尔克·格里菲斯(图2-2)。

格里菲斯1875年出生在美国肯塔基州的拉格兰基,父亲是一个因南北战争而破产的南军上校。他曾当过新闻记者、消防员、诗人、流浪汉和冶金工人,写过戏剧、小说和诗。1907年,他接受了爱迪生公司的工作,写了两三本电影剧本,之后和他的妻子一起加入了沃格拉夫公司摄制组。当公司的名导演麦克·寇琼退休以后,格里

图2-2 大卫·沃尔克·格里菲斯

菲斯接替了导演一职。1908 年 6 月,他导演了第一部影片《陶丽历险记》,描写一个女孩子被吉卜赛人拐走的故事。在以后的三年当中,他每星期摄制两部影片,从 1908 年到 1912 年间导演了近 400 部的影片,但基本上没有什么影响。他的大部分短片取自于小说、诗歌及戏剧作品,格里菲斯在 1909 年拍摄的《冷落的别墅》一片,是长时间使用交替切入作为高潮的第一个例子,这种高潮就是著名的"最后一分钟营救法"。格里菲斯意识到:在电影中,"一个'场面'的实质不仅涉及到表演者和物体在空间中的安排,而且也涉及到各个镜头在时间上的安排。"他在影片的场面之内进行大量的切换,直接把戏剧性空间解构,然后重新加以组合。他认为,场面或段落分别由若干个镜头组成,场面或段落不仅是剧情的连接,而且是作为一种视觉观念在起作用。格里菲斯十分注重动作的情感因素,强调影片情感价值的表现,因此,影片的叙事显得更为复杂。

1908 年,他在根据小说《埃诺克·艾登》拍摄的电影《许多年以后》一片中运用了"平行蒙太奇"。埃诺克·艾登在荒岛上的镜头通过快速的蒙太奇同正在等待他回来的未婚妻安妮·李面部特写镜头交替地出现,让观众感到了恋人分隔两地的"等待"和"离愁",这就是电影史上第一次把蒙太奇用于表现的尝试。马赛尔·马尔丹认为,格里菲斯在此同时完成了具有决定意义的第二步,即发现了表现蒙太奇,这样的组接使"镜头的连续不再单纯取决于叙述故事的愿望,它们的并列是为了在观众身上产生一种心理冲击。"[1]

格里菲斯善于吸取其他各派或各个导演的发明,同时进行他自己的技术实验,并将其融会贯通组成系统,创作了"一种使观念既能看得见又有戏剧性的方法。"[2]

(二) 爱森斯坦的理性蒙太奇

无声电影语言形成于格里菲斯时期,它的成熟却是在苏联导演爱森斯坦和普多夫金时期。一般以爱森斯坦(图 2 - 3)为代表。如果说格里菲斯实现了蒙太奇在电影语言上的技术运用,那么爱森斯坦则为这种"纯技术的概念带来了一种理论基础,将蒙太奇看成是一种新的戏剧体系的起点"[3],从而达到了使事件的客观现实同作者的主观态度相结合的目的。

谢尔盖·爱森斯坦不仅仅是一位导演,还是一位探索艺术表现根源的科学家、哲学家。他对电影语言的贡献主要不在于扩大了电影语言的外延,而在于使

---

① [法]马赛尔·马尔丹:《电影语言》,中国电影出版社,1980 年,第 112 页。
② [美]斯坦利·梭罗门:《电影的观念》,中国电影出版社,1983 年,第 113 页。
③ [法]马赛尔·马尔丹:《电影语言》,中国电影出版社,1980 年,第 137 页。

图 2-3 谢尔盖·爱森斯坦

电影语言的内涵规范化、系统化和理论化。他总结了格里菲斯和前人以及他本人的经验,不仅丰富和发展了蒙太奇技巧,提出了蒙太奇是电影艺术的独特的形象思维方法,并且将它与辩证思维直接联系起来,使它上升到美学和哲学的高度。他还创立了"类型演员"理论,并将这一理论应用于他的电影作品中,使他的艺术获得了最大限度的现实性。蒙太奇理论和"类型演员"理论对世界电影艺术产生了巨大影响,而使无声电影语言臻于成熟。

爱森斯坦从小立志成为工程师,因此早早就进入工程人才预备学校就读,年轻的他饱览群书并对文学产生浓厚的兴趣,俄文、英文、法文等语言及文学作品都是他所熟稔的。在莫斯科第一工人剧团工作期间,爱森斯坦受到该团导演 Vsevolod Meyerhold 在戏剧方面所强调的自发性机制以及对现场的即时反应等观念的影响。他们一起打破了以往传统剧场的许多围限,开创出具有实验性的俄国现代剧场风格。1923 年,爱森斯坦开始涉足电影,并拍摄了一系列有影响的影片,特别是他于 1925 年拍摄的《战舰波坦金号》,实践了他自己的蒙太奇剪接技巧,展现出他融合传统叙事结构与实验性表现手法的大师风范,使之成为了世界影视的经典之作。

爱森斯坦早期的蒙太奇概念是从单一画面的"撞击"开始的,以后又进一步包容丰富多样的声画对位和作为多音部剧作中独立的"彩色的线"。他在 1923 年提出了"杂耍蒙太奇"理论。这里的"杂耍"是指电影演出的片段,要以稍许夸张的、突出的形式来表达导演的观念。他主张采用一种"任意选择的、能起独立影响作用的、无拘无束的蒙太奇",以便对观众的心理造成冲击式的影响,从而把观众的思想感情引向所需要的方向。后来,爱森斯坦又否定"杂耍蒙太奇"概念。他说,如果当时我同巴甫洛夫更熟悉的话,我会把这种蒙太奇称为"美学刺激理论"。

后来,爱森斯坦又提出了"理性蒙太奇"的理论。

所谓理性蒙太奇是指在电影中废弃形像,把镜头变成某种图形文字,通过这种图形文字的组合来直接表达思想。爱森斯坦认为,在革命的新时代,应当加强艺术的认识功能和参与生活的能力,使它成为影响人们的思想意识和吸引人们参加革命活动的媒介。他认为旧的美学框架已经显得不适合新时代对艺术的要求,必须克服资产阶级艺术的二元论——即艺术与科学分离,感性思维与理性思维分离的状态,通过艺术的感染力作用于观众的理性——思想意识,只有这样,才能建立起无产阶级的艺术意识。在 1929 年发表的《前景》和《在单镜头画面之外》等文章中,爱森斯坦进一步阐述了理性电影的概念及其可能性。由于认为可以把理性的命题搬上银幕,所以他一直想拍摄马克思的《资本论》。

(三)普多夫金的蒙太奇理论与实践

与爱森斯坦相比较,苏联另一位电影大师伍瑟沃罗德·普多夫金(图 2-4)更倾向于电影和语言的类比,强调蒙太奇就是电影导演的语言。普多夫金认为,在作家身上是风格,在导演身上就是他对蒙太奇的独特理解。

图 2-4 伍瑟沃罗德·普多夫金

普多夫金早年是一个化学工程师,后来对蒙太奇产生了兴趣,进入了"莫斯科电影研究所",师从苏联另一名电影大师库里肖夫。普多夫金认为蒙太奇的主要作用就是在观众身上引起某种心理作用,因此,指导导演工作的重点在于作用于观众的意识,准确地引起他们的智能进行某些活动。

与爱森斯坦相比,普多夫金更多是注意镜头的连接与组合,他说:"我认为从某一个拍摄点拍摄下来的、然后放映在银幕上给观众看的每一个物象,即使它在摄影机面前曾经是活动的,但它仍然只是一个死的对象。……只有当它作为多个不同的视觉形象的组合的一部分而被表现出来的时候,这个物象才被赋予了电影的生命。"他主张蒙太奇的速度必须完全由场面的情绪内容来决定,而不是由导演出于影响观众情绪的愿望来决定。因此,普多夫金所理解的蒙太奇是"对素材进行严格选择"的过程,即删去现实中必然带有的,但只能起过场作用的无意义的素材,保留那些能表现出戏剧高潮的及富有戏剧性的素材的过程。他认为蒙太奇的重要意义,就在于这种去粗存精的可能性。而爱森斯坦不满足于仅仅用蒙太奇来加强镜头的效果,引导观众去接受故事或主题,他要求把观众的情绪和理智也纳入创作过程之中,使观众也不得不经历作者在创造形象时所经历过的同一条创作道路。认为观众被引入这样的创作行动时,他的个性不仅不会受制于作者的个性,而且在跟作者的思想互相融合的过程中,将彻底展示出来。在普多夫金拍摄的影片中,蒙太奇由于其精密的准确性而格外显得完美,如果说爱森斯坦的影片是一种呐喊的话,那么普多夫金的影片则恰如一首很吸引人的抑扬顿挫的歌曲。

与格里菲斯的技术蒙太奇相比较,爱森斯坦、普多夫金的蒙太奇是一种透出深深理性色彩的表述方式。正如他们自己所说的,蒙太奇"是电影文化所依据的一个不容争辩的原理"。而他们所要创建的蒙太奇理论,是"一种完全不同于好莱坞电影的剪辑方法。这种剪辑方法的目的不是为了讲故事,而是要把更为深层的含义通过一种隐喻的方式表达出来。"正因为如此,他们更加强调影片中单个镜头的表现力,强调镜头与镜头之间所产生的对比和冲突的效果。

三、蒙太奇理论的成熟

在电影发明的早期阶段,由于摄影技术的局限,电影只能成为一种再现生活原貌的影像工具。随着电影表现手段的扩展,人们认识到电影与其他艺术一样,不仅可以再现生活的图景,还可以成为讲述人类故事、再现人类情感的重要手段。因此,在再现生活图景的基础上逐步出现了梅里爱的戏剧电影,以及后来的真正意义上的故事影片。这类电影描述现实、叙述故事,以假定故事的内容表现创作者的内心世界,艺术化地再现复杂的社会生活,这就是表现生活论的来源。而其也更加强调蒙太奇语言的运用。

20 世纪 20 年代,库里肖夫利用不同照片的组合来实验观众解读心理,后来经过受他影响的爱森斯坦与普多夫金等人的努力,蒙太奇成为不仅是影视组接的技巧与技法,而且进一步形成了理论体系,并被提升到美学与哲学高度。

（一）蒙太奇的界定

世界各国的电影艺术家和理论家对蒙太奇的解释都各不相同，各有各的说法，在我国到目前为止也没有一个统一的定义。目前，对蒙太奇主要有以下几种定义方式：

法国电影理论家马赛尔·马尔丹在他的《电影语言》一书中这样写道："蒙太奇是电影语言最独特的基础。"同时指出，"蒙太奇意味着将一部影片的各种镜头在某种顺序和延续时间的条件中组织起来。"①

苏联电影导演、蒙太奇学派的先驱者爱森斯坦认为，蒙太奇是"一种并置原理的运用，把不同性质两个电影底片连接在一起，很自然的使之成为一种新的概念，一种新的整体。"他的立意是："A 取自正在发展中的主题，B 亦取自正在发展中的同一主题，然后将 A 与 B 并置在一起，使之产生为新的总体，最后使这个主题的意义得到进一步的扩展。"他又指出，这种并置"不是用连接在一起的画面来叙述思想，而是要通过彼此独立的两个画面冲突而产生思想。"②

我国电影理论家夏衍说："所谓蒙太奇，就是依照情节的发展和观众的注意力和关心的程序，把一个个镜头合乎逻辑地、有节奏地连接起来，使观众得到一个明确、生动的印象或感觉，从而使他们正确地了解一件事情的发展的一种技巧。"③

除上述定义以外，对蒙太奇还有很多不同的定义与理解，在此不一一赘述。尽管众说纷纭，但基本论点并无多大差异，对蒙太奇涵义的理解也基本一致。

蒙太奇（Montage）是法语建筑学上的一个术语，原意是装配、构成的意思。在电影（电视）的创作中，根据主题的需要、情节的发展、观众的注意力和关心的程度，将全片所要表现的内容分解为不同的段落、场面、镜头，分别进行处理和拍摄。然后再根据原定的创作构思，运用艺术技巧，将这些镜头、场面、段落，合乎逻辑地、富于节奏地重新组合，使之通过形象间相辅相成和相反相成的关系，相互作用，产生连贯、对比、呼应、联想、悬念等效果，构成一个连绵不断的有机的艺术整体——一部完整地反映生活、表达思想、条理贯通、生动感人的影片，这种构成一部完整的影片的独特的表现方法称为蒙太奇。

（二）蒙太奇的三层意涵

一般人们所说的蒙太奇，包含以下三个方面的内容：

---

① ［法］马赛尔·马尔丹：《电影语言》，中国电影出版社，1980 年，第 108 页。
② ［苏］爱森斯坦：《蒙太奇论》，中国电影出版社，1999 年，第 6 页。
③ 夏衍：《写电影剧本的几个问题》，中国电影出版社，1961 年，第 55 页。

（1）蒙太奇是创作者以影视（电影或电视）为载体，对现实社会思维的外化形式——独特的形象思维方法，即蒙太奇思维。

（2）蒙太奇是影视艺术基本的结构手段、叙述方式。包括分镜头、镜头的处理，场面与段落的安排、组合的艺术形式。

（3）蒙太奇是影视画面或声音剪辑的具体技巧和技法。

第二节　叙事性蒙太奇与电视编辑

正如有多种蒙太奇的定义一样，关于蒙太奇如何分类也是见仁见智。总的说来，可以分为叙事性蒙太奇和表现性蒙太奇两大类。

一、叙事性蒙太奇

叙事性蒙太奇又称为叙述性蒙太奇。"它主要在讲一个故事"，也就是说，将个别镜头，依照时间的顺序排列，连续地、流畅地叙述一个情节和故事。当然，"这个次序应该表现出一定的逻辑关系"。比如表现来客敲门，主人开门引客入室的一场戏。

镜头 1　全景　主人在家看书，门铃响
镜头 2　中景　客人在门外等候开门
镜头 3　中景　主人前去开门，与客人一起进来

将这三个镜头组成一组连贯的动作，便属于叙事性的蒙太奇。显然，叙事蒙太奇主要以展现事件为宗旨，是将许多镜头按逻辑或时间顺序分段组接在一起，而其中的每一个镜头都包含着一种事态性的内容，其作用就是为了从戏剧的角度（戏剧元素的一种因果关系下展示）和心理角度（观众对剧情的理解）去推动剧情发展。叙事蒙太奇是构成一部影片不可缺少的方法，它按照事件发展的时间流程、逻辑顺序、因果关系来分切镜头，组接镜头、场面和段落，表现动作的连贯，推动情节的发展，从而引导观众理解事件本身内容。因此，叙事蒙太奇是一种最基本的，也是影片最常用的叙述方法。

叙事蒙太奇的最早运用者是乔治·阿尔培特·斯密士。斯密士原是一位杰出的人像摄影师，他在开始拍摄影片时，仍旧遵从于过去的习惯：将摄影机靠近物体，细致入微地表现局部形成特写镜头。他最早把特写镜头运用于电影语言的形式系统，发展了它的叙事因素。他在 1900 年拍摄的《祖母的放大镜》和《望

远镜中所见的景象》中,先后在一个场景里交替地使用特写镜头和远景镜头,使得影片的视觉效果骤然产生变化。这一革新手段的运用,突出了斯密士与卢米埃尔和梅里爱的不同,他不像前者作为视觉器具的发明家那样简单地记录生活场景;也不像后者作为一个艺术家,使电影作为个人艺术创造的纪录。这位摄影师就如同剧院中手持望远镜的观赏者,创造性地运用了"叙事蒙太奇"的手段,发现了电影独特的思维表达方式。

英国"勃列顿学派"的另一成员埃斯美·柯林斯在《汽车中的婚礼》一片中,最初以摇拍的方法表现一个老人追赶一对青年男女的情形,而后又采用"移动摄影"和"反角度"镜头,以追逐者和被追逐者的相对视角,交替表现两辆汽车相互追赶的场面。在举行婚礼时,柯林斯巧妙地运用大特写镜头表现了一只手给另一只手戴戒指的情形,以象征的手段、省略的原则替代了教堂里的结婚仪式。对此,马赛尔·马尔丹评价说:"从那时起,电影的主要特性终于被人发现,原来蒙太奇只是相当于将一部影片分成为许多同舞台框框相同又受地点的统一性决定的片段而已……叙事蒙太奇终于被发现了。"①

二、电视编辑中叙事性蒙太奇的运用

叙事蒙太奇根据叙述方式一般分为连续蒙太奇、平行蒙太奇、交叉(或称交替)蒙太奇、重复(或称复现式)蒙太奇等。

(一) 连续蒙太奇

影视作品当中最常用的一种蒙太奇手法,是影视情节发展的主要的叙述方式。它按照事件结构的顺序、情节线索的发展而发展,条理分明,层次井然,造成叙事上的连贯性,就像通常讲故事、说评书惯用的方式一样,沿着一条单一的情节线索,按照事件的逻辑顺序,有节奏地连续叙述,表现出其中的戏剧跌宕。由于它缺乏时间、地点、场面的突然变换,无法直接展示多条线索同时发展的情节,难于突出各条情节线索之间的对列关系,不利于省略多余的过程,有时易造成平铺直叙、拖沓、冗长的感觉。因此,连续蒙太奇大都和平行、交叉、重复等叙事蒙太奇手法相辅相成,而且通过手法的变换,又往往有机地融合了某些表现蒙太奇的因素在内。

在电影、电视剧当中,连续蒙太奇是表现故事因果关系的重要手法。在绝大多数新闻节目当中,采用类似的叙述方式,使观众对新闻事件的起因、过程、发展和结果有全面的了解。

---

① [法]马赛尔·马尔丹:《电影语言》,中国电影出版社,1980年,第111页。

（二）平行蒙太奇

平行蒙太奇与连续蒙太奇的不同之处在于，后者采用单线索，而前者通常采用两条或两条以上情节线索（不同时空、同时异地或同时同地），并列表现、分头叙述一个完整的情节结构，或几个表面毫无联系的情节（或事件）互相穿插交错表现而统一在共同的主题中。因此，平行蒙太奇具有同时性，而这种同时发生的平行事件，往往互相衬托和补充，使得情节之间的冲突更加激烈。如美国导演格里菲斯在影片《党同伐异》中将四个不同时代、不同地域的毫无剧情联系的故事交错叙述，表现一个共同的主题：任何时代都有排斥异己的事情。同时异地的例子，如我国影片《南征北战》中抢渡大沙河的段落，分别表现我军和敌军急行军赶去大沙河，以及我游击队炸水坝三条线索同时异地交替表现。同一时空的例子，如同一影片中抢占摩天岭的场面，用平行蒙太奇表现摩天岭两侧我军和敌军同时抢占山顶的情节。

平行蒙太奇的作用是多方面的：用以处理剧情，可以删节过程，利于概括集中、节省篇幅以扩大影片的容量；又由于几条线索的平列表现，相互烘托，可以形成对比、呼应，产生多种艺术效果，丰富剧情；还可以提供自由叙述和时空灵活转换的可能性，使影片结构多样化。所以，普多夫金说，通过平行式蒙太奇来表现出所发生的动作的对照和比拟，就可能给予观众以联想和比喻。

（三）交叉蒙太奇

交叉蒙太奇又称"交替蒙太奇"或"动作的同时发展"，由平行蒙太奇发展而来。平行蒙太奇只注重情节的统一、主题的一致、剧情或事件的内在联系；而交叉蒙太奇的特点则是它所并列表现的两条或数条情节线索的严格的同时性、密切的因果关系和迅速频繁的交替表现，其中一条线索的发展往往影响或决定另一条或数条线索的发展，互相依存，彼此促进，最后几条线索汇合在一起。这种手法能造成激烈紧张的气氛，加强矛盾冲突的尖锐性，引起悬念，是掌握观众情绪的有力手法。

英国著名导演、悬念大师希区柯克的影片《三十九级台阶》里有这样一段情节：德国间谍企图谋杀来访的希腊首相，并设置用伦敦的大钟作为定时引爆装置，当针指向45分时，炸弹就要爆炸，而时间只剩下一分钟了，情急之下，影片主人公汉奈爬出楼外，将自己悬挂在时针上，用身体来阻止时针指向45分。此时警察也赶来了，消灭了间谍，并拆除掉引爆装置。接着，警察又把挂在时针上的汉奈安全地拉了回来。在这段情节当中，画面在警察、汉奈、间谍以及楼下仰望的群众间反复切换，形成了一种强烈的紧张感，把观众的情绪推向紧张的极点。

（四）重复蒙太奇

重复蒙太奇又称"复现式蒙太奇"。在蒙太奇结构中,代表一定寓意的镜头或场面在关键时刻反复出现,造成强调、对比、呼应、渲染等艺术效果。重复蒙太奇相当于文学中的复叙方式或艺术中的重复手法。构成影视作品的各种元素如人物、景物、场面、动作、调度、物件、细节、语言、音乐、音响、光影、色彩等,都可以通过精心构思反复地出现,使其产生独特的寓意和特定的艺术效果。视听形象的重复,可以使影片结构更加完整,并产生节奏感。但要注意,每次重复一段都要在内容和形式上有所增减,即注意重复中的变化。

美国知名电视剧《绝望的主妇》在其每集的序幕段落,都无一例外地使用重复蒙太奇结合人物旁白进行叙事。比如,其中有一个表现女主人公 Gabrielle 过往经历的回忆段落(图 2−5)。剪辑师将人物陷入沉思的面部近景先后与四个回忆片段编辑在一起,分别对应直接改变人物命运的四个男人,即继父、某知名时装摄影师、现在的丈夫和作为情人的园丁。而这些先后被插入的片段都是同一个动作的重复,即四个不同的男人推开 Gabrielle 卧室的房门,摇镜头的前景则是女主人公的躺下的腿。四次重复的动作,演员和镜头的调度惊人相似,形成有趣的叙事节奏和特殊的寓意。而每次的场景、服装、道具又有所不同,重复的叙事中也体现出一定的变化,暗示时间的流逝和人物生活境况的改变。

图 2−5　重复蒙太奇在美剧《绝望的主妇中》的应用

　　总之，叙述性蒙太奇是构成一部电视片不可缺少的方法，它按照情节发展的时间流程、逻辑顺序、因果关系来分切组合镜头、场面和段落，表现动作的连贯，推动情节的发展，引导观众理解剧情，是电视片最基本的、常用的叙述方法。其优点是脉络清楚，逻辑连贯，明白易懂。

第三节　表现性蒙太奇与电视编辑

一、表现性蒙太奇

　　表现性蒙太奇又称为对列的蒙太奇。表现性蒙太奇是以加强艺术表现力和情绪感染力为主旨的一种蒙太奇类型。《大英百科全书》认为"表现蒙太奇，它旨在造成一种瞬间的效果，很像文学中的隐喻。"它以镜头的对列为基础，通过相连或相叠镜头在形式上或内容上相互对照、冲击，从而产生一种单独镜头本身不具有或更为丰富的涵义，以表达某种情感、情绪、心理或思想，给观众造成强烈的印象。其美学作用在于激发观众的联想，启迪观众思考。它的目的不是叙述情节，而是表达情绪，表现寓意，揭示含义，因此又被称为对列的蒙太奇。

　　苏联著名导演、电影理论家列夫·库里肖夫曾做过一个很有名的试验，使用相同镜头按不同顺序进行排列组接，这几个分镜头分别为：演员莫兹尤辛的一个特写镜头，一碗汤、一个正在做游戏的孩子、一具老妇人的尸体。组接如下：

第一种组接(图2-6)：

镜头1　一个特写镜头

镜头2　一碗汤

镜头3　一个特写镜头

图2-6

第二种组接(图2-7)：

镜头1　一个特写镜头

镜头2　一个正在做游戏的孩子

镜头3　一个特写镜头

图2-7

第三种组接(图2-8)：

镜头1　一个特写镜头

镜头2　一具老妇人的尸体

镜头3　一个特写镜头

图2-8

库里肖夫将三组不同的组接片段公开放映，观众看过之后，意外地认为演员的演技高超：他看到那碗汤时表现出了饥饿；看到孩子游戏时表现出喜悦；看到老妇人尸体时表现出忧伤。但实际上演员并没有表演，只是由于镜头的剪接使观众产生了联想作用。从这个现象中，库里肖夫看到了蒙太奇构成的可能性、合理性和心理基础，并创立了"电影模特"等理论，他认为：电影演员和画家前面的模特差不多，只不过是按照规定好的动作活动起来而已。电影艺术并不始于演员的表演和各个不同场面的拍摄，单个镜头只不过是素材，而不成其为艺术，只有蒙太奇的创作才能成为电影艺术。他提出了积极的创作纲领：影片结构的基础不是来自现实素材，而是来自空间结构和蒙太奇。

应该看到，人们收看电视节目的心理要求是镜头组接的基础，而镜头的组接则能实现对观众心理或抑或扬的可能性。因此，"人称的'精神活动'被确定为镜头的连接元素，而心理的紧张状态也提供了一个补充词汇'视觉活动'，它也被认为是镜头的连接元素，即镜头的连接点都是直接建立在画面内在运动的连续性上的……视觉运动不过是精神紧张状态的外露和实现表现……"①没有了这个心理基础就没有影视传播存在的前提条件。

如果说,叙述性蒙太奇主要让人"知"(即知道内容),而较少变化色彩,也较少创造性的话,那么表现性蒙太奇则主要让人"感"(即体验艺术上的感受),富有诗意,富有创造性。无论是电影还是电视,他们的作用不仅仅是把现实复制在影像上,而且要把作者的情感融于作品当中,并将这种情感准确地传达给观众,以引起观众的共鸣。表现性蒙太奇在很大程度上正是为了满足这种思想和情感表现的需要,此外也是为了从实际事件中作出理性的隐喻,从而从表现的事件当中引出抽象的概念。因此,爱森斯坦也把表现蒙太奇称为"理性蒙太奇"。他甚至认为"摄影机拍下的、未经剪接的片断既无意义,也无美学价值,只有在按照蒙太奇原则组接起来之后,才能将富有社会意义和艺术价值的视觉形象传达给观众"。

按照这种观点,表现蒙太奇可以概括为:把单个镜头组接在一起,这时已不是两个镜头的简单相加,而是构成了一个有含义的整体。从两个不相干的镜头对列中产生新意思。如:水 + 眼 = 泪;门 + 耳 = 闻;刀 + 心 = 忍等。把那些本来属于描写性的、意义简单、内容平常的镜头变成理智的镜头组合,这就是表现性蒙太奇所要做的。

与叙事组接相比较,表现性蒙太奇致力于表达一种感情、情绪、心理或思想。它的目的不在于叙述情节,而是用一种作用于视觉的象征性的情绪表意方法,直接深入事物的深层,去表现一种比人们所看到的表面现象更深刻、更富有哲理的意义。表现性的组接可以说是组接中最富于变化的,也是最具有创造活力的一种方法。它的运用更需要创作者的智慧和技巧。

二、电视编辑中表现性蒙太奇的运用

(一) 对比蒙太奇

通过镜头(或场面、段落)之间在内容和形式上的强烈对比,产生相互映衬的作用,以表达作者的某种寓意。它是借助现实生活中存在的贫与富、苦与乐、高尚与卑下、生与死等画面内涵,以及景别的大小、光线的明暗、色彩的冷暖、声音的强弱、角度的仰俯等画面形式上的对立差异来进行对比和强调的。在画面组接时,通常把这些对立的因素进行组接,以表达一种情感和思想。诚如普多夫金所说:"这就仿佛是在强迫观众不得不把这两种情形加以比较,因

---

① [法]马赛尔·马尔丹:《电影语言》,中国电影出版社,1980年,第114页。

而收到互相衬托、互相强调的作用。"应该注意的是,尽管"对比的蒙太奇是最有效果的,但也是最普通、最老套的手法之一,因此,应该注意不要过多地使用这种手法。"①

(二) 积累蒙太奇

它是将一组在某种因素上有联系的镜头组接在一起,并在一种不断的叠加的积累效果中树立一种思想或主题,又被称为主题蒙太奇。积累蒙太奇的作用在于:

其一,把一系列没有特定时空联系的镜头组接起来,并使它们共同完成一个完整意义的表达。因此在这种情况下,每个画面并不需要一种具体的内容,也无需让观众看清画面中的各部细节,只是要通过画面的组接来产生一种综合效应,使观众在一系列连续的镜头中积累起一个总体的印象。

其二,建构一种诗意的效果。把一系列单个的、本身不具明确主题的镜头整合出来并传达给观众,如表现景象的风光片。

其三,表达一种情绪和情感。

在专题片中,我们经常用这种组接形式:在时间上、空间上没有特殊联系的同类镜头被连接在一起,它不是用来表现某一具体事件的,但是当镜头一个接一个在屏幕上出现时,镜头之间的一种内在逻辑关系在有相关因素的镜头组接积累中被确立起来,并产生一种含义。

(三) 隐喻蒙太奇

这种蒙太奇是通过镜头(或场面)的对列或交替,将具有某种相似性特征的不同事物进行类比,含蓄而形象地表达作者的某种寓意或事件的某种情绪色彩,从而深化并丰富事件的形象。隐喻蒙太奇与对比蒙太奇不同,对比蒙太奇是将两个截然相反的事物放在一起(如贫与富、好与坏、假与真、美与丑),形成对比。而隐喻蒙太奇则是将那些具有某种相似性特征的两个事物(如外表相同,而实质不同)加以并列,以此喻彼。因此,隐喻蒙太奇是通过两个视觉形象的对比形成的,它一般是用一个形象的意义来说明另一个形象的意义。

苏联著名电影导演爱森斯坦就常常用隐喻蒙太奇来表现影片的主题。在影片《罢工》中,他把屠宰场杀牛与镇压工人并列组接,隐喻工人就像屠宰场的牛一样,任人宰割(图2-9)。牛和工人的实质并不相同,但将它们并列起来加以类比,较好地突出了其相似的特征。

---

① [苏]普多夫金:《论电影的编导导演和演员》,中国电影出版社,1980年,第47、48页。

图2-9 影片《罢工》镜头

应该注意的是,隐喻组接的两种视觉形象应该是有某种可比性或内在联系的,如果是生硬的比照,就很难让观众产生联想,也就不能达到隐喻的目的,当然也不能太过直露。

(四)象征蒙太奇

它是通过镜头间的对列,让形象本身的意义隐去,同时经过观众的联想和想象产生另外一种新的引申的意义。它与隐喻组接依靠两种视觉形象的对比不同,它是以情节中特定的情境为依托,来使镜头中的形象产生一种形象以外的引申意义。它也像隐喻的组接一样,有一种主观的色彩,然而也不是凭空的,而是有着合理的内在依据的。

有时候象征的组接运用的是借代的方法。就是借用现实生活中的一个物像来指代另外的一种含义。而象征组接中物像新含义的产生往往是靠一种文化的积淀或特定的情境和语境,并需要观众的联想和参与。如常会用黄河来象征中国的古老渊源的文明,用皇冠象征权威,用阴森的庙宇来象征封建的禁锢等。

(五)心理蒙太奇

心理蒙太奇是指通过镜头组接或音画有机结合,直接而生动地展示出人物的心理活动、精神状态,如表现人物的闪念、回忆、梦境、幻觉、想象、遐想、思索甚至潜意识的活动,是人物心理的造型表现,电视心理描写的重要手段。其特点是形象(画面或声音)的片断性、叙述的不连续性、节奏的跳跃性,多用对列、交叉、穿插的手法表现,形象带有人物强烈的主观色彩。心理蒙太奇手法在现代影视作品中被广泛采用。

表现的组接除了表达某种主题意义以外,通常具有较强的情绪色彩,是创作者运用组接技巧,艺术化地表达自己内心感受和思想情感的结果。因此,它具有较大的灵活性和较明显的个性特征。

表现性蒙太奇的缺点在于,有时意义过于明确,甚至是完全强制性地让观众接受。在爱森斯坦的影片中,他常常把屠宰场杀牛与镇压工人组接,以象征非人性;三个不同姿态的石头狮子组接,象征觉醒等。因此,表现蒙太奇如果运用不当,会使观众产生牵强附会的感觉。

第四节　镜头内部蒙太奇

20世纪50年代,法国著名电影理论家安德烈·巴赞(图2-10)和德国电影理论家齐格弗里德·克拉考尔在意大利新现实主义电影实践的基础上,突破传统的蒙太奇理论框架,创立了一个新的电影美学流派——纪实主义学派。纪实主义学派是一种与蒙太奇学派完全对立的电影美学流派,是一种与唯美主义、技术主义相对立的理论。其最大的特点是强调电影的照相本性和纪实功能,贬低情节结构和蒙太奇之类形式元素的作用。在理论和方法上,纪实主义学派以长镜头理论为核心。

图2-10　安德烈·巴赞

一、长镜头理论与镜头内部蒙太奇

在画面语言上,长镜头理论表现出与分切式蒙太奇十分不同的风格和特征,后者强调通过镜头对列产生新的含义,而前者则利用长镜头和景深镜头来避免镜头对列的主观性,力求在不加剪辑的镜头记录中展现完整的事件,倡导尊重事件发生发展的自然流程。因此,我们在谈论蒙太奇时,应该认识到,除了分切式蒙太奇外,电影、电视还存在另一种特殊的画面语言形态,即长镜头。从剪辑角度看,它被称为镜头内部蒙太奇。

(一) 镜头内部蒙太奇

所谓镜头内部蒙太奇,又称机内剪辑,它通过变化拍摄角度和调整景别的距离,用一个连续的镜头完成一组分切式镜头所担负的镜头组合任务,以保证叙事时间的连续性和空间的统一性。在一个镜头中有景别和角度的变化,并且能完整表现一段内容,从拍摄角度讲,这样的长镜头被称为是段落镜头,这样的镜头常常被完整用于作品中,并且形成一个表意段落。

长镜头的运用并不意味着影视表达技巧的削弱。因为从表面看,它虽然减少了镜头的组接工作,但是事实上,这种组接意识——剪辑工作已经融入到镜头拍摄时的设计中,通过镜头内部运动完成蒙太奇作用。也就是说,在连贯的摄影中,根据主体动作,变化角度、景别进行拍摄,这些镜头不是通过分镜头或后期剪辑完成的,而是在一次性拍摄中实现的。因此,从剪辑角度,它是蒙太奇的特殊表现,可以认为是镜头内部的蒙太奇运动。这种镜头内部运动的蒙太奇主要是通过场面调度来实现的。

(二) 场面调度

所谓场面调度,是指导演对一个场景内演员的行动路线、地位和演员之间的交流等活动进行艺术性处理。在影视艺术中,泛指导演对画框内事物的安排,是导演引导观众从不同角度、不同距离去观察屏幕上的活动。它包含演员调度与镜头调度两个层次。

1. 演员调度

演员调度指导演通过演员的运动方向、所处位置变动以及演员之间发生交流的动态与静态的变化等,造成画面的不同造型、不同景别,揭示人物关系及情绪的变化,以获得屏幕效果。

2. 镜头调度

镜头调度是指导演运用摄像机位的变化,如推、拉、摇、移、升、降等运动方法,俯仰、平斜等不同视角,以及远景、全景、中景、近景、特写等不同景别的变换,获得不同角度和不同视距的镜头画面,展示人物关系、环境气氛的变化及事物的进展。

长镜头的运用决定了创作者必须打破常规。传统的"远、全、中、近、特"的拍摄方式和编辑规范在视觉上难以形成一个完整的信息场。而当观众情绪需要完整的、原汁原味的画面时,就需要发挥长镜头的优势了。长镜头理论包含用大景深和单镜头场面调度的涵义。纪实主义学派认为"蒙太奇对现实进行切割、分解,使它从客观真实变成了艺术家想象的真实",这违反了电影的本性。巴赞认为,蒙太奇首先是一种人为创造的方法,它依靠分切、组合,割裂完整的时空,破坏电影的时空真实和感性真实;其次,蒙太奇融进了导演的主观色彩,干预了现实生活,带有强制性和思想含义的单一性,观众很难有独立思考、自我感受的机会,违反了现实生活本身所具有的多义性特点。

分析纪实主义学派的基本观点和创作手法,我们可以将其归纳为以下三个方面:遵守事件的空间统一性,即保持时空的完整性、可信性;保留生活内涵的丰富性、多义性;可以从多种角度观看动作的可能性。正如马奖列特所说的那样:"经过概括的真实与其体现的初始真实性(可信性)的幻觉相结合——这就是纪实美学的基本特征"。

二、镜头内部蒙太奇的优势

在电视纪实节目中,尤其是纪录片创作中,长镜头深受青睐。这是因为,在一个镜头里,不间断地表现一个事件的过程甚至一个段落,利用时空运动的连续可以把真实的现实面貌(包括环境、气氛)自然呈现在屏幕上,具有独特的纪实魅力。长镜头的纪实性才是巴赞等电影理论学者竭力推崇的,也是长镜头语言方式在影视创作中得到大量运用的基本原因。从20世纪70年代开始(我国大约在90年代初开始),由于便携式电子摄录技术的进步和电视纪实观念的变化,长镜头及其现场同期记录所带来的真实魅力被越来越多的观众所领悟。一般认为,镜头内部蒙太奇这种叙事方式在结构方面和视听感受上有以下特殊的优势:

(一) 传达信息的完整性和叙事表意的开放性

镜头内部蒙太奇由于不间断地表现一段相对完整的事件,因此,它具有传达信息的完整性,同时把判断的权利交给了观众。电视节目的完整信息是由图像和声音两部分构成的,采用分镜头拍摄和分切式组合,在很多时候,会使声音的连续或者事件自然发展的连续被打断,相反,镜头内部蒙太奇对于需要保持这种完整,而不是省略的段落叙事来说,是一种非常有效的方式。在这样的记录中,与生活中一样的环境氛围、现场声音、人物动作变化以及生动细节都被完整呈现,令观众置身于真实、自然的生活状态中。中央电视台1991年拍摄的电视纪录片《望长城》,就以大量使用长镜头跟拍和同期录音而著称。在主持人沿着长城遗址而行的过程中,长镜头始终跟随着主持人,沿途考察着长城与长城内外中国人生活面貌的变迁。大量长镜头的运用使得画面显得真切自然,让人感同身受。无论是对包尔呼一家探亲的采访,还是对长城砖的发掘,亦或是对新疆库车汉代烽燧的寻觅,都充分开掘了长镜头的功能,让观众看到了事件的全过程。整部作品中,最长的两个镜头长达 5 分 10 秒和 3 分 40 秒,这在一般作品中是极为罕见的。

美国纪录片大师弗里德里克·怀斯曼说,他的影片拍摄方法比较简单的,大多数不使用灯光,摄影师是肩扛拍摄,事先也不是做大多的设想研究,事先要做的准备,只是对场地做一些考察,主要是对所拍的地理环境、机构和人有一个熟悉和了解,对要拍的对象有一个总的设想,但不是很具体,这种设想主要是这个片子的主题。

与分切式的、带有主观强制性的镜头组合相比,长镜头以开放的姿态牵引观众犹如身临其境地参与其中,由于对人物动作或性格情绪的完整记录并没有明显倾向性,观众可以根据所见所闻理解事物性质或人物性格。怀思曼认为,"现实生活是存在模糊性(ambiguity)的。同时它也表明,真正的电影并不发生在银幕上,而是发生在来看电影的人的头脑和眼睛中,所以你们坐在这里看电影,银幕在前方,而真正的电影就发生在你们大家中间,每个人对电影的内容都有完全不同的解释和评价,而如果你用了旁白,等于是你要向观众解释你的观点,而且有些情况下,现实生活中是有些不能理解的问题,你也在强迫观众去理解……一系列段落的发展和积累,就是向你表明,在生活中确实存在着这么一种神秘的现象,也就是说,你并不能阻止认识到这样的事物存在着,因为你并没有开始认真思考它。"

(二)完整时空营造的真实感和说服力

相比分切镜头,镜头内部蒙太奇在表现事实真实性方面,无疑更具说服力。由于镜头不是依靠镜头的分解与组合,而是把完整动作段落展现在屏幕上,在一个时间连续、空间统一、现场声音完整、气氛连贯的镜头中,摒弃了通过镜头省略和空间重组而造假的可能性。一切就像在生活中自然发生、发展那样。

巴赞对要求"完整反映生活"的长镜头理论推崇备至,他说:"摄影机镜头摆脱了我们对客体的习惯看法和偏见,清除了我们的感觉蒙在客体上的精神锈斑。惟有这种冷眼旁观的镜头,能够还世界以纯真的面貌,吸引我的注意,从而激起我的眷念。"拿获国际国内大奖的由中央电视台拍摄的纪录片《大官村里选"村官"》来说,它主要是对大官村经过"海选"选出村长候选人刘晓波和王臣的真实记录。这个事件发展的过程是漫长的,整个拍摄过程也经过了数天。创作者在拍摄时采用跟随、长镜头、同期声等拍摄手法,记录准确的时空,真实的细节。虽然编辑后播出的片长只有 20 分钟左右,却真真切切地呈现了我国农民民主意识的觉醒,堪称农村题材生活类纪录片的代表。

（三）记录过程带来的流畅性和感染力

镜头内部蒙太奇由于连续记录事态进展,因此在叙事上具有一气呵成的感染力。在事态进展的记录上,镜头内部蒙太奇通过不间断的展示,在尽可能保持完整过程和真实的现场气氛的同时,能使观众不受干扰地感受点滴变化,从而无论在视觉效果还是内心感受上,都积累起气韵连贯的审美享受,加强了观众的参与感。

在 2009 中国(广州)国际纪录片大会上,有一部获得了大会主题类大奖的纪录片《为了最好的愿望和洋葱》,展现的是两个尼日尔豪萨人家庭为一对年轻人筹备婚礼,到他们结婚,然后展开新的生活的全过程。影片从女方播种洋葱,为女儿筹集嫁妆开始。随着种子的发芽、长成幼苗、种植幼苗,一对尼日尔年轻男女也在拍结婚照,讨论如何面对婚礼迟迟不能举办产生的尴尬;男方的姐姐来到女方家里,催促女方家庭尽快举办婚礼。洋葱长大了,女方家长雇人并灌溉;这对年轻人不断参加同龄人或者比自己年轻的人的婚礼,受到的压力也越来越大。女方家长在和商贩讨论收购洋葱的价格;人们在编织装洋葱用的袋子,准备收获洋葱。令女方家长忧心的是,洋葱的价格在一天天下降,最后在出售的时候,价格从一万八降到了一万一。女方卖了洋葱,婚礼终于举办。考虑到买家具放在家里是一种浪费,男方家庭将买家具的钱给了新郎,让新婚夫妇到国外做生意,谋求新的生活……

这部纪录片片长 52 分钟,没有一句解说词。只是把摄影机记录的时空完整呈现出来,让观众静静地观赏,在不知不觉中进入纪录片的影像世界,去感受片中的情景,认识片中的人物。纪录片按照生活的流程展开,创作者巧妙地把自己隐藏起来,片中人物的情感都是自然流露。观众如同亲眼目睹时间的流逝,而摄像机和剪辑就像不存在一样。

三、镜头内部蒙太奇的使用技巧

分切式蒙太奇与镜头内部蒙太奇是影视语言的两种基本形态,无所谓好坏优劣之分,只有使用合适与否。尽管与大多数电视的现场抓拍相比,电影依靠前期设计显然可以使镜头内场面调度更丰满精当,但是就画面的表现力而言,影视是没有区分的,电视应该大胆借鉴电影的镜头内部蒙太奇表现技巧,为我所用。

（一）保留完整信息,减少后期编辑中的人为痕迹

长镜头实际上是在摄影阶段完成的,思想观念的表达都在连续的摄影(摄像)中构思并实现的。在这样的机内剪辑中,一个镜头可能就是一个段落,其间

不仅有情节的发展,节奏的变化,还有一种内在的意义,因此,如果仅有前期记录,后期编辑不懂得完整保留镜头信息的话,镜头内部蒙太奇的使用就无法避免遭遇失败。

在编辑过程中,制作人员不应简单处理素材,而要从整体叙事节奏和情绪表达出发,完整保留长镜头的精华。如果镜头内信息记录完整、人物动作及情绪表现变化丰富,并且有叙述节奏的自然变化,即便十几分钟的镜头也不会显得拖沓单调,而且长镜头的时空连续能使观众产生较强烈的伴随感,蕴藏其中的真实感是分切式剪辑所难以企及的。

(二)合理进行镜内调度,避免自然主义的长镜头

电视创作者应避免滥用长镜头。一些电视片无休止地罗列画面,堆积日常生活的景象,连长镜头的视角、景深变化也没有,甚至省略了必要的剪裁,如同没有中心的流水账。一些制作者很少考虑观众的收视体验,或没有真正理解长镜头的实质,更有甚者,出于一种惰性,为长镜头而长镜头地盲目跟随,内容表现冗长单调,结果节目成了"注水的空间"。这显然违背了纪实主义的本意。

长镜头不能单从技术上考虑,认为其就是不加剪辑地长时间拍摄的镜头,实际上在很多必要的时候,长镜头段落是可以偶然分切的。但这种偶然分切与传统的蒙太奇组合有着本质的区别。在主观观念支配下,镜头组合实际上呈现出单向思维状态,片断零碎的镜头被主观性的叙事目的连接在一起,不仅使整个意义表述单一化,造假具有了可能性,而且也将观众置于被给定的意义空间中,缺乏自我阐释的所必要的信息量。

(三)善于在运动中构架镜头内部的蒙太奇

在长镜头记录的段落中,画面层次不是单一的,而是多层次的,意义也是多元的,运动丰富了记录的信息量和立体感。一般情况下,运动性长镜头比较容易完成"内部蒙太奇"的调度,而且只有含有内部蒙太奇的长镜头才能赋予足够的信息量。如果单纯将长镜头理解为时间长度概念,显然不符合长镜头的真实内涵,也会弱化长镜头表现力。美国电影《美国往事》中,"面条"和"莫胖子"35年后重逢的经典段落,就充满了运动。前景的设置、景别的安排、镜头推拉的方向都带有表现情节和渲染情绪的因素,在不间断的连续运动中,浓浓的情谊流淌,仿佛一双眼睛在目不转睛地注视着少年时代的朋友,镜头最后的落点将一街之隔却生死离别35年的朋友毫无断裂地联系在一起。再如香港电影《大事件》开场6分钟的长镜头,在狭窄的街巷里来回运动,以带有压抑感的起伏摇移,将一场警匪枪战从开场到结束的全部过程展现无遗。

《望长城》第二部《长城两边是故乡》(图2-11)中寻找歌手王向荣的段落堪称镜头内部蒙太奇使用的典范。在这个颇具代表性的段落,创作者用5分多钟的纪实镜头交代了事件发生的环境氛围、人物关系和牧羊人情感的变化,声画同步,效果明显。主持人焦建成来到王向荣的家乡,听到牧羊人的歌唱,在山坡上找到牧羊人,询问王向荣家住在何处,与牧羊人谈论民歌,并请牧羊人唱。一开始牧羊人不愿意唱,焦建成坚持要他唱,最后高声唱出富有地方特色的民歌,焦建成才离开山坡,朝王向荣家走去。从牧羊人感到为难的面部表情到自然地进入歌唱境界,摄像机的角度不断变化,摄像机的机位多次移动,但始终跟随着两人,或推到人物近景,展现人物情感变化,或拉出全景,表现周围的气氛,镜头始终未断,使人如临现场,感到真实可信。

焦建成到王向荣家,但王向荣不在家,只有他的妻子和老母。焦建成与老太太谈话时发现她耳聋,就向王妻要王向荣演唱的磁带,装进录音机,自己先试听,然后将耳机给老太太戴上,老太太第一次从录音机里听到儿子的歌声。这个镜头一气呵成,形成一个完整的情节,着重表现了人物之间的情感交流。焦建成对老母亲思念儿子的心情非常理解,想办法让她听到儿子的声音。老太太刚看到录音带时的惊讶不解,那诧异的神态,展现了一位淳朴善良的母亲形象,戴上耳机以后又惊又喜,继而爽朗开怀,通过如实的记录,完整地呈现在观众面前——这就是长镜头的魅力。

图2-11　电视纪录片《望长城》以长镜头使用著称

此外,一些纪录片、故事片导演不仅主张不轻易切换镜头,还反对无根据的移摄,即追求根据人的肉眼习惯来处理画面,大量采用静止镜头(固定视点的长镜头)。比如查理·奈恩提出镜头就是人的眼睛,制作者应该根据人眼的视觉习惯来运用镜头,处理推和拉,处理各种运动;当视觉对象不动时,眼睛凝神关注时,镜头也不应该乱动,相反,当视觉对象运动,而眼睛寻找目标时,镜头才应该像眼睛一样追随主体运动。这类长镜头事实上大多含有主体的运动元素,并且更加强调以场面的调度来增加画面的生动性和动感,镜头内部蒙太奇仍然在起作用,否则难免给人以沉闷、拖沓之感。

总之,任何技巧的运用都必须根据作品题材、风格、形式等来选择取舍,都必须建立在最终的屏幕效果的检验上。

思考与练习

1. 蒙太奇包括哪三个主要方面?

2. 在电影或电视剧中找出两个实例,分明说明:(1)什么是平行蒙太奇?(2)什么是声画对立的蒙太奇?

3. 请你从你熟悉的影片中,各举出一例,说明上下镜头,或前后几个镜头表达了什么样的诗学(修辞)含义,如对比、明喻、暗喻、双关、夸张。

4. 掌握蒙太奇的功用,对电视节目和电视稿本创作的意义何在?

5. 什么是镜头内部蒙太奇? 它和分切蒙太奇的区别是什么?

6. 阅读下列分镜头稿本内容。从蒙太奇创作角度来说,可以将其归入那一类型? 这些内涵是如何表达出来的? 运用了什么样的表现手法? 其艺术特征是什么?

一个跳着舞的士兵的双脚闪过

机车的轮子在转动

机车的烟囱冒出浓烟

一个跳着舞的士兵的双脚闪过

机车的轮子在飞快转动

一个士兵在跳舞

铁轨迎面而来

一个士兵在跳舞

机车的烟囱冒出浓烟

一个士兵在跳舞

机车的轮子在飞快转动

一个士兵在跳舞

铁轨迎面而来

一个士兵在跳舞

机车的轮子在飞快转动

一个士兵在跳舞

铁轨迎面而来

一个士兵在跳舞

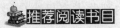推荐阅读书目

1. 邵牧君,《西方电影史概论》,中国电影出版社,1982 年。

2. 冀志枫,《蒙太奇技巧浅探》,中国电影出版社,1982 年。

3. [苏联]B·普多夫金,《论电影的编剧导演和演员》,中国电影出版社,1980 年。

4. [美]斯坦利·梭罗门,《电影的观念》,中国电影出版社,1983 年。

5. [法]安德烈·巴赞,《电影是什么?》,中国电影出版社,1987 年。

6. [法]马赛尔·马尔丹,《电影语言》,中国电影出版社,1980 年。

第三章　电视画面编辑

学习要点

　　本章主要讲解电视视觉符号系统的构成与象征意义；介绍不同的造型元素、段落组合对观众的影响；重点讲授镜头组接基本原则与技巧，剪接点的确定方法、转场方式，并要求学生能在实际编辑工作中加以运用。

　　后期编辑是电视创作中最重要的环节之一。电视创作的前期工作完成以后，编辑人员需要将拍摄的素材整理、编辑，形成最终可供播出的节目。后期编辑既是一项技术性的工作，又是一项艺术性的工作，是形成电视节目叙事内容、表现节目主题最直接的手段，而电视编辑人员的创作思想、创作风格也主要是通过后期编辑过程体现出来的。从操作层面看，这个过程实际上是对电视传播符号系统中多种元素的处理过程，其中主要有视觉的和听觉的两大部分。本章主要讲解电视符号系统中画面元素的编辑。

第一节　电视画面概述

　　所谓画面，是指"屏幕框架内所展示的能传达一定信息的可视形象。它是造型语言的基本视觉元素。电视画面由框架、影像、构图三个要素组成。"[1]画面

_____

① 赵玉明，王福顺：《广播电视辞典》，北京广播学院出版社，1999年，第239页。

是电视视觉符号系统中最重要、也是最核心的要素，是电视创作的原材料。

一、电视画面的基本特性

画面是现实社会的形象。电视摄像机具有再现客观现实社会的基本功能。这种具体现实的再现，既可以作为资料实现其证据上的影像确证，又可以使人们直接感受到与自己的生活知识积累完全吻合，因此，是一种现实主义的自然表现，而这种表现是通过在屏幕上的运动实现的。这种运动赋予观众现实感，使其将屏幕的现实与生活的现实等同起来。具体而言，电视画面的基本特性有：

（一）平面艺术特征

尽管可以通过时间这个"第四维度"实现电视作品表现上的立体感，但无论是电影还是电视，一般而言，最终还是平面化的艺术，屏幕上或银幕上展示的三维空间中的现实生活是以二维的形式出现的，是现实生活中某一个视点与角度上的光的成像的横断面。当然，这一点在新开发的三维影视技术中有所改变。

（二）制约性与开放性特征

电视作品的内容都是通过电视屏幕展现出来的，其本身要受到电视屏幕大小的制约，即受表现框架的制约，现实生活的再现必须通过这个固定的框架予以表现。但是正是这个框架给影像内容的组合提供了基础。由于观众的视觉活动是以框架为基本参照物，因此和人们的视线相一致，框架可以自由地寻找和组织所要表现的影像内容，并根据表现情境和内容的需要，以位置、大小、比例、色彩、速度等各种因素来确定影像在框架中的位置。

（三）运动性特征

在法文中，"电影"一词为 cinéma，是"运动"的意思。"运动"即变化，这个变化不仅仅指外部的人物的运动和摄影机的运动，还可以是色彩的变化，景别的变化，镜头长短的变化，前后景的变化……电视画面也是一种运动的画面，是由被摄体的内部运动以及外部运动所产生的双重运动组成的运动画面。运动使电视作品更加接近人类的现实生活，可以以一种"仿生眼"来再现社会。

（四）多元素构成特征

电视作品是通过平面的框架来再现生活的多维空间的艺术。画面的构成是以生活中人们的直观感受和直觉为基础的。其画面构成主要采用了线条、形状、影调、色彩、比例、均衡形式等元素。这些构成元素并不是独立存在的，也不可能独立存在,它们只在一个统一的组织之下,才可能真正表现出电视画面的魅力,才能真正准确地表现出客观的外部世界。所以画面是构成元素的载体,而构成元素又是画面形成的基础。

二、电视画面的影像构成要素

(一)景别

所谓景别,即画面中表现出的视域范围。它直接体现为景物在画面中空间范围的大小和主体在画面中所占面积的大小。景别的大小通常由摄像机与被摄体之间的距离以及所使用镜头焦距的长短来决定。画面分为不同的景别,是为了对内容的主次轻重、被摄体的远近大小给予恰当的表现,以达到准确地叙述和艺术地表现的目的。景别一般分为远景、全景、中景、近景、特写。

远景是视距最远的景别,表现较大范围的空间、环境、自然景色或众多人群活动场面的电视画面;观众在屏幕上可看到广阔深远的景象,以展示人物活动的空间背景或环境气氛。远景通常用来创造一定的环境气氛,为后来一系列戏剧冲突的展开做准备,同时也可以为内容、情节的逐步淡出做好心理准备。

全景是表现成年人的全身或场景全貌的电视画面,可看到人物的全身动作及其周围部分的环境。其视野较为广阔,但又有一定的范围,能展示出比较完整的场景。

中景是表现成年人膝盖以上或具有典型意义的局部画面,可显示人物大半身的形体动作。它能给人物表演以自由活动的空间,同时人物又会因此与周围气氛、动作地点脱节。

近景是表现成年人胸部以上或物体局部的电视画面,能使观众看清人物的面部表情,或某种形体动作。

特写是视距最近的镜头,是表现成年人肩部以上的头像或某些被摄对象细部的电视画面。它能够把所需表现的内容在画面上放得很大,突出其中的细节。就像一个乐句中的高音往往是情绪发展的高峰一样,也是作者认为最需要突出的地方。

1982 年,符号学家伯格总结出不同景别镜头所呈现的不同含义:

能指/镜头	部位	所指/意义
特写	脸部	亲密
中景	全身	个人关系
远景	背景与演员	环境、范围、距离
全景	全部演员	社会关系

（二）光线

光线是人类产生视觉的一个客观必要条件，没有光线就没有视觉。光线是形成活动影像并产生视觉的前提，是电视摄像创作的灵魂。在电视摄像中，各不相同的光线效果在造型上能改变和确定对象的形状；在构图上能形成不同的影调（亮调、暗调等），能表现不同的景色情调及气氛，形成不同的影调结构，组织视觉重点，表现空间和节奏等。光线分为自然光和人工光。按照光的投射方向、角度的不同，还可以分为侧光、侧逆光、逆光和顶光等几类。

（三）构图

构图的概念源于绘画，是指画家对画面中各部分进行组织和安排，以求达到理想的画面效果。电视的构图更为复杂，因为电视画面是活动的，这就造成了被摄对象、环境、光线、色彩等各种视觉元素的流动变化，摄像师必须及时跟随这种变化来调整镜头，以完成构图任务。对于电视而言，所谓构图，即对被拍摄对象以及各种造型元素进行组织和安排，使其成为具有思想含义与美感形式的画面形象的过程。

构成一幅画面的主要因素有主体、陪体、前景、背景与空白。影响画面构图的主要因素有影调、形状、线条、色彩等。画面构图就是要通过合理选择拍摄角度、拍摄方向、拍摄距离，把这些因素进行比较、搭配、组合与结构，使它们具有一种和谐的关系。画面构图是决定造型形式的基础，不同的表现目的和审美要求会影响构图的处理方法。好的构图能准确地传达作者的意念，表现情节（叙事），同时具有独立的审美价值。

（四）角度

画面拍摄角度的变化是从人们的生活及习惯演变而来的，生活中人们用眼睛观察一切事物，都有一定的角度，这些角度一般代表了人的某种习惯与心理要求。在电视画面中，不同的拍摄角度可以形成不一样的表现力。

画面角度的变化一般是由拍摄的方向、高度、距离来决定的。根据方向不同可以分为正面、侧面、背面等。正面角度具有稳定、庄严的感觉，拍摄人物时，被摄对象与观众容易产生面对面的交流感。侧面角度适于表现画内人物之间的交流，受众仿佛是处在旁观者的位置上。背面角度则常常带有主观色彩的抒情意味。根据高度不同可以分为平视、仰视、俯视，分别具有不同的叙事功能和情绪色彩。平视镜头表现的是正常的情绪，给人的感觉比较自然，是最常用的拍摄角度。仰视镜头使被摄物显得高大壮观，有利于表现人或事物的高尚、宏伟，带有赞颂的色彩。俯视镜头适宜拍摄大场面，或用于表现居高临下的主观视角，由于透视效果的关系，会显得人或物比较矮小，常隐含轻蔑、鄙视的情绪。在电影《辛亥革命》中，清帝退位的镜头从宫殿顶端俯拍，视角倒立，形成"倾覆"的形象和特殊寓意(图3-1)。

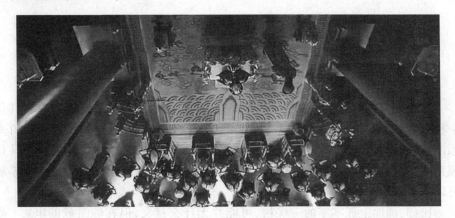

图3-1　电影《辛亥革命》的镜头运用

(五) 运动

　　电视镜头的本质就是运动，把被摄主体的运动状态通过摄像机的运动镜头呈现出来，这是电视的魅力所在，同时也是影视艺术区别于其他造型艺术的一个重要标志。通过镜头运动，电视可以最大限度地还原现实生活，使画面表现的背景空间不断变化，在一个镜头中出现对空间表现的多平面、多层次画面，从而打破画面的单一结构，使电视画面在屏幕上展现出一个富有纵深感的三维立体空间。通过镜头运动，创作者还可以转换视点、调控节奏、渲染情绪，形成整个电视节目的风格。

　　电视镜头的每一种运动都有其特定的含义和明确的目的，不同的运动方式在传达着不一样的镜头含义。镜头的运动可以分为三种形式：镜头内部运动、镜头外部运动和镜头综合运动。镜头内部运动即摄像机机位和镜头不动，主要靠画面中物象的运动来表现动感，如镜头中熙熙攘攘的人群、呼啸而过的火车等。镜头外部运动主要是指摄像机的运动，包括推、拉、摇、移、跟、升降等运动方式，一般是通过摄像机焦距的变化或者摄像机本身位置的变化来实现的。镜头综合运动即指既有画面内部被摄体的运动，又有画面外部镜头的运动。这种综合运动动势效果极为强烈，拍摄方法很多，也十分灵活。镜头的运动有时隐含着一定的含义，如推、拉镜头就分别意味着"引入、关注、集中"和"离开、疏远"。

第二节 电视画面编辑的意义与依据

一、电视画面编辑的意义

（一）消除孤立画面的含义不确定性

作为能够有效体现外在特征的画面,其本身无法提供所指,有时它更加具有一种模糊性。对于电视画面来说,意义的准确呈现在于人们对影像中显示的关系的把握。一般来说,电视表达一个意思需要用到一组画面,单个画面因为具有表意的暧昧性,其含义是不确定的。"身处事外"的电视观众对孤立的画面常常可以作多种理解。

比如,画面上孤零零的一棵树,可能并无什么意义,但在陈凯歌的电影《黄土地》和陈晓卿的电视纪录片《龙脊》中,就被赋予了含义（图3-2）。但由于两部作品的时代背景、故事情节和主题各不相同,看起来有些类似的两棵树又存在不同的含义。前者出现在八路军文艺工作者顾青的主观镜头里,是黄土地给他的最初印象——厚重、寂静、无声无息,自始至终充满了一种压抑的气氛,而这颗小树象征着个体生命的渺小。但在反映希望工程的电视纪录片《龙脊》中,小树的空镜头反复出现,伴随着预示时间转换的山歌,象征山区孩子执着的生命力,给人以希望。如果没有前后镜头的关联和提示,单看这两个画面,很难准确把握其中的含义。

图3-2 《黄土地》与《龙脊》的画面

的确,对于电视而言,单一的图像符号并没有实际意义,只有将这种符号植入特定的电视符号系统当中,才可能产生出多重意义。可以认为,电视图像符号要想通过对一系列相对静止图像组接（编辑）后的整体产生意义,有时还必须借助解说词等语言符号才能明确传达。而这一意义的形成过程正是电视编辑的过程。

第二章曾提到,苏联电影导演库里肖夫为说明电影语言的最基本概念,曾经做过一个很有意思的试验,他将著名电影演员莫兹尤辛冷漠的面部画面分别与一盆汤、一具女尸和一个微笑的婴孩的画面相接,而观众分别得到了表现贪馋、痛苦、温柔三个不同的结论。可见,正是编辑人员利用画面间特有的、直观的内在联系(如"朱门酒肉臭"与"路有冻死骨"并置于同一种画面当中)和外在联系(如库里肖夫效果),才使观众产生了更多的、比画面本身意义更为深刻的内涵感知。当然,这种内涵感知与观众本身的文化修养、社会观、价值观、审美情趣有很大的关系。电视编辑人员应善于利用画面这种外在的与内在的辩证关系,使画面本身既有现实生活的客观体验,同时又有更多的超越现实时间与空间的美的效果,并在此基础上进入一种理性的范畴,使画面具有更多的所指意义。

(二) 形成具有可看性的叙事段落和表意段落

荷兰纪录片大师伊文思认为,"剪接工作首先是简单的视觉上的剪辑,要注意的主要是动作与动作之间(生理因素)转换的流畅性、镜头与镜头衔接的适当规律性,要使观众看不出场景不同的镜头的确切数目;其次,剪辑要关注超越生理效应的心理因素,在观众心中唤起情感共鸣,要通过画面唤起观众的感情进而引发其思想;最后是要把电影摄制者感情上的目的上升到表达一个观点,个人的、社会的或是政治的观点,主要目的是加深事物之间的关系,揭示事物的本质。"[1]

从感性作用上看,由于电视编辑人员感情的渗入,外示了其特定的美学形式,这使他在选择和安排画面时具有自己特定的美学追求,这种美学追求更好地概括、凝炼了现实社会的无序与烦琐,重新创作了自然时间所无法担负的流程累赘,帮助电视观众直接进入了比现实社会更加具体的、可观察的现实当中去,并由此触发观众对现实社会生活的感动。而从理性的意义上说,画面本身虽然再现了客观现实的影像,但是由于画面形成中人的介入,影像也并不能与现实完全等同起来,电视编辑活动是一种理性的创作,电视编辑人员能够利用画面表现特定的观点和意义。

画面作为电视创作的原材料,经过电视编辑——人的介入,具有了比现实生活时间与空间更为准确的视点和凝炼的时空属性。由于人的介入,画面具有了

---

① 任远,彭国利:《世界纪录片史略》,中国广播电视出版社,1999 年,第 7 页。

更多的人类社会的影子。电视编辑人员的社会修养、文化背景、观念价值等都会在画面中体现出来,简单地说画面就是电视编辑人员对社会观察与理解的外化形式。从这种意义上说,画面不仅是一种现实的形象,更是一种艺术的形象,是依据电视编辑人员的感性与理性的双重需求刻意安排的结果。

二、电视画面编辑的依据

(一) 符号学原理

1. 符号

符号是人类传达知识、思想和感情的一种形式、一种载体,它具有承载、象征、暗示自身以外的另一种意象的功能。

人类创造的符号大体可分为两类,一是人们在改造客观世界中使用的符号,如语言文字、电讯数码、数学物理公式等;二是人们在艺术审美世界中创造的符号,如音乐、舞蹈、绘画、文学、戏剧、电影、电视等。如果对符号本身进行更加深入的分析,我们还可以发现,符号具有三个不同层面的意义,分别为视觉(图像符号)、象征(象征符号)、指示(指示符号)。

1) 图像符号

图像符号是对外部社会的反映,表现为对客体的再现功能,是由客体本质决定的符号类型。尽管图像符号意义由客体的再现功能决定,但是完美的符号并不存在。图像符号的能指与所指只具有外形结构上的相似性,或称为具有某种因果的关系。

从电视传播的角度上说,电视摄像机镜头的物理属性决定了图像符号客体真实的有限性与"虚拟性"。尽管巴赞认为:"摄影机摆脱了我们对客体的习惯看法和偏见,清除了我的感觉蒙在客体上的精神锈斑,唯有这种冷眼旁观的镜头能够还世界以纯真的原貌,吸引我的注意,从而激起我的眷恋"①,但这种目视结论的体系具有不完整性。图像符号确实是最能够客观再现社会的物体,可是由于镜头自身物理属性的局限性,使它并不能做到对现实社会精确地复制。如球差、像差的存在就会导致离镜头近的物体在画面上就大一些,甚至会发生变形;短焦距镜头"扩大"了现实空间的横向距离,长焦距镜头"压缩"了现实空间的纵向距离,就连镜头移动的快慢都会破坏观众对现实空间距离的感觉,影响到人们对客观社会的正确认识。因此,图像符号具有最大限度还原客体的物理属性,是作为对客观社会相似性表达的载体而存在的。

---

① [法]安德列·巴赞:《电影是什么?》,中国电影出版社,1987年,第13、14页。

2）象征符号

象征符号是代表超过自身含义的、由同一个社会文化区域里的人默认的符号或行为。从能指与所指的关系上看,两者关系是任意的,是经过社会长期约定俗成而固定下来,并为社会大多数人所认可。从单一符号意义而言,能指可能很多,但所指只有一个,如白色象征纯洁。

3）指示符号

符号的能指与所指不仅有实质意义的联结,而且还会有因果关系隐含其间。如"北京"的指示意义是中华人民共和国的首都。

2. 电视符号

索绪尔将组成符号的元素概念化地分成了两部分,每个符号都是由一个能指和一个所指组成的,两者的关系是任意的、武断的、完全人为的。符号是能指和所指的统一体。

"能指"在英文是"signifier",在电视中指的是影像本身,是符号中具有物质形式的部分;"所指"的英文是"signified",在电视中指的是能指所代表的概念、含义、内涵等。比如中文"画面"这个词,在英语中写成"picture"。如果进一步引申出去,同样的定义在法文、德文、日文、西班牙文中的写法也各不相同,对应于"画幅、银幕、屏幕等上面呈现的形象"这样唯一的所指,它可以具有多种能指。

因此,索绪尔认为,在语言系统中,能指和所指之间的关系完全是约定俗成的、任意的和武断的,文字本身并无明确的价值和意义。一个字的意义来自于语言符号系统中其他字的差异。在能指的层次上,"画面"是因为它能和"图"、"色"等字形有差别。在所指层次上,也是因为它同"图"和"色"的含义有区分。这里面有无数的能指和所指,但却只有某些细微的差别是重要的而又可以察觉的。尽管索绪尔把符号的基本结构划分为能指和所指两个部分,但由于在实际沟通中,二者是不可分的,因此对这两者的划分,仅仅只能限于理论上的应用而已。

电视符号是电视传播的一种具体形式,它直接诉诸人们的听觉与视觉,并引发人们对电视传播内容的理解、想象与思考。在电视符号系统当中,当镜头展示出"北京天安门"这个画面时,光线、角度、构图以及颜色的还原程度都是构成所指的元素,这些元素总合,构成了"北京天安门"这个中国人心目中特有的象征意义。

不过观众在观看电视时,一般不会去注意电视所传达出来的符号是否由能指和所指构成,而只把电视符号看成是纯粹的所指,只关心它的意义,并不关心它的形式。因为在日常生活中,人们常把符号系统的能指和所指的关系看成是理所当然的,甚至是必需的。马路上的红灯,意义必然指向"危险、停止前进",绿灯则代表了"安全、可以前进"等含义。在中国,节日里的红色灯笼代表着喜庆,而在西方,红灯区却意味着色情场所。这些不同场合、不同地域中出现的相同符号,具有的却是迥然而异的含义。可见符号的意义是社会赋予的,是被社会群体默认的。这些符号都是经社会习惯约定俗成,并被反复使用之后而建立的。

3. 电视图像符号构成特点

电视符号系统由多种符号组合而成,其中包括图像符号、声音符号等,而图像符号又包括静止的图片、运动的图像、屏幕文字、图表等多种。这些不同的符号构成了电视传播的多种指示意义和象征意义。

(1) 图像符号编辑(编码)具有一定的文法结构

作为影视艺术语言的重要编码单元,图像符号的构成具有一定的文法结构要求。总体看来,图像符号似乎没有固定的模式,但是它又不是无章可循的。首先,蒙太奇作为影视艺术的基础,它本身就具有一定的表达方式。如前进式语句的蒙太奇要求遵循视觉逐步递进的原则,而后退式蒙太奇又需要按照叙事的逻辑要求,逐步减弱视觉强度,形成话语的结束。其次,电视的视觉元素在编辑时,还需要遵循观众日常生活中其他的视觉习惯,将节目内容、情绪、节奏有机地结合起来。

(2) 图像符号不同编码方式(语言规则)具有不同的外延意义

能指与所指的组合可以产生出不同的外延意义。苏联著名电影理论家库里肖夫曾做过一个有名的实验。他将三个画面(一个人举着一把枪指向银幕,一个男子神态自若的面部,同一个男子惊恐万状的面部)按照不同顺序编辑(编码),形成了两个不同的外延意义。

第一种编辑顺序:
镜头1 一个男子惊恐万状的面部
镜头2 一个人举着一把枪指向银幕
镜头3 同一个男子神态自若的面部

第二种编辑顺序:
镜头1 一个男子神态自若的面部
镜头2 一个人举着一把枪指向银幕
镜头3 一个男子惊恐万状的面部

在第一种编码结构中,观众认为尽管这个男子可能有点害怕,但面对死亡的威胁时,他表现出的勇敢,使他象个真正的男人。而在第二种结构中,观众认为这个男子是个胆小鬼。三个相同的图像符号,通过不同的结构方式,产生了完全不同的外延意义。

(3) 电视符号构成的外延意义易造成观众的心理错觉

人们常常将银幕上或荧屏上所见误认为是真实的所见,形成与现实相混淆的心理错觉。美国著名电视系列片《达拉斯》中的男主角拉里·哈格曼由于逼真地饰演了尤因这一可憎的角色,常常受到观众的恐吓和威胁,洛杉机的警察和保镖不得不将他和他的家庭保护起来。他说:"观众将令人痛恨的角色与扮演这一角色的演员完全看成是一个人,这在美国电视史上还是第一次……。我现在是美国最可憎的人,我要严肃对待那些向我发出的数不胜数的恐吓。"

不能将影视符号构成的外延意义同现实严格区分开的人还有很多。袭击罗纳德·里根总统的约翰·沃诺克·欣克利便是如此。欣克利由于爱上了影片《出租汽车司机》中的年青女演员朱迪·福斯特,所以要千方百计地打动这位姑娘的心,吸引她的注意。于是,他把自己与《出租汽车司机》中为了报复社会企图刺杀一个美国总统候选人的演员罗伯特·德·尼罗(影片《愤怒的公牛》中的最佳男演员)混同在了一起。①

(二) 视知觉规律

在探索人的视知觉心理和视知觉规律方面,格式塔心理学派的研究颇有借鉴意义。格式塔心理学(Gestalt psychology)也称完形心理学,起源于 1912 年的德国,其代表人物有韦特墨、柯勒和考夫卡,以及后来移居美国的著名学者鲁道夫·阿恩海姆。

所谓"格式塔"(gestalt),就是"整体的形",即"完形"。但这个"形"不仅仅指某一个形状或形式,从比较宽泛的角度讲,一幅画、一种意象、一个句子、一首曲调、一个动作、一幕剧、一个电视片,甚至一种颜色、一种触觉,都可被视为格式塔。格式塔心理学派的相关理论观点包括:

1. 异质同构论

异质同构论认为在外部事物、艺术式样、人的知觉(尤其是视知觉)组织活动(主要在大脑皮层中进行)以及内在情感之间,存在着根本统一:它们都是力的作用模式,一旦这几个领域的力的作用模式达到结构上的一致(异质同构)时,就有可能激起审美经验。

---

① [法]热拉尔·贝东:《电影美学》,商务印书馆,1998 年,第 121 页。

2. 简化律

简化律认为人的视觉偏好简化的形式，或者说人的眼睛倾向于把任何视觉刺激看成现有条件下最简单的式样。比如，在时间上或空间上紧邻的两个物体常常被认为是一个整体。

3. 视觉张力

阿恩海姆认为，在大多数人眼里，那种极为简单和规则的图形是没有多大意思的，相反，那种稍微复杂点，稍微偏离一点和稍不对称、无组织性的（排列上有点零乱）的图形，倒似乎有更大的刺激性和吸引力。因为这种图形一般能唤起更长时间的强烈视觉注意和更大的好奇心。

格式塔心理学派的研究告诉我们，在进行电视画面编辑时，必须考虑到视觉元素带来的心理与视觉反应，因为镜头的作用归根到底是由人们的视觉习惯和思维规律决定的，所以在使用上有其习惯性的定规。比如，因为简化律的存在，流畅的剪辑、恰到好处的景别匹配和方向匹配，以及依据动势进行的运动剪辑成为了画面编辑的规则。如果前后两个镜头的主体位置、景别、光线、色彩相互对应或匹配时，观众就会对内容产生视觉上的连续性，反之则会产生视觉上的跳跃，造成心理上的隔断，或认为是情节、段落、场面转换，或认为是编辑失误。因此，在叙述同一内容时，保证观众视觉上的连续性是非常重要的。然而，又因为视觉张力的存在，跳接、不规则构图等手法成为了吸引观众的妙计。此外，阿恩海姆等学者关于形、色彩以及运动的研究，也为画面编辑提供了宝贵的营养。

总而言之，电视画面的组接要遵循观众的视觉心理定式，要符合人们在日常生活中养成的、建立于正常逻辑思维基础之上的视觉习惯。电视与电影同属活动影像，一般情况下，电影的剪接要求同样适用于电视镜头的组接。

第三节 电视画面编辑技巧

从某种意义上说，电影"就是在人们懂得把分别拍摄的片断黏结起来那一天起成为一种艺术的。"①与电影一样，电视是由数百个甚至更多的分镜头组接而成的。仅仅按照时间的规律和逻辑的规律组接，有时并不能使观众完全看懂，甚至无法体现出创作者的思想和意图。正如英国著名作家毛姆对赞美他的人所说的那样：在我的故事中所用的全部单词都能在字典中找到，我只不过是将它们安排到合适的句子中罢了。同样，前期拍摄的素材是现成的，技术上把它们组接

---

① ［法］马赛尔·马尔丹：《电影语言》，中国电影出版社，1980年，第64页。

起来就可以了。但是如何组接却是一门艺术,就像作家将单词组成句子和文章一样,电视组接同样也是遣"词"造"句"的过程,只不过它遣的"词"是单个的电视镜头,造的"句"是各个片段直至整个影片而已。这种过程既体现在技术手段上,也体现在意义的融入上。

虽然根据镜头的自然长度,我们可以知道应在何时切换镜头,但这仅仅是一种简单的技术运用,最重要的是要考虑镜头与镜头之间的组接结果,观众能否接受并看懂,电视语言的文法是否流畅连贯,时空转换是否自然,创作思想脉络是否清晰可循。这就需要编辑人员把握电视画面编辑的方法和技巧。

一、遵循事物发展的规律性

任何事物的发展、运动都有其自身的方式和规律。人们做事有动作的顺序和规律,比如先吃饭后洗碗,先洗衣服后晾衣服再收衣服等;事件的发展有其固有的过程,比如盖房子就要经历设计、备料、施工、落成这些阶段;自然界的变化也有其自身的规律,如太阳从东方升起,由西方落下,动物的成长是由小到大,植物的生长有其季节性等。这些都是生活本身的规律。电视镜头组接要符合事物发展的客观规律,就是要使画面内容像生活中的事物那样变化发展,这是画面组接的基本原则。

生活本身的规律性,是镜头叙述动作、事件外部形态最基本的依据。当然,按事物的形成、发展规律去组合内容,并不是要把事件的全过程都搬到屏幕上去,而是指采用一种取舍的方法,对事物所发生的时间和空间进行重新组合,去表现一种屏幕特有的时空连贯。尽管这种重新组合受电视编辑的经验和审美情趣等多种因素的影响,但由于它以事物发展顺序为依据,因此更多体现出一种符合生活的客观逻辑。

比如,编辑电视新闻"我国第一艘超大型油轮今天下午在××造船厂顺利下水":

镜头 1　大远景　油轮全貌
镜头 2　全景　参加油轮下水仪式的人员
镜头 3　中景　手执剪刀站在船尾的领导
镜头 4　近景　领导剪彩的细节
镜头 5　全景　油轮徐徐下水

这条消息类电视新闻在组接时,首先展示了即将下水的油轮全貌,满足观众对超大型油轮的外观审视,然后依据油轮下水剪彩仪式的时间顺序组接。镜头组接是按新闻事件发展顺序进行的,符合事物发展的客观规律,同时,它也符合建筑在客观规律和思维规律基础之上的视觉习惯。

再比如,在报道某个工程竣工剪彩时,稿件内容会按照事件的先后顺序组织,画面也应按此组接,大致规律是:远景,多交待工程的场景全貌;全景,到会出席的领导;中景,领导剪彩;近景,特写,介绍剪彩的局部;随后,画面转入参观场景。这里,视觉形象层次分明地按照事件的进程而展开,把新闻现场发生的一切,完整、有序地呈现在观众面前,使观众如临现场。当然,事件报道也不一定全要用远景或全景来开头,也可以用特写强调细节,吸引观众的注意,然后再介绍环境的全貌。

二、符合画面内容的逻辑性

人们在观察和体验生活的过程中形成了自身的思维逻辑。电视反映的是生活,其对生活景象的重构也必须符合画面内容的逻辑性和人们思维的逻辑性。

(一)生活的逻辑

有人认为,对画面进行连接就像是在摆弄万花筒,同样的镜头,使用不同的剪接方法,不同的后续镜头会产生千差万别的效果。然而,无论怎样变化,镜头之间的关系都应遵循一定依据,符合表意规范,如果离开这一点,内容的解读会很牵强,这个作品也就会是失败的。有这样一则报道,内容是以打击假冒伪劣商品为主题,前面的一些镜头是熙熙攘攘、人头攒动的集贸市场,结尾镜头是几个鲜花的近景。如果作者是希望以鲜花寓意美好的开始,那么这样的隐喻关系在新闻报道中并不合适,即便是要表现这种观点,用文明、整洁、有序的市场作结尾镜头,会更有利于表述。因为这个镜头至少在画面上体现了上下镜头内容上的承接关系,为观众理解这则报道的含义作了铺垫,而突然出现的鲜花特写由于与前续镜头缺乏任何关联性,不符合观众对这一事物自然发展内在逻辑的理解,编导者的意图也就难以被接受。由此可见,镜头连接的逻辑性在电视节目创作过程中的至关重要。

不论画面如何安排都要合乎叙述的逻辑,富有层次。如果组接的顺序不对,图像传递的意义也会相应发生变化,所介绍的事件肯定会与实际发生的事实不符,所表达的思想与新闻本来要表述的主题也会不合。

(二)思维的逻辑

电视编辑要合乎生活本身的逻辑,也要符合观众的思维逻辑。通常,人们具有将两项事物联系起来考虑的倾向,或者说人们的思维习惯于在相邻的事物

（如两个前后相连的镜头）间建立某种逻辑联系。常见的逻辑关系包括因果关系、并列关系、对应关系和对比关系等。人们在观察事物时，会自然而然地以此为依据强化这种联系。由于这种思维定势的存在，当我们有意识地把某些电视镜头组接在一起时，就很容易在观众头脑中建立起它们的特定关系。例如：

因果关系（打——倒；逗——乐）
呼应关系（看——见；问——答）
对比关系（正——反；贫——富）

此外，人们在观察客观事物时具有忽略次要情节的倾向、人们对客观事物的观察是渐进式的、人们对事物的观察在一定的时间内具有一致性等基于人脑逻辑思维的客观规律都影响着电视画面的内在逻辑，也是任何电视编辑人员在进行后期编辑时无法忽略的。

三、把握动作转换的连贯性

（一）保持运动形态、方向协调

在画面编辑的过程中，要能够将单独而零散的分解动作按表达需要和一定的视觉规律重新组合成连续活动的视觉形象整体，它是对现实动作的省略，同时又不失视觉连贯感。一般而言，运动主体动作连接可分为同一主体动作和不同主体动作连接两种情况。其中，同一主体动作又分两种情形：一是接动作，即用不同角度、不同景别的几个分镜头来表现一个完整的动作过程；二是动作省略，即一个完整动作由若干主要动作片段构成，其中省略了无关紧要的部分中间过程。但无论是哪种情况，都需要考虑运动形态统一，以求整体上的连贯性。

此外，由于电视画面的边框是恒定的，因此它成为观众辨别主体运动方向的实际参照物。在镜头组接时，应注意主体在画面内的运动方向和运动速度，使前后镜头里主体的运动方向和速度保持一致，否则就会产生混乱。当人物在画面中进行横向运动时，如果前后镜头中主体忽左忽右，运动速度忽快忽慢，就会使人感到茫然不知所措。

（二）保持运动流程合理紧凑

在镜头组接之前，画面中主体运动的流程有时是连续的，即是由一个分镜头拍摄完成的一个完整的动作过程；有时又是间断的，即是由多个分镜头有选择地拍摄了动作的某几个片段。不同的节目、不同的内容对于表现运动过程的要求是不一致的。对于较长的运动过程,大多采用了时间压缩的方式,即一个完整的动作流程只选用若干动作片段组成。此外,对纪录片而言,常常是单机拍摄,不大可能用不同的景别拍下一个连续的动作,因此也需要在后期编辑过程当中,选择有利的转换时机,使不连续的动作流程变得连贯流畅。另外,有时为了使画面节奏更加紧凑,也可以采用角度变换的方式,对一个动作(不是一个流程)分切后组合。

1. 利用插入镜头组合

当一个动作流程过长时,可以采用插入镜头,将完整的动作流程划分开来,省略中间相同环节。比如工人在车床前开动车床加工零件,零件加工完成后检验一下是否合格,加工过程可能较长,而检验过程可能较短。因此,在组合这个动作流程时,可以在加工零件的过程后,插入工人的手部动作、面部表情、旋转的机器等镜头,然后再接上工人检验加工后的产品的镜头,使整个制作零件的动作流程大大缩短。组接完的镜头如下:

镜头 1　中景　一个工人正在机器前加工零件
镜头 2　特写　工人的面部表情
镜头 3　近景　工人取下加工好的零件实施检验
镜头 4　中景　工人加工另一个产品

2. 利用角度的变化组合

对一个节奏缓慢、时间较长的动作流程,如果采用不同角度拍摄下的镜头组接,可以使观众明显感到动作流程的连续性。由于前后镜头角度的变化,观众的注意力易放在新的空间结构中对主体动作实施观察,而忽略对原画面动作流程连续性的关注。

比如,一个人在图书馆的书架前找书,然后缓慢走到书架前一处站住,看着书架上的书,再从书架上取下一本书翻阅。如果这个动作流程采用一个镜头一气呵成地拍下来,就会显得节奏拖沓。而如果采用不同角度拍摄的镜头,对这个动作流程先切割,再组合,则既可以完整地表现出动作的流程,同时也可以使节奏显得更加紧凑。

镜头 1　全景　侧面 跟拍 一个人沿书架走过来,看着书架上的书,在一处停下
镜头 2　中景　正面 他从书架取下一本书
镜头 3　特写　侧面 一只手翻开书

在镜头1后是一个动作的暂时停歇,在下一个镜头中,利用新的角度,切换到从书架上抽出一本书,取书到翻开书中又有一个动作的暂时停歇,接上一个无角度的镜头3,使一个新动作开始。这样的切割组合,一方面可以省略镜头1中过长的找书过程,同时也可以通过三个不同角度的镜头使这个动作更加流畅,也更加具有节奏感。

3. 利用化入化出组合

利用化入化出也可以大大压缩一个动作流程,使动作本身更加流畅。比如一个画家在画一幅画,前一镜头落笔开始画画后,很快化入画家的脸部表情,当再次化入一个镜头时,这个镜头已经是即将画完的画了。

此外,还可以使用快速镜头去表现动作流程,使其耗时大大缩短。这种快速镜头的使用,通常是为了创作一种特定的喜剧效果。

(三)动接动,静接静

在组接中,人物的动作和物体的运动是否连贯,常常影响到一部影片结构的完整性和节奏的流畅性。按照表现的要求和镜头内主体动作的特点来连接镜头和转换场景,是电视镜头组接需要重点注意的问题。要使镜头转换得流畅,需要利用动作节奏上的一致性来衔接镜头,即"动接动,静接静"。一个画面与另一个画面无非存在四种组接方式:前一个画面是运动的,后一个画面也是运动的;前一个画面是运动的,后一个画面是静止的;前一个画面是静止的,后一个画面是静止的;前一个画面是静止的,后一个画面是运动的。

动态镜头的运动,是指画面主体的内部运动或由于镜头的光学运动、机械运动产生的外部运动。这里排除了由于剪接本身所产生的运动感。动态镜头与动态镜头组接,是指将那些在视觉上有明显动感的镜头组接在一起。即前一镜头用的是运动的镜头,后一个镜头也应该用运动镜头。例如,在意大利影片《偷自行车的人》中,表现几个人到市场去寻找丢失的自行车时,用跟镜头来表现他们匆匆地走着,用摇镜头来表现他们的视线所经过的景物,这一系列的跟镜头与摇镜头都在运动过程中连接起来,造成片中应有的匆匆忙忙的气氛,而同时也使镜头之间衔接得十分紧密,转换得十分流畅。

静态镜头与动态镜头正好相反,是指视觉上没有明显动感的镜头,这种镜头一般应和同样没有明显动感的其他镜头组接在一起。这里的静并不是指镜头画面的绝对静止,只是要求在镜头切换的前后,画面没有明显的动感即可。

动接动,静接静,并不是否定了动态镜头与静态镜头的组接。动态镜头与静态镜头相连时,应在运动尚未开始或已经停止后的短时间内来转换镜头。即在运动镜头的"起幅"和"落幅"处稍作停顿,以便使它能和其他的"静"镜头或者不同程度的"动"镜头（这种镜头在起幅处是"静"的）实现流畅的组接。比如以下这两个镜头：

镜头1　全景　摇　表现一个场景的四周环境
镜头2　近景　该场景中的某一细节

这两个镜头的组接，就应该在前一个镜头摇停之后再作切换，这样在前一个镜头运动已经处于相对静止状态后，再接了一个静止镜头，视觉上会相对流畅。若非如此处理，则不仅这个运动镜头本身会缺乏完整感，并且在镜头的转换处也将缺乏应有的稳定感，给观众一种突如其来的视觉跳跃。

同样，当前一个镜头是静态镜头，需要在后面接一个动态镜头时，也需要在后一个动态镜头的起幅处开始组接。但有时由于前后两个镜头都是大景别镜头，即使在动态镜头的运动过程中组接，或是在静态镜头中直接接上一个动态的镜头，在视觉上也不会产生太大的视觉变化。比如下面两个镜头：

镜头1　全景　展览馆，一架战机模型
镜头2　远景　天空中，一架飞翔的战机

这两个镜头，前一个是静态镜头，后一个是主体运动的动态镜头。由于后一镜头中战机景别较大，处理一种相对静止的状态，动感不明显，因此视觉上跳跃感不强。但是如果将后一个镜头换成战机快速掠过画面的中景镜头时，画面的动感就加强了，组接时将产生明显的视觉跳动。

除此之外，在其他一些外界因素的辅助下，也可以实现运动镜头和静止镜头的组接。比如在纪录片《故宫》一片中，前一个镜头是慈禧太后的静态画面，后一个镜头接了中国传统的舞狮子。尽管前后画面在两个相差较大的镜头中反复组接，但由于有铿锵振耳的锣鼓声的辅助，观众已经有了一定的心理准备，因此组接后的镜头同样显得非常流畅。

我们所说的"动接动"和"静接静"，是强调在连续的情节和内容上作镜头的流畅组接，但并不是排除在其他场合，动态镜头与静态镜头有意识地产生跳跃式的组接。比如在音乐电视中，一般是根据音乐的节奏、旋律、强弱等自由运用镜头，而将视觉跳跃放在次要的位置上。

要达到运动的连贯，首先要正确掌握主体运动衔接的基本规律。此外，还要注意镜头运动、景物活动和造型因素之间的有机关系，这样才能达到影片外部结构的连接和镜头之间运动的流畅。反之，就会影响镜头之间、段落之间有机衔接的和谐感,也必然会损害影片外部结构的完美与统一。

四、保持空间组合的合理性

(一)保持画面区域与主体位置统一

保持主体在前后镜头画面中位置的统一,是满足观众视觉连续性要求的重要方式之一。无论是静止的主体还是运动的主体,也无论是同一主体还是不同的主体,它们在上下镜头的连接时,都有一定的对应规律。电视内的物体或人物在电视空间有其特定的位置,在一定的时间里,应保持它们在画面中的相对稳定。无论是静止的主体还是运动的主体,在前后镜头中必须保持位置上的一种匹配和对应的关系,这样才能给观众一种画面的连贯感,否则将会产生视觉和感觉上的跳跃。

根据主体在画面上所处的位置,一般有将画面分成左、右区域的二分法,也有划分为左、中、右三个区域的三分法。前后两个镜头的主体处于不同的画面位置,就形成了镜头间不同的对应关系。当前后镜头主体处于相同区域时,主体重合,第一个镜头的注意中心自然地变换为第二个镜头的注意中心,通过视觉注意力的位置固定不变,易形成视觉上的连贯感觉。若同一个主体从明显相反的方向去拍摄,剪接时主体则处于相反的画面区域,就会形成视觉重心的转移。

(二)遵循"轴线规律"

所谓轴线就是画面主体物的视线方向、运动方向以及对象之间关系所形成的一条假定线。既然是假想线,生活中就不存在,但当我们确立了拍摄主体后,这条线便自然形成了。因为观众总是在电视机的一侧观看电视,对屏幕空间有一种默认的方向感。强调这些在屏幕上看不见的轴线,就是为了明确观众与画面之间的相对位置关系。

轴线可分为运动轴线和关系轴线两种。运动轴线是指由主体运动方向所形成的轴线,有人也把它称为方向轴线。当画面主体处于运动状态时,应当根据主体运动的方向确立这条运动轴线。关系轴线是指对话双方视线方向或人与人、人与物之间的关系形成的轴线。当画面主体位置不动时,应根据各主体间的连线或主体到背景平面的垂直线来确立这种关系轴线。

在组接同一场景的两个镜头时,应注意选择从它的同一侧拍成的镜头,这样,主体的运动方向就不会稀里糊涂地发生变化。如果跨过这条轴线,就会违反空间处理规则,产生前后镜头空间不连贯和跳跃脱离的现象,使观众摸不清画面中人物的相互关系是如何发生变化的,产生电视屏幕方向相反的感觉。比如在足球比赛中,如果不考虑轴线进行剪辑,就很容易会让观众产生某球队进攻自己球门的错觉。再比如,编辑一段相向人物的对话(图3-3),本来女子是从左边向右边看的,如果剪辑时选择 X 号摄像机拍摄的画面,那么在屏幕上该女子的视线方向就成了从右边向左边,如果和 1 号摄像机或 2 号摄像机拍摄的镜头剪辑在一起,在观众看来,就会出现方向的混乱。在组接中,这样的情况就被称为不合理的跳轴。在这一案例中,合理的剪辑方法是选择轴线同一侧的镜头(1、2、3 号摄像机拍摄)剪辑在一起。

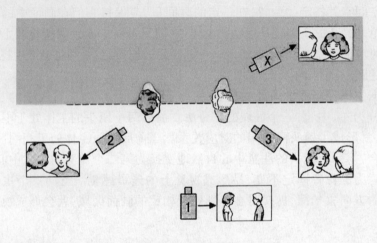

图 3-3 轴线规律

综上所述,轴线规律是影视摄制中保证空间统一感的一条规律。在用分切镜头拍摄同一场面的相同主体时,总方向应限制在轴线的同一侧。如轴线是直线,各拍摄点则应规定在该线同一侧的 180 度之间。任何越过轴线所拍摄的镜头统称为越轴(跳轴)镜头。

在同一场景中,轴线两侧拍摄的两个镜头一般是不能组接在一起的。但我们也可以利用一些合理的因素或其他画面的过渡,使轴线两侧的镜头组接在一起,而不至于产生跳轴的感觉,也就是进行合理跳轴。合理跳轴的方法包括:

1. 通过摄像机的运动跳轴

通过摄像机的运动跳轴,就是利用摄像机在运动拍摄过程中,对于空间关系的合理交待来完成的。摄像机连续拍摄时,从轴线的一侧移到轴线的另外一侧,相当于镜头引导观众从一个视角逐渐转向另一个视角,并在转换视角的过程当中,建立起一个新的空间印象,保持了两个空间的合理交接。这种跳轴方式符合日常生活中人们对一个事件的观察习惯。

2. 通过被摄主体的运动跳轴

轴线并不是一成不变的，它随着运动而产生相应的变化。比如，由于被摄主体的运动导致了原有画面中关系轴线发生了变化，这样，在组接过程中，可以不必考虑原有的轴线关系，而以新的轴线为基点，建立一个新的关系轴线。由于被摄主体的变化，原来的空间结构关系已被破坏，而观众正期待观察到一个新的空间关系，利用这种心理期待建立新的空间，实际上也就是完成了跳轴。

3. 插入全景镜头跳轴

电视叙事具有时间、地点和人物动作三个要素。全景镜头一般用来交待地点。为了完成轴线的合理转换，如果在两个不同方向的镜头之间插入一个全景镜头，可以使人们从由原来运动轴线或关系轴线所建立的空间，转到另一个新的空间交待上。因为，全景镜头有弱化观众对原有空间结构的感觉的能力。这样，尽管后一镜头接的是一个不合理的跳轴镜头，但是由于前面全景的插入，人们会错误地认为，这是在一个新的空间结构中建立的一种新的关系。

4. 插入特写镜头跳轴

巴拉兹认为："特写镜头是电影最独具特色的表现手段。它展示了这门新兴艺术的一个特点。"①由于特写镜头没有方向感，因此是合理跳轴常用的方法。在电视镜头组接过程中，特写往往也是无法连接时的最好连接方法（电影特写镜头的使用比电视特写镜头的使用要谨慎得多）。它可起到逗号的作用，造成人的注意力暂时集中。

人们在观看影片时，最新注意力始终放在下一个画面上，如果主体明显的位置跳动或运动的不匹配，人们在注意力变换时会立刻觉察到，由于特写一般占据画面的大部分，没有明显的画面方位感，它的出现作为一个短暂的强刺激，分散了人们对前一个画面的记忆，当一个新的画面出现时，人们又重新开始建立一个新的参考点，就不大会感到视觉的阻碍了。因此特写镜头有时又被称为"万能镜头"，被广泛运用于电视节目的组接当中。

5. 利用大动作点跳轴

利用大动作点跳轴是指，以上一个镜头中动作的高潮点为剪接点，接跳轴镜头的动作的高潮点，或通过某种连续动作越过轴线。比如前一画面跳起，后一画面接落下。利用大动作点跳轴不仅可以在同一环境、同一时间中连接，也可以在不同空间、不同时间中连接。使用这种方法需要注意以下几个方面的问题：首先，前后镜头运动的方向应尽可能一致。如果相连镜头运动的方向相反时，就不适合采用这种方法。其次，这个大动作点一定要是动作的最高点，以利用动势保

---

① ［匈］巴拉兹·贝拉：《可见的人，电影精神》，中国电影出版社，2000 年，第 47 页。

持观众视线的连续性。比如从单杠的回环转到跳马的空翻落地、从高山滑雪的跃起接到高台跳水的落下等。最后,如果动作无法区分最高点,也可以利用动作形态的相似性完成。如舞蹈运动员跃起时接到另一个跃起的动作,滑冰运动员在旋转动作时接到另一个旋转动作等。

6. 利用双轴线跳轴

通常既有运动轴线又有关系轴线的情况被称为双轴线。组接时,可以利用其中任一条轴线的变化完成跳轴。尽管组接越过了其中的一条轴线,但是由于另一条轴线的合理交待,使整个空间仍保持了连续性。

需要说明的是,轴线规律并不是绝对的。如果编导能够建立较为明确的空间关系,则不一定必须恪守轴线规律。在早期的好莱坞电影《关山飞渡》中,导演为了加快运动画面的节奏,将处于高速追赶中的印第安人马队和白人马车处理为"相向运动",但由于叙述的情节十分清楚,观众不会产生误解。苏联电影的镜头关系也并不严格遵守180度的轴线,而是根据段落的情境或情绪来调动镜头,跳轴现象时有发生。日本电影则更是没有轴线概念,无论是小津安二郎还是黑泽明,在镜头关系处理上都是360度的概念。因此,电视编辑人员在处理轴线关系时应该灵活变通,视具体情况而定。

五、实现景别匹配的和谐性

巴拉兹在谈到黑白电影的剪辑技法时说:"黑白电影的法则是形式的连续性,其实质是:相当远的远景影像只有在极个别情况下才可以与占满画幅的特写镜头相互剪接在一块,否则就会产生视觉中断的现象,用一句行话说就是'跳切'。这样做的后果是:破坏了影像的连续性,就像影片出现拼接错误。"[1]可见,画面编辑时实现前后景别的和谐至关重要。

(一) 考虑前后镜头景别上的合理性

景别是由被摄对象在画面中所占面积的多少决定的。景别反映了一个镜头表现被摄对象的细腻程度,也决定了观众的视觉重点。从根本上说,因为物质是无限可分的,景别的大小只具有相对的意义。但是,景别一般是根据人眼识别事物的能力确定的,具有较明确的界定,如果对象是人,则全景、中景、近景、特写都有习惯上的标准。

一般而言,前后镜头景别差异过大,会使观众在视觉上产生明显的段落中止感觉。镜头组接时,不要让表现同一主体的前后镜头景别差异过大,即同一主体

---

① [匈]巴拉兹·贝拉:《可见的人,电影精神》,中国电影出版社,2000年,第226页。

在前后镜头中放大或缩小的倍数过大,否则,由于画面景别的骤变,观众会误认为画中主体也发生了变化。保持前后景别变化的合理性,使观众不产生叙事上的中断感觉,传统的方法是使后一个镜头的景别不要大于或小于前一个镜头景别的3倍。以目前国内电视界远景、全景、中景、近景、特写五分法为例,组接时,如果前一个镜头是全景,后一个镜头可接一个中景;相反,如果前一个镜头是特写的话,后一个镜头最好接中景,最多是全景。这样可以保持画面主体在视觉上的连续性。

当然,对于前后镜头景别变化是否可以骤变问题,曾经有过争论。现在也有很多的电视节目,特别是一些纯娱乐性节目,有时有意实施大景别的跳跃,以增强视觉上的冲击力。研究发现,两极镜头的组合,能够产生震惊与活泼的视觉效果。所谓两极镜头,是指单体固定焦距镜头中的长焦距镜头与短焦距镜头,也指一个变焦镜头推至最顶端的长焦距镜头和拉至最底端的短焦距镜头位置。两极镜头是一个正在被影视创作者广泛应用的影像造型语言,在电视剧、广告、MV中大量出现,得到越来越多的青睐,有人将其视为"性格镜头"。当在形式和内容相符时,两极镜头组合产生的对比反差可以加剧震惊感与视觉活泼性,更好地服务于内容的表达。比如在城市旅游的宣传片中,全景和细节的快速切换,配以大气磅礴的背景音乐,产生活泼、动感和激烈的气氛。在一些谍战剧与恐怖片中,通过两极镜头的变换,则产生令人恐怖与震惊的效果。比如在恐怖片之中,镜头将主人公的全景与主人公的惊恐眼神特写,或者是主人公回头看见恐怖景象等两极镜头组合,起震惊和恐怖的效果。

可以肯定的是,景别的远近发展变化,应和画面的内在情绪相适应。只要情绪本身是跳跃的,当然景别也就可以跳跃发展,如果情绪不是跳跃发展的,视距的跳跃变化就会使人感到突然。这就好象在音乐中,"级进式"的旋律往往表现较平静的心情,而"跃进式"的旋律则适于表现激动的情绪。我们不能机械地规定哪些景别可以组接在一起,哪些景别不能组接。而只能依据节目内容的需要,或者是从表达情绪出发,或者是从叙事角度出发,灵活地加以运用。但对于新闻、专题、纪录片这样的电视节目,传统的做法还是尽可能使景别的变化符合人们日常生活中观察的习惯。

(二)考虑相邻镜头景别上是否要有变化

相邻的两个镜头景别过大,会使人产生叙事内容的中断感觉。但是如果相邻两个镜头在景别上没有变化,且方向又没有明显的差异,同样也会产生中断、跳跃的视觉感。因此,镜头组接时,不要将内容相近、景别差异不大的镜头组接在一起,否则容易使观众产生错觉,觉得画面似换非换,而误以为是一个失误的镜头。比如,一个较长的采访镜头需要删除中间的一段同期声,在删除了中间的一段同期声内容以后,是否可以把前后两个分镜头直接组接在一起呢?从同期声连续上来讲是完全可以的,但是由于前后两个镜头是一个完整镜头分切后的结果,分切后两个镜头不可能使画面主体在画面上的位置完全一致,由于被采访者说话时身体存在细小运动,如果直接进行组接,就可能产生画面跳跃。因此,需要给予适当的过渡,如运用淡入淡出、化入化出、闪白等技术手段,也可以插入一个空镜头,形成观众的心理隔断,这样组接后的镜头就不会有跳跃感了。

相邻镜头景别上的变化并不是绝对的。同类景别的镜头组合,可以造成累积的视觉效果。尤其是特写或者近景镜头的组合,因为相似性的累积,使相同的意味或者内容元素被强化,使得视觉的连贯与主题的强化得到保证。例如《辛德勒名单》这部电影,对辛德勒作为绅士这一角色的刻画,采用连续特写镜头组合,用优雅地轻摇酒杯,细心地给每套不同的西装搭配不同领带,从一盒纽扣中找寻适合自己衬衫的袖扣,穿好西装,向西装上身的口袋放好手绢等一系列镜头的组合,对人物性格的刻画起到了累积效果。

六、谋求影调色彩的统一性

光线和色彩在电视节目中的地位是不容忽视的,尤其是色彩。因为人们对于色彩的反应是非常敏感的。从某种程度上说,对观众视觉的第一刺激就是色彩。有的心理学家更认为物体的本身是不存在形的,形的本身也是色彩。如果没有色彩,形也就不存在了。因此,有人说,一部电视节目的色彩很大程度上决定了它的成败。尽管有点片面,但也不难看出色彩的重要作用。

电视节目中彩色影调是指画面上颜色的深浅和色彩的配置而形成的一种明暗反差。它是画面造型和构图的主要手段,也是创造气氛、形成风格的手段之一。当画面的色彩组织和配置以某一种颜色为主导时,画面就呈现出一定的色彩倾向,形成色调。利用它可以表现某种情绪、创造意境。在电视节目中,对影调和色调的处理不同,可以形成各种不同的画面,如亮调子、暗调子、冷调子、暖调子等。

在画面组接中,保持影调和色彩过渡自然首先表现在调子和内容、情绪的统一上。对于一个完整的段落,各个镜头的影调和色调应该和该段落的内容和情绪相一致。在表现欢快的气氛、温和的情绪时,段落中的各个镜头一般应该使用亮调子和暖调子。如果前后镜头既有亮调子又有冷调子,就会破坏这种统一性。其次表现在相邻镜头、相邻画面调子的统一性上。当我们用一组镜头表现同一场景中的连续事件时,镜头组接点附近的画面一般不应出现影调和色调的强烈反差。如果把明暗、色彩对比强烈的画面组接在一起,就会破坏对该事件描述的连贯性,就会影响对内容的通畅表达,除非是为了表现某种特殊的艺术效果。

巴拉兹说过:"肯定会有那种在同一底色下由于视觉反差不够而难以相互区分的颜色,它们的突然变化会给人唐突无序的感觉效果。即便前后场景的内容彼此间没有任何关系,剪辑也仍应遵循视觉连续性。尽管一个场景不是另一个场景的继续,但它仍是影片的继续,影片的整体过程应该没有变化。"①

如果前后镜头的影调、色调对比强烈,而又没有其他的镜头可以代替,则可以选择一些具有中间影调和色调的画面作为过渡,以缓和由于过度的对比所造成的视觉落差。

七、体现视听变化的节奏性

在后期编辑当中,单个镜头的长度决定着影片的"外在"节奏。如果画面上的动作都是有规律的,编辑就不能单纯考虑个别镜头之间的问题,而必须从整个一组镜头的画面节奏来考虑组接的方式。比如有这样一组镜头:

镜头1　远景　我军战机向敌机飞来
镜头2　全景　敌机飞行
镜头3　全景　我机追击
镜头4　全景　敌机飞行
镜头5　全景　敌机被击中,尾部冒烟坠下
镜头6　全景　我机追击
镜头7　全景　敌机坠下
镜头8　中景　我机观察
镜头9　近景　燃烧中的敌机坠下

在这一组镜头中,9个镜头从远景到近景,从空战开始到空战胜利,随着战斗紧张的加剧,景别也不断发生变化,由远景到全景,由全景到中景,由中景到近景,视距越来越近,视觉冲击力越来越大,画面上动作的发展一气呵成,形成了强烈的节奏感。

除了节奏逐渐加快的,也有逐渐减弱的。但是组接时,并不要求节奏一定是这种逐步变化的方式。根据不同的节奏,也可以采用不规则的变化方式进行组

---

① 　[匈]巴拉兹·贝拉:《可见的人,电影精神》,中国电影出版社,2000年,第226页。

接。所谓不规则的变化,实际上是一种整体的规则,局部的不规则,以形成一种环形节奏规律。比如这样一组镜头:

镜头 1　各种举重的练习

镜头 2　女子篮球练习

镜头 3　男子篮球练习

镜头 4　赛马练习

镜头 5　赛自行车练习

镜头 6　游泳练习

镜头 7　摔跤练习

　　画面上的动作速度开始是慢的,然后逐渐加快,女子篮球比举重快,男子篮球比女子篮球快,赛马比男子篮球快,自行车最快,成为这段画面中动作速度的顶点,到游泳练习节奏慢下来,摔跤以更慢的速度结束了这一段落,从而构成一种动作上的环形节奏。

　　除了考虑外部动作因素以外,组接时还需要考虑人物的情绪变化,也就是所谓的"内部动作"。人物的内部动作是由片中一系列戏剧矛盾所决定的。在一部戏剧性强的电视片中,即使外部动作并不明显,其人物情绪的变化也必然会引起观众的共鸣。在情绪的高潮上,借助情绪的连贯性来转换镜头、切换场面,都会显得特别自然。在这种情况下,画面的"内在"节奏实际上就是戏剧的节奏。要善于依靠情绪的连贯性来转换镜头、切换场面,突破外部动作的限制。

　　总之,既然戏剧动作包括外部动作和内部动作两个方面,而且,两者之间存在着辩证关系,组接时,就必须从节目内容出发,考虑内部与外部动作的节奏变化。关于节奏方面的内容,详见第五章。

第四节　剪接点

　　在把不同内容镜头连接起来构成一个完整的动作或概念时,需要确定最佳连接点,这个连接点就是剪接点。剪接点的选择非常微妙,多几帧就让人感到不舒服,少几帧可能让人感到若有所失,几帧画面之差,却是天壤之别。准确选择剪接点,是电视编辑人员必须掌握的技巧。

一、动作的剪接点

（一）确定动作剪接点的依据

电视作为大众艺术,同样也是人的艺术。电视节目以展示人的行为为主,而人的行为可以通过自己的动作、表情、声音等多方面显示出来。动作的剪接点是通过画面内人物形体动作确定的。

形体动作亦称"外部动作"或"外在动作",是表演艺术的术语,指以改变人或物的位置与形状为目的的外部活动。形体动作可分为生活性的动作,如梳洗、打扮等;劳动性的动作,如耕地、采煤等;运动性的动作,如体操、游泳等;人际性的动作,如握手、搏斗等;表情性的动作,如眼神、手势等。

表演艺术认为,形体动作作为人物行动的组成部分,具有十分重要的作用,因为一切内心动作都要以形体动作为载体,才能获得鲜明而充分的展现,并且还具有刺激、诱发人的心理生活和内在情感的功能。当然,形体动作又必须依附于内心动作,应根据人物的性格特征、思维逻辑、心理状态及所处情境,产生出相应的、合理的外部动作。因此,形体动作和内心动作是不可分割的统一体,两者共存,相互影响,相辅相成。以诉诸视觉为主的电视艺术,侧重于以画面塑造人物形象,故十分讲究人体造型及形体动作在画面中运用,还因它具有近景、特写等特殊拍摄手段,可把演员细微的面部表情、眼神等微相表演,淋漓尽致地传达给观众。人物形体动作主要通过面部表情、声音表情和情绪表情三个方面体现出来的。

1. 人物的面部表情

心理学认为,人物的表情与人物的感情有着密切的关系,情绪的表现是人物思想活动的反映。人可以抑制自己的行为,但难以抑制自己的表情。人物的心理活动、情绪是导致面部表情的重要因素,而面部表情又是情绪的结果,是人物感情的流露和表现。

2. 人物的声音表情

声音表情也是了解情绪或感情的重要依据。在人们未看到画面之前,从声音就可以知道是何种情绪了,比如呻吟使人想到痛苦,笑使人想到高兴,惨叫使人想到恐惧。

3. 人物的动作表情

动作表情主要是指形体姿态,如高兴得手舞足蹈或痛苦得捶胸顿足。当然,这种动作表情仅是判断情绪的一种辅助手段,因为动作的表现可因人物的身份、受教育程度,以及性格特点等多方面因素而有所不同。

在剪接点的选择上,应该将三种表情结合起来,考虑人物情绪的综合性。但最主要的是把握好动作、情绪方面的剪接点。

（二）动作分解

这种剪接点主要以"形体动作"为基础，以画面内容和人物特定情绪中的行为为依据，结合实际生活中人体活动的规律来处理。而人物动作的完整性是由动作过程中若干变化的片断——既相互联系又有瞬间间歇的动作组成。比如在日常生活中，"坐下"这个动作看上去是一个连续不间断的动作，但当通过摄像机的记录，把这个动作一帧帧分解开时，我们会发现这个动作并不是完整的，在连续的大动作中有一个瞬间的暂停处，这个瞬间的暂停处有 1～2 帧的时间，也就是说在这个看似连续的大动作中实际上存在一个小动作，这个小动作就是整个连续动作的转折处，而这个转折处就是动作的剪接点。尽管可能采用不同的景别和角度去表现一个完整的动作，但由于景别变化造成的视觉不协调被动势的流程所取代，所以观众通常难以觉察。

从此规律出发，可以比较容易地判断镜头转换中的动作依据，比如转身、起坐、头的转动、手的起落、眼睛的闭睁等，都可以作为镜头转换的契机。以此选择剪接点，有利于保证动作衔接的顺势流畅、无跳跃感。

例如，某电视片拍摄我国三军仪仗队队长的军刀礼。军刀礼是迎宾礼的最高礼节，需要在 10 秒内完成从拔刀至刀入鞘 7 个动作，如果拍摄者选择多个景别和角度进行拍摄，在后期剪辑时就应该遵循"动作分解"的规律，按照军刀礼的动作变化，选择某个小动作完成后的短暂停顿，作为剪接点（图 3-4）。

图 3-4 军刀礼的"动作分解"

1. 景别要求

在动作转折的过程中,动作剪接点通常是靠近视距较近的镜头一边。也就是说,应把动作转折过程中的较多时间留给景别较大的镜头,而将较少的时间放在较小景别的镜头中。比如,由中景转换到近景,动作的转折过程就应多保留一点时间在中景上,而少放一点时间在近景内。假定这里的动作转折是一个人做了 90 度的转身,中景中的动作应占整个动作过程的 2/3,近景中的动作占动作过程的 1/3,即最多不应超过 30 度。这是因为,同样的动作在小景别镜头中必然显得快一些,在大景别镜头中显得缓慢一点。

2. 动作选择

在一个镜头中,画面上的动作不一定只转折一次,这时,应该利用较大、较明显的动作转折来转换镜头,而放弃那些较小、较隐蔽的动作。比如,一个人坐在桌前低头看书,他的第一个动作是抬头,第二个动作是站起来,第三个动作书本合上,显然,在第二个动作上来换镜头比较恰当。

3. 情绪色彩

动作剪接点的选择,在很大程度上还要考虑动作转折的速度。当动作的转折较快时,画面造型上显示出强烈的突变,容易把观众的注意力吸引到动作上来,造成转换镜头的机会;反之,如果动作的转折过于缓慢,就很难产生明显的动作剪接点。比如,一个人猛然倒在地上,在他倒下的刹那间转换镜头,可以非常流畅;但这人若是缓缓地向地上躺卧下去,镜头在这里转换就不一定舒服,甚至可能很不舒服。

4. 动作帧确定

一个看似连续的动作往往包含一个小动作,而在大小动作之间会存在1~2帧的暂停处。这个暂停处往往就是动作剪接点。组接时,上一个镜头一定要把停顿的1~2帧用足、用完,这样衔接起来,动作才能流畅,画面才无跳跃感。如人物的坐、起这个动作。当上一个画面中,人物从坐的椅子上站起,第一个镜头的出点就选择在由"坐"到"站"这个动作的停顿的1~2帧结束以后,当下一个镜头视角或景别变化以后,其编辑入点应选择在站起来的第一帧。

但如果是表现一个带有情绪的人的动作时,其剪接点就不同了。比如某人因非常气愤,突然站了起来,这时动作的剪接点就不同于正常情况下人物"站起"所选的点了,而是要结合剧情内容的需要,随着人物情绪的进展,在原来正常情况下所选点的基础上减去1~2帧作为这个动作的剪接点。需要注意的是,减去的帧一定要减在下一个镜头上,而不能减在上一个镜头上。如果减在上一个镜头当中,点的选择处就不是在动作的转折处了,而是在动作当中,再接下一个镜头的动作,画面必然要产生跳动,动作会不流畅,因此,上一个镜头的点必须保留原来停顿处的最后一帧。这样剪接出来的画面,动作流畅、急促,也符合人物此时的心情。

动势会影响动作帧的确定。如两个不同景别握手镜头的连接,前一个镜头是中景,后一个镜头是特写。前一个镜头的剪辑点应该是两个人伸出手,即将相握的前一帧,后一个镜头则是两手相握的这一帧。由于动势的和视觉暂留作用的影响,观众感到这样的动作连接才是最流畅的。

一般而言,在动作分解的剪辑中,要将动作停顿的1~2帧全部留在上一个镜头,下一个镜头从动的第一帧用起,而且上下镜头的动作长度基本一致。当需要表现特殊情绪时,应稍微多剪几帧,以加强动感;或将停顿时间用足,以表现较迟缓的动作。

二、情绪的剪接点

情绪的剪接点要以"心理动作"为基础,以人物在不同情绪中的喜、怒、哀、乐的表情为依据,结合镜头造型的特征选择剪接点。在电视片中,情绪的剪接点可稍放长些,但不能短。情绪的剪接点不同于形体动作的剪接点,它在画面长度的取舍上余地很大,不受画面内人物外部动作的局限,只是着重以描写人物内心活动和渲染情绪、制造气氛为主。形体动作的剪接点选择,只要掌握动作的规律是容易把握的,而情绪的剪接点则是电视编辑对剧情、内容、含义的理解及对人物内心活动的一种心理感觉,看不见,摸不着,没有固定的规律可循。

在电视纪录片《窑洞与人》中有这样一个段落:一对陕北的年轻人在一个婚姻登记处办理结婚手续,办事员按工作条例向他们询问有关事项。在后期制作时,电视编辑人员主要依据情绪剪接点进行了处理。

办事员:你们的婚姻是不是自愿的?

男方:自愿的。

办事员(对女):你说。

(镜头始终对着女方,女方没有开口)

男方:是自愿的。

办事员:让她自己说。

(女方仍然不开口,脸红了。镜头为一个两分钟的长镜头)

在整个段落中,创作者对最后一个长镜头剪接点的把握十分到位,其依据就是心理情绪的变化。片中的女孩虽然没有什么明显的动作,但心理活动十分激烈,长达两分钟的镜头将这种情绪淋漓尽致地呈现出来,反映了山区女子内向、害羞的性格。而如果在剪辑时将这一长镜头剪掉,或仅保留较短的时间长度,便很难达到上面的效果了。

三、画面节奏的剪接点

画面节奏的剪接点主要以故事情节的性质和剧情的节奏线为基础,以人物关系和规定情绪中的中心任务为依据,结合情节内容、造型因素、语言动作、情绪节奏以及画面造型的特征,用比较的方式处理镜头剪接长度。画面节奏的剪接点有别于形体动作和心理动作的剪接点,它的特点是在完成画面剪接的同时,在有对话、独白、解说词的情况下,结合其内容的需要和声画的匹配(或声画对位或声画对立)选择剪接点,这就是节奏剪接点的基本规律。

比如,在电视纪录片《建港启示录》中,为表现锦州港人大干50天,争时间、抢进度,以确保港口按期通航,使用了一组快节奏的画面。电视编辑将30多个长度仅1秒多的镜头紧凑地剪辑在一起,配以短促有力的解说和节奏紧密的音乐,营造了一种紧张、热烈的劳动节奏。而在后面表现港口通航盛大典礼的场面时,对各级领导、各地来宾入场的画面又做了舒缓的处理,其中最长的一个镜头达30多秒。

总体而言,当选择了两个不同的镜头欲连接时,前后两个镜头组接的最佳点在哪里,不仅要考虑画面的因素,同时还要考虑到音乐因素、效果因素,以及情绪的因素等。选择准确的剪接点时,除了遵循视觉感受、心理感受的一般规律,符合事物发展的逻辑,符合一定的为人所理解的表意规范外,还要认真考虑画面的动作、造型、时空三大因素。具体地说,要充分注意动作的连续、语言的节奏、情绪的贯穿、镜头的运动、画面的造型和时空的关系等,才能找到正确的剪接点。

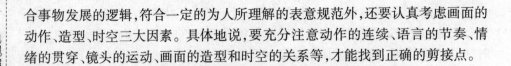

第五节 转场与转场方法

一、电视中的转场

构成电视片的最小单位是镜头,一个个镜头连接在一起形成的镜头序列叫做段落。每个段落都具有某个单一的、相对完整的意思,如表现一个动作过程、表现一段关系、表现一种意义等。段落与段落之间、场景与场景之间的过渡或转换,就叫做转场。在段落变化或场面转换时连接前后的镜头,通常被成为转场镜头。

(一)转场的视觉心理要求

和写文章一样,当一个自然段结束以后就要有一个句号,同样,电视片段落的划分和转换也是为了使节目内容的条理性更强,层次更清晰。对于观众来说,声画转换的视觉心理要求指的是心理的隔断性和视觉的连续性。

1. 心理的隔断性

心理的隔断性就是要使观众有较明确的段落感觉,知道上一段内容到这里告一段落了,下面该开始另一段内容了,这样才不至于使观众看不出头绪。特别是纪录片,它很少有事件、人物的贯穿,很少能给观众非常具体的空间概念,也很少能用情节因素作段落的划分,如果无法使观众较明确地感到内容的隔断,就很容易犯层次不清、逻辑混乱的错误。因此,在电视节目中常常会采用各种转场方法,强化情节与情节、段落与段落之间的隔断性,以确保叙述上的层次分明、条理清晰。

2. 视觉的连续性

视觉的连续性就是利用造型因素和转场手法,使人在视觉上感到场面与场面之间、段落与段落之间的过渡自然、流畅。在场面转换的处理时,这种心理的隔断性和视觉的连续性要受到内容要求的制约。在组与组的转换时,要强调视觉的连贯性而缩小心理的隔断性。因为,上下内容之间有较直接的联系,这时就像文章中的句号,虽然上下两组镜头的内容有差别,但没有明显的意义上的隔离,这时就应利用画面的相似性、内容的逻辑性、动作的连贯性来减弱内容的断裂感。而在叙事段落之间转换，或者进行意义差别较明显的蒙太奇段落转换时，则应在加强心理隔断性的同时，减弱视觉的连续性，也就是形成"另起一段"的效果，如利用定格、突变、两极镜头等方法，造成明显的段落感。

（二）场面、段落、情节转换的依据

一组镜头的段落一般是在同一时空中完成的，因此，时间和地点就是场面划分的主要依据。有时在同一时空中也可能有好几组镜头段落，也就是有好几个场面，而情节段落则可按情节发展的内在结构来划分。

1. 时间的转换

如果在时间上发生转移，画面本身会有明显的省略或中断，因此，可以依据时间的中断来划分场面。当然，在镜头组接时可能会使用蒙太奇语言结构，而蒙太奇组接的时间与真实的时间是不同的，它往往是对真实时间的一种压缩或扩展。在镜头语言当中，时间的转换一般很快，而其间转换的时间中断处，就是场面的转换处。

2. 空间的转换

为正确地反映现实，叙事的场景经常要做空间转换。一般每组镜头段落都是在不同的空间里拍摄的，因此空间变更就可以作为场面的划分处。如果空间变了，还不作场面的划分，又不用某种方式暗示观众，就可能会引起观众收视心理的混乱。

3. 情节的转换

情节的转换一般针对情节色彩较为浓厚的节目。这种节目的情节结构由内在线索发展成的，都有开始、发展、转折、高潮、结束的过程，这些情节的每一个阶段形成了一个一个情节的段落，无论是倒叙、顺叙、插叙、闪回、联想，都少不了有一个情节发展中的阶段性转折。我们可以依据这点进行情节段落的划分。

段落是节目内容的结构层次。段落的划分首先是叙述内在逻辑上的要求，同时也是叙述外在节奏上的要求。场面之间、段落之间既有区分又有联系。段落由若干场面组成，因此，每个段落的转换处也肯定是一个场面的转换处。但是，场面和段落的转换在目的上是不一样的，场面的转换只是为了告诉观众空间的变换，让观众能看得出头绪，跟得上叙述，并不是要在心理和视觉上给以隔断。而段落的转换则不同，它是与叙事情节的发展直接联系的，可以说是情节线的外化。所以，段落的划分是有内涵的，它更注重的是感受，引导观众在领悟情节的同时，随着节奏的变化去感受，具有一种明确的心理上的暗示。由此可见，场面间的转换应该是一种侧重于内在连贯的转场，而段落之间的转场则侧重于一种分离切断。

4. 节奏的转换

依据情节的发展,节奏也会随之发展变化。有时候节奏的转换又反过来影响情节的发展与变化。这部分内容请参考第六章。

二、转场方法

马赛尔·马尔丹在其《电影语言》一书中,将电影画面的各种过渡技巧称为"标点法"。这种标点法"是指各种必然用于使人能更鲜明地看懂各个段落或片段的视觉连接手法。这种标点符号真的存在吗? 其价值又如何? 起初回答是肯定的,因为有人曾把使画面在银幕上消失和出现的某些效果视为逗点、分号、句点的必然代表。这种看法是片面武断的,因为它是刻板地把电影中的某些连接比作符号,并且生硬地加以使用……在电影工作者着手创作时,对他起主导作用的是明确程度不等的思想分解和连接,但是,对观众说来,就没有必要鲜明地看到电影表现过程中出现的分段、分句。因此,也完全没有必要把书写文字的标点符号同视觉的连接相等同,何况选择何种连接方法,并不像标点符号那样有一定之规。但是,为了照顾电影叙事中的某些任意分段,有计划地选择某些视觉连接是可以做到的。"①因此,这种标点法,"不能按其原义去理解,它对叙事的连贯性是起着重要作用的,但是,它只应帮助叙事流畅贯通而不能强使观众的眼睛停顿下来看一种人为的、生硬的或错误的(即错接)连续关系。"②

尽管马赛尔·马尔丹与罗培·巴泰叶是从电影的角度来谈镜头之间过渡方式的,但作为姐妹艺术的电视,其镜头所采用的方式也大同小异。从镜头与镜头的相互关系上看,主要存在以下两种转场方式。

(一) 技巧式转场

技巧式转场是一种利用电子特技对前后两个镜头进行纯技术处理来过渡镜头,以达到镜头转换或制造某种画面效果的方法。技巧式转场在外在特征上与无技巧转场的区别在于,它不是瞬间转换镜头,而存在一个延时的过程。

技巧转场的主要职能是使观众明确意识到镜头与镜头,场景与场景,节目与节目间的间隔、转换、停顿,以及使转换更加平滑,并制造一些无技转场无法产生的效果。技巧式转场主要有以下几种类型:

1. 慢转换

慢转换是最简单的一种特技过渡形式,它以慢变的方式使屏幕上的一个画

---

① 罗培·巴泰叶:《电影文法》,引自马赛尔·马尔丹,《电影语言》,中国电影出版社,1980 年,第 63、64 页。

② [法]马赛尔·马尔丹:《电影语言》,中国电影出版社,1980 年,第 64 页。

面被另一个画面所取代。它对参与转换的两路信号在幅度上进行分配组合。慢转换又可分为化出化入和淡出淡入两种形式。

1) 化出化入

从屏幕效果上看,化出化入是前一个画面由最清晰状态逐渐消失,与此同时,后一个画面慢慢出现逐渐达到最清晰,进而取代前一画面。两个画面在变化过程中有重叠之时。化出化入一般用来分隔次要段落,或表明次要情节、时间、地点的变化,有时也可以起到省略的作用。

2) 淡出淡入

从屏幕效果上看,淡出淡入是前一个画面由最清晰状态逐渐消失直至完全看不见,画面出现极其短暂的黑场,然后后一个画面逐渐显示出来,直至完全清晰为止。淡出淡入主要用于一些重要情节、地点、时间的变化,用来重新确定时间和空间的关系,相当于"换章节"。

2. 扫换(分画面过渡)

扫换也是电视常用的转场方式。它的屏幕效果是整个电视屏幕被 A、B 两个画面所分割,两个画面相对面积可以按所需要的方向变化。如果整个屏幕被两个画面分割,且二者相对面积不变,就是分画面;如果一个画面从无到有,以分画面的形式逐渐取代另一画面,就是扫换(又称划变)。扫换的方式多达几十种甚至上百种,但近年来这种过渡方式已比较少用。

除了以上所说的以外,还有多种转场方式,如叠化(溶)、圈入圈出、定格、翻页、空画面转场、正负像转换、变焦点等。

技巧转场在视觉表现上具有特殊的作用,我们可以利用技巧转场来达到某种特定的意义,如间隔段落、表现梦幻等。在现代纪实节目中,我们经常利用技巧转场转换镜头。

(二)硬切式转场(无技巧转场)

硬切式转场是利用事物发展变化的连贯性,以及事物间的相似性,或者一些过渡缓冲因素来承启前后镜头,即依靠镜头的内部因素来进行过渡。镜头转换瞬间实现,没有人工的痕迹。有人把无技巧过渡称为分切镜头。

由于无技巧转场类似于人眼对周围事物不同部分的快速转移,观众感觉不到它的存在,因此,镜头过渡时显得真实、自然。这种过渡是电视镜头转换中应用最广泛的一类。硬切式转场的基本要领就是要使画面合理过渡。那么,镜头与镜头之间在何种情况下才会被视为合理过渡呢?

首先,前后镜头在造型上应具有一定的相似性。如前后两个相连镜头在具体内容上、结构形态上、动态内容上都具有形式上的相似,如数量相等或上下两上镜头包含相同或相似的主体。其次,前后镜头应具有一定的承接性。前后镜头在发展的情节上有逻辑关系,如因果对应、承上启下等。最后,前后镜头应具有一定的呼应性。两镜头的画面内容应有强烈的对比作用,后一镜头对前一镜头有比拟、隐喻、象征等作用。

从以上三个角度考虑,使前后镜头过渡合理的方式可以有很多种。目前,各种影视理论书上可以收集到的就有几十种。这里只介绍常用的几种转场方式。

1. 出画入画

出画入画过渡是建立在空间变化的合理性、连贯性和逻辑性的基础上的,表现为被摄主体从前一个镜头走出画面,在后一个镜头当中重新进入画面。而在重新进入的这个画面里,环境已经不是原来的环境,空间发生了变化,时间也发生了变化。通过时间和空间的转换,完成一个段落情节的开始或结束。需要注意的是,主体在前一个镜头出画的一侧与下一个镜头入画的一侧正好相反。比如,前一个镜头人物从画面右侧出画,后一镜头人物必须从画面的左侧入画。

2. 因果关系过渡

绝大多数的无技巧变化组接都是通过前后镜头之间的因果关系实施的,这也是蒙太奇结构的基本点。比如,前一个镜头表现一个人举枪向天空瞄准,后一个镜头的画面展示的是一只在天空中飞翔的小鸟,两个镜头连接在一起,可以在观众心中建立起一种有人准备开枪打鸟的心理暗示。这与我们日常生活的经验相吻合。相反,如果后一个镜头接的是高山流水,则很难在观众心中建立起一种必然的联系。

3. 镜头运动过渡

镜头运动过渡是建立在摄像机运动所形成的视角、视线发生改变的基础上的转场方式。这种转场主要是通过"摇移",即摄像机或摇或移,运动到中介物上。这个中介物可能是天空,也可能是海水,或其他某种静物,当画面中充满了这个中介物后再进行场景过渡。而当镜头再次运动时,或时间,或空间,或人物,都可能发生变化。由于后一个镜头开始时也是利用了与前一个镜头类似的中介物,因此易形成观众的视觉错觉。利用镜头运动过渡,空间变化自然流畅。此外,镜头运动速度的不同,还可以造成不同的节奏,营造一种特定的情节气氛。

4. 错觉法

利用具有相同的或相似的主体形象串联上下镜头,完成场景变化的方式被称为错觉法过渡。错觉法过渡既可以利用主体形象的特写镜头使观众产生错觉,又可以利用某一物体或道具使观众产生错觉,前者被称为"特写转场",后者则被称为"同体转场"。由于前后镜头的主体是同一个人物,或前后镜头的物体形态、位置完全重合,因此使观众产生视觉连续的感觉。错觉法通常利用一个拉开的镜头表示另一段落的开始。如在美国电视剧《越狱》中,男主角手持戒指的特写镜头和女主角手持探灯的镜头被组接在一起,而这两个场景发生在两个完全不同的时空(图3-5)。

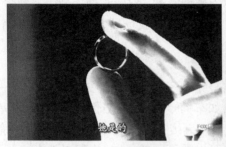

图3-5 利用错觉法进行场景转换

5. 模糊画面

模糊画面又称为虚画面,是利用摄像机拍摄过程中的甩镜头,或利用人工控制光圈以及镜头成像的虚实造成的。当利用甩镜头产生的虚画面过渡时,可以很好地表现突然的过渡,缩短事件发展的时间进程。由于拍摄时急速的甩镜头不易停稳,因此,在后期编辑时,应将前一个镜头后不太稳定的画面删去,再接一个固定的画面。在利用人工控制光圈或通过对成像虚实的控制产生的模糊不清的画面过渡时,可以充分利用前后镜头中某些类似的元素,实施虚出虚入。比如,前一个镜头拍摄的是灯光辉煌的城市夜景,后一个镜头接一个灯下读书人,应在拍摄时通过调整聚焦将前一个镜头画面焦虚,后一个镜头则从灯下观书人的灯光虚焦开始拍起,并逐渐清晰。过渡时可以利用前一个镜头的"虚出"接后一个镜头的"虚入",完成两个镜头的过渡。

6. 主观镜头过渡

主观镜头是指摄像机镜头模拟画面中人的眼睛所看到的事物,它是在剧中人的位置拍摄下来的镜头。主观镜头过渡正是借用了剧中人视线的转移为场景转换作铺垫。

7. 声音变换转场

利用声音变换转场是声音蒙太奇的一种,即常常利用人物说的话,以及其他东西发出的声音,实现一个场景到另一个场景的转换。如电影《闪闪的红星》"米店风潮"一场戏中,米店老板指着由原来"今日无米"改成"今日售米"的牌子问:"就这一字之差,两万斤大米全完了,这是谁干的?""这是冬子干的。"回答这个问题的人并不在米店里,而是在游击队的营地当中,是宋大爹说给山里红军游击队员们听的。两个镜头、两个场景,利用一个问题的"问"与"答",自然串接,时间变了、空间变了,场景也由米店转到游击队的营地,既完成了镜头的过渡,又实现了从这场戏到另一场戏的过渡。

8. 空镜头过渡

空镜头是指没有人的镜头,常被人称为景物镜头。空镜头的表现力非常强,可以起到比喻、象征、抒情、立意等作用。在两个段落或场景之间可以插入一个空镜头,可以减弱观众的心理期待,完成过渡。

9. 遮挡法

这是利用"相同体"和"淡出淡入"结合完成的一种转场方式。通常是前一个镜头中的主体(可以是人,也可以是物,如车辆)不断靠近摄像机镜头,直至完全挡住镜头,使画面成黑场,然后利用黑画面衔接下一镜头中主体逐步背离镜头。而前后镜头的主体可以是同一个,也可以是不同的。同时,配以地点、时间因素的变化,产生段落分隔感。

硬切式转场的方式有很多种,我们可以在以后的实践当中加以摸索、总结。

思考与练习

1. 场面、段落和情节转换的依据是什么?
2. 何为"动接动"、"静接静"?
3. 何为轴线规律? 如何合理跳轴?
4. 动作帧如何确定?
5. 从单纯的组接技巧上来看,特写镜头为什么可以称为"万能镜头"?
6. 技巧式转场与硬切式转场的主要异同点是什么?

推荐阅读书目

1. 傅正义,《影视剪辑编辑艺术》,中国传媒大学出版社,2009 年。
2. 任远,《电视编辑理念与技巧》,中国广播电视出版社,2008 年。
3. 黄匡宇等,《电视节目编辑技巧》,中国广播电视出版社,2002 年。
4. 何苏六,《电视画面编辑》,中国广播电视出版社,1997 年。
5. 王晓红,《电视画面编辑》,中国传媒大学出版社,2002 年。
6. [法]马赛尔·马尔丹,《电影语言》,中国电影出版社,1980 年。

第四章 电视声音编辑

学习要点

本章主要讲解电视声音语言的特性、功能;介绍人声、效果、音乐在电视编辑中的不同功能和作用;要求学生熟练掌握声音语言的编辑策略和表现方式;重点掌握电视编辑中的不同声画结构方式。

电视是声画结合的艺术。观众在观赏电视时,不仅要用眼睛看,同时也要用耳朵听。在经历了戏剧艺术从表演到对白、电影从无声到有声的发展历程之后,电视继承和借鉴了它们成功的经验,从开始就走了一条视听兼备的发展之路。

电视的听觉符号系统包括有声语言、音乐、音响三大要素。声音元素在反映社会生活,揭示人物心态时所形成的综合听觉形象,构成了屏幕上的"声音造型"。声音造型既有具体可感性,又有抽象概括性。从某种角度说,画面语言毕竟是有限的,而声音语言则是无限的。电视编辑应从电视的内容、情节、情绪等多方面考虑,对声音语言进行艺术化构思和技术化处理,以塑造鲜明、生动的声音形象。

第一节 电视声音概述

声音语言的运用既是一门科学,又是一门艺术,它的发展离不开科学技术的进步。从留声机到现在的多轨录音、立体声录音和数码录音,有声语言创作从设备使用到艺术观念都有了很大的发展和变化。作为电视美学的一部分,声音语言逐步形成了自己特有的美学原则。

一、电视声音的作用

早在 19 世纪末，无声电影一出世，就和音乐发生了密切的关系。1896 年，卢米埃尔兄弟的影片第一次在英国放映时，就由钢琴师临场伴奏。而后发展到用乐队伴奏。为了适应剧情需要，电影公司提供大量有标题的乐谱为钢琴师、乐队指挥选用。1908 年，法国作曲家圣·桑专为电影《吉斯公爵被刺》作曲（共有一首序曲和五节乐曲），获得好评，这是专为某部电影创作音乐的开始。此后，也有一些作曲家为电影作曲，其中以布里尔为格利菲斯的电影《一个国家的诞生》，E·迈赛尔为爱森斯坦的电影《战舰波将金号》和鲁特曼的纪录片《柏林——大都市交响乐》谱写、改编的乐曲最为有名。但是在 1926 年以前，电影始终是一个"伟大的哑巴"。一直到 1927 年，美国摄制并公映了第一部有声影片《爵士歌王》（在无声片中加进四首歌、一些台词和音乐伴奏），电影才有了自己的声音（图 4－1）。

图 4－1　第一部有声影片《爵士歌王》

进入 20 世纪 40 年代，声音特别是音乐已成为一种高度专业化的形式。随着多声道技术和无线话筒在电影艺术上的远用，声音也可以向视觉景别那样，分别以远景声、全景声、中景声、近景声和特写声组成声音世界里的"声景"。这样，声音就从过去一门单独以还原客观世界声音为目的的复制技术变成了创作的艺术。

电视从诞生的那天起就以视听兼备的形象出现。电视不仅从电影那里吸收了声音艺术表现的各种手法，同时还充分发挥了及时再现的特点，使电视声音语言在原电影声音的基础上又有了新的发展。归结起来，电视声音语言的作用主要表现在以下几个方面。

（一）扩大了视觉形象的范围，形成了自由灵活的影视空间

尽管画面是电视节目第一表现元素，但画面无法将所有的事件要素交代清楚。比如新闻报道，如果缺少了声音，则很难将新闻要素说清楚。此外，视觉元素在塑造现实空间时，也仅是在一个二维平面上给观众提供一个立体空间的幻觉。这个二维的平面是现实生活立体空间的横截面，仅依靠一个有限的平面是无法将一个完整的现实空间呈现在观众面前的。但所有的电视节目情节、画面、段落都存在于现实空间当中，屏幕上呈现的内容与其他一些无法在屏幕上看见的内容是紧密相连的。因此，要表现一个完整的现实空间，体现出真实的现实生活场景，离不开听觉元素的支撑作用，否则，就无法将屏幕内外空间联系起来。也就是说，听觉元素不受屏幕画框的局限，它可以立体地展现真实的空间效果。

美国影片《魂断蓝桥》最后一幕正是充分利用了声音，将屏幕上可见的形象与没有展现的情景有机地结合起来，让观众对人物的命运产生了无限想象。

桥上，一长队军用汽车亮着车灯，轰轰隆隆地向桥头驶来。

玛拉转过头去，望着驶来的军用卡车。

车队从远处驶近。

玛拉迎着车队走去。

车队在行驶，黄色车灯在浓雾中闪烁。

玛拉继续迎着车队走。

车队飞速，行进。

玛拉迎面走去。

车队轰鸣，越来越近。

玛拉迎着车队走，越来越近。

玛拉宁静地向前移动，汽车灯光在她脸上照耀。

玛拉的脸，平静无表情的眼神。

巨大的刹车声，金属急促磨擦的声音。

车戛然停止，人声惊呼。

人们从四面八方向有红十字标记的卡车拥去，顿时围成一个几层人重叠的圈子。

人群纷乱的脚。

地上，散乱的小手提包，一只象牙雕刻的"吉祥符"。

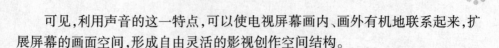

可见,利用声音的这一特点,可以使电视屏幕画内、画外有机地联系起来,扩展屏幕的画面空间,形成自由灵活的影视创作空间结构。

(二) 声音是电视重要的造型手段之一

电视造型是一种复合造型,由画面造型和声音造型组成。电视画面造型包括线条、光线、色彩、体积、质感等。画面造型作用于人的视觉感官,建立观众视觉化的形象,声音造型则作用于人的听觉感官。从某种意义上说,听觉元素在塑造空间方面比视觉元素更加重要。具体的形象需要通过直观的造型元素才能获得,而人耳朵的辨别力却是很强的。人的耳朵所能辨别的音乐、噪声、人声有成百上千种,远远超过眼睛所能辨别的色调、光度的总数。

在还原过程中,声音在一定程度上还保持着真实的立体声感觉。正常人的耳朵就像一个频率分析仪,两个耳朵接受的声音是有相位差的,通过相位滤波器的过滤,可以判断声音的方向、位置和距离。同样一个人的声音,在小茅舍中或在大殿中发出来,从山谷中或在平原、旷野中发出来,从遥远处或邻近处发出来,听之迥然不同。

声音可用来表现或暗示空间环境的大小、深浅、空旷、偏狭,形成富有想象性和视象感的声音景深。"空山不见人,但闻人语声"。这种辨别上的相互转换,如库里肖夫所言,"不是用视觉来判别,而是用听觉来衡量的",即所谓"闻其声即知其所生"[①]。闻声及物,听声"见"景正是如此。

因此,声音造型正是运用声音的物理因素(音量、音色、音调)、时间空间因素(运动、方位、距离)、生理因素(年龄、性别、健康状况等)、心理因素(情绪变化、个人的兴趣、爱好等)等,创造出丰富、立体的形象,反映出客观世界具体、生动、多变的事物发展过程,也使影视的视听空间更加富有立体感、真实感。

(三) 声音是影视语言重要的组成部分

传统影视语言包括蒙太奇语言和纪实主义语言两大类。听觉元素的使用,丰富和发展了传统影视语言的内涵和表现外延,形成了自己独特的叙述、表现方式和手段。

声音蒙太奇是指以声音的最小可分段落为时空单位,进行声音与画面、声音与声音的各种形式和关系的组合。在技术上,声音蒙太奇可用于声音转场、声音延续、声音导前、声音切入切出和声音淡入淡出。在表现意义上,声音蒙太奇既可以运用于叙事,又可以用来表现画面、语言无法直接阐明、述说之情。音乐更

---

① 班固:《白虎通德论·礼乐》。

是为影视语言提供了在无声影片时期难以达到的艺术效果,并直接将叙述引入了人的心理空间。

显然,无论是叙事作用,还是表现作用,声音蒙太奇在故事情节的叙述、思想含义的表达、节奏和情节的表现以及风格、样式的创造等方面都有重要的作用。

(四)声音可以形成电视节目的节奏

节奏是电视节目内容、情绪发展的必然结果,也是电视节目表达作品主题的重要手段之一。电视节目的节奏由情节、色彩、运动和声音节奏等多种节奏组成。

声音节奏是指某个声音素材或若干声音素材按一定规律组合形成的强弱和长短的变化。声音节奏是声音造型的重要手段之一,它通过声音混合、反复、增强、减弱的技术手段,形成强烈的情绪感染力,不仅可以直观地改变画面情节的发展,还可以表现出人物内心活动的变化轨迹。比如,一个人站在铁路上(静止画面),越来越近的火车声音改变了前者静止的画面感觉,不仅在视觉上和听觉上形成了一种不断增强的节奏变化,同时,也在不断地增强观众的心理变化速率——不断加快,形成了一种特有的节奏感。前面提到的美国影片《魂断蓝桥》最后一幕,也是利用静态画面与动态画面的结合,辅以不断增强的汽车声音,使影片的节奏逐渐加快的。

(五)声音可以营造电视节目的特殊意境

声音意境是指声音形象所展示的生活环境和其表现的思想情绪融为一体而形成的一种艺术境界。它通过视觉形象与听觉形象的有机结合,使观众产生想象,犹如身临其境,在思想情绪上受到感染。如利用声音特写强化、显微、扩张声源细节,引起观众的注意,使放大的声音富有艺术感染力,如水滴声、蟋蟀鸣叫声、手表的滴嗒声、耳语声等。

风格化声音的使用也是表达特殊意境的重要手法。风格化声音是电视节目中运用和现实声音近似的写意音逐渐取代原有的写实音的声音用法。在电视节目中,写实音固然赋予画面以生活的真实感,但它往往限制着画面的蒙太奇处理和时空的变换。在某些场景中,当写实音的表现力逐渐减弱并对画面的表现力产生限制时,将写实音逐渐转化为格调上近似的写意音,不仅解除了写实音对画面的束缚,还可增强声音的表现力。

比如,电视中人物的演唱或演奏属于写实音,它只能表现出一个真实的演唱或演奏的场面,或生活中某个真实的细节,而如果将其转化成写意的背景音乐,则往往可以有力地揭示画面内涵,更强烈地表现人物的内在情绪。在国产电视剧《暗算》中,当瞎子阿炳成功寻找到敌台,特别单位701的全体工作人员陷入了狂欢,铁院长起头带领大家齐唱《我们的队伍向太阳》。创作者就有意识地将这首解放军军歌由写实音逐步转变成背景式的风格化音乐,从而更好地体现了剧中身处隐蔽战线的战士,承担巨大的压力,却仍甘于牺牲、敢于胜利的英雄气概,大大升华了写实音的内涵,提升了电视剧的表现力。

除了以上介绍的作用,声音语言还可以反映出剧中人物或创作者自身的内心世界,配合镜头将表现的内容引入不可见的人物心理变化。有关内容随后会有所涉及,在此不一一赘述。

二、电视声音的编辑要求

声音语言的艺术创作是整个电视节目创作的重要方面。在一部电视节目的创作过程中,编导根据电视节目的总体构思,合理安排人声、音乐和音响的层次关系,并采用恰当的艺术表现手法和技巧将他们各自的作用体现出来,使其和画面有机结合,融为一体,创造出具有艺术感染力的声音。

声音语言创作的总要求是按照生活真实的原则,赋予画面应有的声音形象,充分展示电视节目中的声音世界,创造环境感、真实感和声音的多层次空间,丰富和扩大画面的空间,使电视节目接近生活,以达到艺术的真实。

(一)把握声音的物理属性与主观感受

声音是一切可发声的物体(声源)振动压缩空气,使空气的密度形成疏密相间的状态,由声源向四面八方传播形成的。当声音传入人耳后,使鼓膜振动引起声音的感觉。声音不仅能在气体中传播,在固体和液体中也能传播。

1. 声音的物理属性

1) 音量

音量是声音的重要属性之一。音量大小取决于声波幅度(振幅)的大小。衡量音量的单位为分贝(dB)。录制声音时,可运用调音台的音量控制器,调整音量的大小和各个声音音量之间的平衡,以获得最佳艺术效果。

2) 音调

音调也称为"音高",取决于声音频率的高低。频率高则音高,称为高音调;频率低则音低,称为低音调。人耳能听到的声音频率一般为20赫~20000赫。录制时一般应保持声音的基波与高频谐波之间的比例关系,以保证声音原来的特色。但有时为了实现某些特殊艺术效果,也可把声音频率变高(如动画片中小木偶的尖细说话声),或把声音频率变低(如神话剧中怪物的低沉说话声)。

3）音色

音色也称为"音品"、"音质"，是声音的重要属性之一，主要由其谐音的多寡及各谐音的相对强度所决定。发声的方法、发声体的结构以及传播声音的环境，都对音色有影响。不同的人、乐器、物体所发出的声音具有不同的音色。在录制过程中，声音的音色应尽可能接近生活真实，但有时也对音色进行有意的变化处理，创造特殊的艺术效果。

2. 声音的主观感受

声音虽具有物理属性，但因每个人的生理因素、心理因素不同，各人感受的标准和习惯也不同，对同一声音的评价也各有差异。人们常按照自己的感觉对声音进行评价和形容。主观音质评价的用语很多，常用的有宽厚、丰满、圆润、干瘪、亮、硬、飘、闷等。这种主观感受通常基于以下三个方面的原因。

首先是声音密度，即声音在画面空间所呈现的分布和排列疏密、重叠、多寡的程度。在电视节目中，声音密度因节目内容、风格和样式而异，如有的复杂场面，常由音量、音调和音色各异的多种声音组成层次丰富、主次分明、跌宕起伏、舒张有度的"噪音交响乐"，才能使观众获得身临其境的逼真效果。而深山的静谧场景，则应取少数声音，组成低密度的音响环境，以显示其幽静。

其次是响度。这是人耳对声音强弱的一种感受。它与音量、频率、早期反射声的大小和密度等有关。在录制过程中，由于动态范围的限制，音量不可能无限制地增加，因而都尽可能提高声音的响度。

最后是力度。这是人耳感觉声音坚实、有力的程度。它和音量、响度、基本频率和其谐波的比例等因素有关。只有通过以上诸因素的有机结合和强弱对比，才能使声音具有一定的力度。

（二）保持声音的质感

声音质感是声音的音色和音质，是原声的本色体现。保持声音质感，要求电视声音在经过录制、加工后，仍保持原发声体所具有的特点和本色。在电视声音录制时，常运用高质量的录音设备、磁带、良好的录音场所和高超的录音技巧，结合节目环境、场景、节奏、节目内容和对生活的认识，从生活中选择、提炼声音素材，进行艺术加工处理，使之与画面有机地结合，创造出富有真实性和感染力的声音形象，以反映社会生活，揭示生活本质。

1. 声音的空间感

在现实生活中，声音传播时会随着空间（声场）条件的变化而变化的，具有不同的空间色彩，这是由声学特性（主要是回声、混响、延时）所决定的。当声音传播遇到障碍物时会被反射，反射回来的声音传入人耳，就是我们听到的回声。

反射回来的声波在原来的声波消失后,至少要经过0.1秒,这样我们就可以把回声和原来的声音区分开。如果反射声音的障碍物距离我们很近,回声就跟原来的声音混在一起,使原来的声音得到进一步加强。混响是指在相对封闭的空间内,声音由于反射面的多次反射,在持续一段时间后逐渐消失的现象,而声源停止发声至声音音量衰减60分贝所持续的时间称为混响时间。它是由房间的形状体积、室内陈设以及墙面材料所决定的。如果混响时间过长,前音未落,后音又起,易互相重叠,分辨不清;而混响时间短,则给人以单调、不丰满的感觉。在电视节目中,利用空间属性来表现声音所处的具体空间,能给人以真实、亲切的感觉。

2. 声音的环境感

声音易使人对所处环境产生感知。在电视节目中,可用典型的声音暗示画外的空间环境。例如,当听到海浪声时,观众会感觉到故事发生在海边;听到车辆行驶的嘈杂声时,则感觉到故事发生在城市。

3. 声音的距离感

声音的距离感即人耳对声音远近的感觉。它主要取决于直达声、反射声的比例以及音量的大小。在电视节目中,可以运用传声器位置的变化,对音量、音色进行调整等方法来获得不同距离的声音效果,使画面的透视感和声音的透视感相吻合,并模拟画外声源的距离和所处的位置,以扩展画面的空间并增加声音的层次。

4. 声音的运动感

由于声音音量与音调的改变使观众在听觉上产生声源移动的感觉。任何发声体在听者面前掠过,声音都会随二者相对位置的改变而引起音量及音调的明显变化(声学上称为多普勒效应)。例如,当急救车鸣笛向听者驶来时,其笛声的音调会逐渐提高,音量也逐渐增强;而从听者面前驶过那一时刻起,其音调又逐渐降低,音量也随之减弱。利用这个原理可以表现物体的运动速度,在描述画外声源体的运动时,有着强烈的表现力。

5. 声音的时代感

声音的时代感即声音所反映出来的某一时代的特点及风貌。各个时代的政治、经济、文化及社会生活有所不同,声音的内容和表现形式也各有差异。在某一特定历史时期,声音会受社会生活的影响而带有这一时期所留下的特殊痕迹。在电视节目中,为了真实地反映时代的社会风貌,编辑人员可运用这些具有鲜明时代特色的声音,如某一个口号或歌曲,生动地再现当时的政治生活、社会环境和人们的精神面貌,使观众通过声音明确地感受到这一时代的脉搏,达到烘托时代气氛、深化主题的目的。

6. 声音的地域色彩

声音的地域色彩即声音所反映出来的某一地域特色。它是由这一地区的地域环境、生活内容和习俗所决定的。在电视节目中,编辑人员适当运用带有地方特点的声音,如方言土语、民歌或特有的音响等,可创造出色彩鲜明的声音形象,能更生动地表现该地区的社会习俗和风土人情,增加电视节目的生活气息和艺术感染力。

7. 声音的民族特征

声音的民族特征即声音所反映出来的鲜明的民族特点和民族风格。特定的地理环境、生活内容和生活条件,构成了各个民族社会生活的民族色彩,形成了与其他民族不同的文化传统、风俗习惯和欣赏习惯。这些都可以反映到声音上,使声音的内容和形式具有该民族的独特风格,表达该民族的思想感情,达到生动、感人的艺术效果。

三、电视声音编辑制作工艺

(一) 工艺流程

"按照录音工艺的具体操作的不同,国内习惯把录音工艺分为同期录音工艺、后期录音工艺、先期录音同期放声工艺三种"①。其中,同期录音工艺是指在拍摄过程中,同时收录现场人声和效果声的录制方法;后期录音工艺是指在拍摄过程中,主要摄取画面,而声音采取配音的方式和画面套在一起;先期录音同期放声工艺则是指对某些声音内容先行录制完成,拍摄时做同步放音,并收录参考声带,主要用于制作 MV、戏曲、歌舞片等。

当然,在电视节目制作过程中,无论采用哪种录音工艺,通常都要在画面编辑好之后把声音按制作人员的意图进行均衡合成后形成一个完整的电视节目。不管上述哪种工艺,在后期制作时,都有补录、拟音、声画套剪、混录等步骤。

所谓混录,通俗地说就是将同期声、解说、音乐等根据节目需要有机地结合在一起,并录在一个声道上。对于电视节目,还需要将处理过的声音素材、拟音效果、音乐等声音元素与画面进行"组合",即所谓的声画合成环节。

在电视声音制作过程中,编辑人员扮演着重要角色。他的任务是围绕着节目的主旨正确处理有声语言、录音资料、音乐以及各种音响的关系。这要求编辑人员能够准确辨别声音的质量和效果,特别是在电视剧中,根据剧情发展,需要模拟音响,作出各种不同的技术处理,达到以假乱真的效果。编辑人员还须善于

---

① 王红霞:《影视声音基础》,中国电影出版社,2004 年,第 102 页。

运用多种录音资料,特别是那些感人肺腑的谈话录音、引人入胜的现场实况录音;妙用歌曲、音乐、间奏乐,作为节目的组成部分。编辑人员应力求使节目内容、文字表达、播音员的声音、选配的音乐等协调一致,从而起到突出节目主题思想、刻画人物心理、展示情节发展、烘托现场气氛的作用。

(二)编辑原则

电视声音编辑制作的原则是声画对位,强弱得当。

1. 声画对位

声音与镜头画面之间,有着不可分割的密切关系。离开了画面,声音中的各个要素即失去了它应有的作用,甚至会使观众产生误解。

解说词必须同镜头画面相对应。虽然解说词不是对画面的简单重复,但解说词的出现必定要依画面而行。电视新闻中介绍某人姓名就应当与画面对应。专题节目的开头语一定是在第一个或第二个场面性镜头之后,或是一个稍长的镜头开始几秒钟之后。节目某一段落的解说词稍短些是正常的,如果解说词多得超出了这段画面,就应当减少解说词,或相应增加镜头长度。

效果声必须同动作或场景相对应。效果声是物体运动所发出的特定声响。动作有动作的响声,环境有环境的响声。镜头素材中的同期效果声一般没有对不准的问题,但后配效果声和模拟效果就存在与画面中动作相配合的问题,包括电视剧后期配音(俗称"对口型"),拟音效果,如枪响、刀剑撞击等,都要力求与画面动作合拍。而发声部分不太明显的宏观场面性的效果声,也要与场景相对应,如公路上的汽车声、自由市场的噪杂声、大轮船的气笛声(轮船全景)等。

音乐必须同节目段落相呼应。音乐的使用绝大多数都是成段使用。它是依节目段落的起止来配合使用的。音乐与画面段落之间常常是同起同止的关系。

2. 强弱得当

电视声音的三个要素最终还需结合在一起,形成一个有机的整体。根据节目画面内容的需要,电视声音的各个要素有时是单独存在,有时是两项并存,还有时是三项同时存在,而三者间主次的区别在编辑处理中就体现为强弱的变化。音量强的为主,音量弱的为辅,有主有次,而不是旗鼓相当,互相影响。

一般情况下,解说词音量始终是最强的,这里所说的强是指最佳录音电平——最大而不失真电平强度。解说词无论在何时出现,也不论是伴随效果声或是在音乐声中出现,都要保持声音的响亮和表达的清晰。因此,凡是解说词与其他成分同时出现(并存)时,都应当将效果声或音乐的音量压低(电平降低),低到不影响解说词的清楚表达为止。

当音乐和效果声同时出现时,往往是压低音乐而加强效果声的。由于效果所表现的是某种真实的事物,而且从长度看,效果往往比音乐的使用长度要短,强弱比例同样要求弱者保持在能够听到的响度。

综上所述,一般情况下,电视声音中的解说总是排行第一。不论何时,同谁并存,解说总是音量最强的项目。其次是效果,排行第二,与解说并存时,它让位于解说,当与音乐并存时,它的音量应强于音乐。排在最后面的是音乐,不论同谁并存,都是要突出对方的。

第二节　电视人声编辑

什么是人声呢? 从广义上讲,人声是指人的发声器官、声带所发出的一切声音。这里是指屏幕上的人物在表达思想和感情时所发出的各种声音,诸如言语、啼笑等。人声中的"对话"对于电视媒介的表现有着举足轻重的作用。

一、人声的类别

(一) 对白

对白也称对话,是电视节目画面中演员之间相互交谈(或问答)的一种形式。它在两人或两人以上的范围内进行,是有声语言的主要表现形式。精彩的人物对白,不仅可以表现人物性格,激起外部形体动作,还能表现人物性格成长的历史,以及人物复杂的内心世界。因此,对白是电视创作者语言功力的重要体现。电视编辑要反复选择、推敲、锤炼人物的对白,为人物找到最能显示性格、最符合特定情境、最生动精彩,也最独一无二的对白。

在电视新闻类节目中,对白是在记者与被采访者之间进行的,是同期录制下来的现场对话,因此,准确地说,在新闻类节目中"对白"这种称谓并不十分准确。

(二) 旁白

旁白亦称"画外音"、"解说",是以画外人物的解说形式出现的介绍性、叙述性或评论性的有声语言。它有两种具体的表现手法,一种是以第一人称的形式进行的自述、介绍;另一种是以第三人称的形式进行的议论或评说。

在电视剧中,旁白可以起到承前启后的作用,它能把空间间隔很大、时间相隔很远的生活片断衔接起来,形成一个完整的故事。此外,旁白还可以交代画面不宜于表现的场面,节约次要场景,以突出主题,达到延伸画面表现力的作用。

新闻节目中的人声主要是以解说的方式出现的，但新闻节目的解说与情节化节目的旁白并不完全一致。从形式看，尽管他们都是以画外音的方式出现，但旁白的情感色彩较浓。而电视新闻节目的解说词，更多是从客观叙述者的角度，来交代、说明或评论的。在电视报道、电视专题片中使用解说，可以节省不必要的画面流程，更充分地突显主题意义，表现艺术效果，同时还可以增强新闻节目的纪实性，帮助观众更好地了解和感受内容。

因为解说的直接交流对象是观众，所以在表达创作者的态度、愿望时，常随画面的景别、节奏、情绪的变化而变化，其语调风格也应与作品的内容、风格相统一。由于解说可以对观众起到暗示作用，它直接或间接地反映出电视编辑的主观态度，并引导观众理解创作者的创作目的。因此，解说不仅仅是对画面的简单诠释，更不是与画面的简单叠加，而是相互渗透，互相溶解之关系。

（三）独白

独白是电影或电视剧节目中所特有的人声形式，是画面中演员潜在的心理活动的表述，它只能是第一人称的。独白有两种表述方式，一种是以自我为交流对象的独白，即通常所说的"自言自语"；另一种是有其他交流对象的大段述说，或以他人为交流对象的讲演答辩等。独白是人物内心情感处于复杂矛盾冲突下的产物，电视编辑在运用"独白"这种人声语言形态时，应深入体验人物产生"独白"时的心理契机和情绪脉络，将独白与演员的画面形象联系在一起。

尽管新闻类节目中，记者常常述说（交代）一些新闻要素，但这种述说是建立在客观、可视的内容基础之上的。因此，记者的出镜述说行为不能称为独白。

（四）心声

心声和独白一样，也是电影或电视剧所特有的。它是以画外音形式出现的表现人物内心活动的自白。心声可能是来自画外的人物自己的声音，也可能是由他人发出的声音。心声是电视艺术揭示人物心理状态的一种富有表现力的人声语言。当画面中人物默默思考时，运用画外传来的人物自己的声音，说出自己所想的内容，可使观众感知人物的思想、心理变化和内在情感，调动观众的想象，仿佛窥视到人物的内心世界。正因为心声是一种艺术化的表现形式，所以它是以假定性原则为前提的。在新闻节目中不可能出现"心声"。

比较心声与独白的各自作用就会发现：独白声音源于画内，声形兼备；心声则来自画外，口无形而心有声。另外，心声与旁白也有区别，心声是以画中一个人物为主体表达的，而旁白则是以画面内容为主体解说的。

二、对话的编辑与转换

对话的编辑首先要考虑内容取舍,即哪些能用,哪些不能用;其次要考虑语句的连贯,即哪句和哪句连接比较合适;再次还要考虑剪接点的掌握,即在什么地方剪、怎么剪。

(一)剪接点的选择

1. 合适的剪接点

合适的剪接点能使不同声音在出现、消失或转换过程中自然流畅,表现准确。通常选用的是:强音头,例如音乐或效果声中的顿音、重音、打击音等重节奏的起始之前作为剪接点为最好;休止处,例如乐曲的中休止,讲话的句末、停顿换气之处可以被选为剪接点,但相接的含义应符合分镜头稿本规定的要求;变节奏处,在音乐或讲话节奏发生变化时可以被列为剪接点,接点应选在变节奏的第一个音头之处。

2. 不合适的剪接点

不合适的剪接点与合适的剪接点正好相反,在声音消失、出现或转换过程中,具有明显的断音、漏字或曲调不连续等现象。不合适的剪接点通常选择在弱音头处,无论是音乐乐曲还是讲话的起头,若声音较弱都不宜选为剪接点。在语言剪接中更不允许在语法上有不合适的剪接;长音、连续语句中,乐曲中的某个长音过程中,或者讲话的某句中间处都不能作为剪接点。在这样的地方相接,一般很难做到电平一致,会很容易被听者识别。

衔接讲话声时,不仅要考虑前后音量是否一致,同时还要考虑到前后语句是否连续,语句的速度、感情等是否吻合。节奏无常的地方,或在捉摸不定的情况下,不宜作为剪接点。因为这样的剪接点,很难保证前后节奏的统一,即使被选择上,也很难使前后合适地衔接起来,听起来十分吃力,反而会影响效果。

对同期声进行编辑时,要尽可能保持内容的连贯性,如遇到讲话者内容过长,语言啰嗦时,过多删减会搞得画面支离破碎。因此,在编辑同期声时要配合相关的画面,以改善传播效果。

(二)对话转换

在电视节目中,对话转换主要以"语言动作"为基础,以对话内容为依据,结合"规定情绪"中人物性格、讲话的速度、情绪节奏来选择剪接点。所谓"语言动作"是指电视节目中的人物以影响、改变对手的意识和情感为目的的语言活动。比如,"你真漂亮"这句话,可以看成是"我喜欢你"的潜台词,而说话者本身是以"让她高兴"为目的的。当然,"语言动作"有时也具有多意性。刚才所说的例子,其潜台词也可以是"臭美",而行动是"耍笑",目的是"让她生气,自己取乐"。由于"语言动作"受意志的支配,它必须能用行动性的动词来表示,如谴责、安慰、讽刺、赞扬、揭露、掩饰、探求、回避……等。[1]

在新闻类节目中,对话转换的主要依据是以对话内容——采访为基础,并同时考虑到其他因素,如采访者与被采访者对某一事件的态度,主观成分和客观成分的相互比例,以及是以直接表述为主,还是以间接表述为主等。对话转换经常采用的方式有:

1. 直接式

上一个镜头的画面和声音同时出现、同时消失,下一个镜头的画面和声音也是同时出现或同时消失。A说话时,画面和声音马上就是A的;B说话了,画面和声音立即就是B的(图4-2)。这种转换自然、流畅,充分体现了生活中人们对不同的人说话的及时关注度,在故事片、电视剧中大量采用,特别是在美国好莱坞的影片中,人物的对话主要采用了这种转换方式。在新闻类节目中,采访对话也大都运用这种方式。

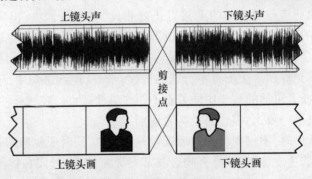

图4-2　直接式对话转换

2. 延迟式

上一个镜头声音已经结束,但画面并没有立即切出,而是延迟一段时间以后切出;下一个镜头切入后,声音也并没有立即切入,同样是延迟一段时间以后再切入。即A说话结束后,并没有马上切出A的画面,而是延迟了一段时间再切入B的画面;B出现后,也并没有立即有声音,同样是延迟一段时间后才闻其声(图4-3)。这种转换的目的,不仅是要闻其声,更重要的是观其色,力求通过对说话者的形态等外部动作的进一步观察,了解其话语内容的真正含义,以透过声音的表面,窥视到说话者内心世界的情感变化。

---

[1]　王云缦等:《电视艺术辞典》,学苑出版社,1991年,第759页。

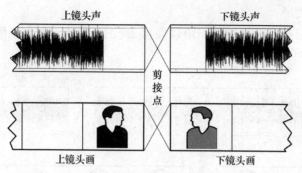

图4-3　延迟式对话转换

3. 反应式

上一个镜头的声音结束以后,立即切入到下一个镜头中人物的画面,但人物的声音并不一定马上出现,而是用较长的时间,反映听者的心理和情感变化。比如,《东方时空》曾播出的一期节目,在表现主持人王志采访广州市第一人民医院护士长张积慧时,大量采用了反应式转换方式。特别是当被采访者张积慧谈到动情处,禁不住泪流满面时,镜头没有继续下去,而是切入了采访者王志的反应镜头:情不自禁地拿起纸巾轻轻抹去自己的泪水。

4. 嵌入式

上一个镜头的声音并没有结束,但已经切入听其声的人物近景或特写镜头,而后再重新切入到说话者的画面。嵌入式从技术上看,可以压缩时间流程,突出说话主要内容(有时也因剪辑的需要嵌入一些无关紧要的画面,如采访者的话筒等),而从表现方式看,由于嵌入了一个听者的面部特写,也进一步加强了听者的关注度。

5. 前叠式

声音的开始部分叠压在前一个画面上,讲一句或几句话之后再出现讲话人的画面。即画面的声音先出现,而发声人物的画面后出现(图4-4)。这样就不会使人感到变换突然,因为声音先引起人的注意,画面的变化就不太明显。但要注意下一个镜头要与前一个镜头的口形、动作相吻合。

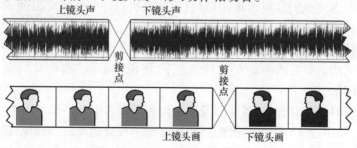

图4-4　前叠式对话转换

6. 后叠式

某段讲话结束前,已被下一组画面覆盖(图4-5)。声音延续一段时间,使视觉转换更加自然。

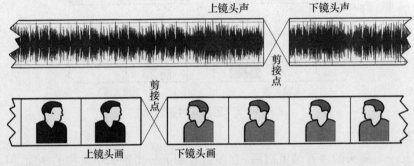

图4-5　后叠式对话转换

7. 渐显式

讲话人讲话的镜头开始时先把音量压低,然后使声音逐渐加大到正常音量,这样声音的出现也会显得自然。特别是在前面有解说词时或表现群体场面时效果更好。

8. 渐隐式

在讲话需要部分结束后把声音逐渐压低,表示讲话还在继续进行,而编辑人员只是撷取了同期声中的一部分。

三、解说词的剪辑

解说词是一种有别于其他文体的特殊体裁。解说词与画面在表现力上的差异使得它们在电视片中有着不同的分工。形象塑造、细节描绘是画面的特长,而解说词的特长则体现在叙事、抒情、说理等方面。首先,解说词具有表意的确切性,可以解释电视新闻画面,交代新闻发生的时间、地点、人物、原因、背景;对画面作必要的补叙和衔接;提示内涵、深化主题。其次,解说词可以帮助观众更深刻地理解画面展现的客观事物,引起想象和联想。好的解说可以使观众在感受听觉形象和视觉形象时在认识上得到升华。此外,解说词还可以增大单位时间内信息传播的容量。因此,解说词不必重复画面已经展示的内容,而应该揭示画面没有或无法说明的内容。在这种情况下,解说词不能"满堂灌",而要有较多的停顿和间歇。

在编辑时,画面的时间长短以及相应解说词的多少都必须予以精心的计算。画面过短,文字过多,说话的速度过快,势必影响观众的理解,难以给观众留下回味,造成视听上的负载不平衡;画面过长,文字太少,又会造成节奏的拖沓,减弱了节目的感染力。

一般来说，每段画面都要长于相应的解说词。否则，这段解说词就会拖到其他段落的画面上，画面与解说词的配合就失衡了。另外，每段解说词最好不要与相应段落的第一个镜头同时上或与最后一个镜头同时下，即解说词应比画面迟出，比画面早退，切忌同时上下。例如，某个段落由五个长短不一的镜头组成，解说词铺满整段电视片，解说词的第一个字应该出现在第一个镜头开始后的 1/3 或 1/4 处，而停止在第五个镜头临近结束前的 1/3 或 1/4 处。即便解说词不是铺满整段电视片，也应遵循类似的规律，即在需要出现解说词的镜头开始后的 1/3 或 1/4 处进解说词，而在适当提前的时机让解说词切出。

第三节　电视音响编辑

一、电视音响概述

音响是电视中除人声、音乐之外的一切声音的总称，它几乎囊括了自然界的所有音响形态，也称为"音响效果"、"效果"、"效果声"等。常见的音响有自然音响、动作音响、主观音响、象征音响、背景音响、机械音响、枪炮音响、魔幻音响、音乐性音响、噪声音响、特殊音响等。

音响不同于音乐，它一般是在客观环境中自然产生的，给人以真情实感的听觉效果。比如笑声、哭声、喧嚣声以及汽笛、喇叭、雷电等，音响蕴含着丰富多彩的表现力，比音乐具有更强的时空感和逼真性。这里所谓的音响特指那些没有纳入语言逻辑表达序列和音乐逻辑表达序列的声音，它们当中自然也包括某些语言和音乐，但只能是那些处于具体表达系统之外的语言和音乐。例如，火车站台上的嘈杂人声，虽然是语言，但语言内容难以辨认，不能起到准确地传达信息的作用。又如，街头洒水车的乐鸣声，只是街头各种声音中的一个组成部分，没有独立的音乐表达意义。

（一）自然音响与音响效果

在现代电视节目的编辑制作中，自然音响与音响效果有所区别。自然音响是指自然环境和社会生活中的原生音响，其获取的主要方式是现场采录，以求最大程度地还原真实的效果。由于是客观物质运动声波真实的再现，对自然音响而言，声音的客观存在是其真实感的来源。作为电视节目的构成要素，自然音响的准确运用能够起到叙事、表达情感和渲染情绪气氛的作用。观众根据听到的音响,便可以联想到现场的情景、人物的形象等。

音响效果也被称为"拟音",是一种通过人工方式模拟、制作或转借来的声音。它与自然音响的区别在于,自然音响具有客观真实性,而音响效果仅具有真实感,不具有客观真实性。所以,音响效果不能用于再现事实,只能用于表现、表达或虚构。在数字技术条件下,拟音的逼真性大大提高,还可以"模拟"出一些并不存在的音响,比如科幻作品中的激光发射声等。在实际工作中,音效库中的音效种类繁多,其中不少是人工拟音。

(二) 客观音响与主观音响

电视音响分为客观音响和主观音响。客观音响是画面空间内或空间外存在的声源所发出的声音。这些声音不仅仅使画面真实再现了客观社会,在声音上也真实地再现了这个社会,使电视获得更加逼真的艺术效果。

所谓主观音响,是相对于客观音响而言的。在日常生活当中,当我们的注意力集中于某一事物时,往往能够对宏亮的声音听而不闻,或对细小的声音感觉特别敏锐。在电视中,可以充分利用这种习惯,有意识地将客观声音加强、减弱,以表现一定的主观感觉和倾向。有时,有些主观音响不仅在画面内,而且在所表现的具体环境中也找不到任何可能存在的发音客体。因此,如果说客观化声音更多是一种技术上的运用,是一种以还原现实生活声音为主的运用方式,那么,主观化声音则主要不是以还原客观现实生活中的声音为主,而是通过创作者的主观化选择,强调某种声音,以更集中地发挥声音的表现力。可见,主观音响是经过不同程度的艺术夸张所产生的。关于声音主观化处理的问题,见本章第六节。

总之,音响是电视节目重要的表现手段之一。它不是对声音的简单记录,而是以自己独特方式模拟或再现各种社会和自然的音响,并以此来制造效果、提供信息、推动情节、增强感染力,而在创造环境的真实感、空间感、氛围感上也有特殊的功能。除此之处,音响语言还具有表真、表情、表知、表意、表境等多种功能。

二、电视音响的编辑与创作

(一) 自然音响的编辑制作

英国导演希区柯克曾对法国导演特吕弗说:"音响效果应该当对话来处理,对话可以当音响效果来处理。人的喊叫和笑同样可以传达重要的涵义。"[1]从这个角度,可以认为,自然音响的功能基本上和人声的功能是一样的,只是程度

---

① 周传基:《电影、电视、广播中的声音》,中国电影出版社,1991 年,第 160 页。

各异。

概况地说，自然音响可以"做画"，亦即创作一个声音环境；自然音响可以叙事或表现一个事件；自然音响可以表达思想感情或情绪气氛。但其中最大的，也最容易体现的作用，就是创造声音环境。自然音响的功能源于电视的记录本性，由此亦带来一种新的美学观念——记录美学。

在电视新闻、电视专题节目中，音响基本采用同期录音的方法，即拍摄图像的同时记录下自然真实的声音。有时也采用同期录音与后期录音相结合的方法。在电视画面中有一个基本概念，即电视画面是包括现场同期声的。在电视新闻中，自然音响以同期声的形式呈现。它能鲜活地再现生活的本来面貌，使报道更加真实可信，生动、形象的实况音响还可以增加报道的现场感。在编辑时，应注意挑选有情节的、有特色的、能构成典型画面的音响，能够表现细节的音响，含意深刻、语言精练的音响。在进行音响和画面组合时，应强调"原汁原味"，慎用技巧，以符合事实的本来面目为原则。自然音响不同于对话之处在于，对话往往要"夺"画面，而自然音响与视觉画面相辅相成。

自然音响有远近高低之别。所以，在自然音响的使用方面，还应综合考虑声音的运动感、空间感、力度、节奏等因素，以配合画面中的人物和环境。但在艺术化的处理中，可以进行不同的虚实变化，或藏或露。可以"未见其人，先闻其声"，也可以"化有为无"，"变小为大"，这就需要依据具体的听觉感受或心理体验来决定了。

(二) 音响效果(拟音)的编辑制作

在强调真实性的记录形态的节目如新闻、纪录片中，拟音一般是禁止使用的。新闻性、专题性节目中所使用的音响一般都应是真实的自然音响，其目的是为了更真实地表现事物的自然状况，给人以如临其境、如见其人的感受。尤其是新闻性节目，音响本身就是一种客观事实，不允许虚构、渲染。

文艺节目、娱乐节目以及电视剧的音响效果则可以虚构、模拟、制作、移植，以满足剧情发展的需要，达到艺术形式与内容的统一。利用拟音效果，可以创造主观化的声音，即从主观角度出发，将客观音响加以变形，或是制造出现实中不存在的声音形式，以传达作者或表现对象的主体音响感受。有时则采用夸张、变形的方法，把本来听不见的声音放大到听得见，把小的声音放大到震耳欲聋，还可以加上混响、延时处理等。在著名导演科波拉拍摄的《现代启示录》中，画面是屋顶电风扇的镜头，而音响则沿用了主人公回忆中的战场直升机螺旋桨旋转的尖锐轰鸣声(拟音)，夸张的音响处理对战争留下的阴影予以了深刻揭示(图4-6)。

图4-6 影片《现代启示录》的声画处理

影视作品常靠剪辑音效和拟音来营造不同凡响的声音效果。例如,战争片中炸点的布置是根据画面要求而设置,不是真炮弹、真手榴弹,所以录回来的声音只能做参考。这时,爆炸声就需要后期制作时由剪辑音效和拟音来覆盖,通过声音设计来重建现实场景应有的声音形象。拟音师鲍勃·莫特曾提到过一个关于原子弹音效设计的例子,他看着画面中的蘑菇云,仅仅用了一些已有的录音素材就顺利地完成了这项看似极具挑战的工作。鲍勃使用了一个瀑布声并将其减速,从而形成一种咆哮声;然后,他增加了一层墙壁被摧毁的声音并提升音量。他完成了这项工作,仅使用了四个录音素材,其中一些加以简单叠层来营造合力冲击感。

再如,电影《星球大战》中著名的光剑、激光武器和机器人等的声音设计已经成为电影的重要标识之一。比如激光枪的声音是声音设计师通过敲击高塔缆线产生的声音,而光剑的声音则来自电视机和老式35毫米放映机的声音混合体,著名的R2-D2机器人的声音一半是通过电子生成,另外一半则是声音设计师通过水管和人声来合成的。而T形战斗机的声音实际上是经过混合器处理的一只大象的叫声。国产故事片《沙鸥》中雪崩的音响效果也是把原子弹的爆炸声和地震的声音混制成的。

现代影视音响制作早已不满足仅仅依靠拟音师来模拟出各种音响声了。现在有很多影视作品在音响制作中,使用电子合成器和数字声音采样器等电子设备来参与和模拟音响,这无疑增加了影视声音艺术创作的广泛性和可能性。数字采样器明显提高了拟音工作的效率,而且使所模拟的音响能够快速、准确、无误地与画面位置相对应。另外,电子合成器和采样器还能够对原始音响进行各种变形处理,实现特殊声音效果的制作,在现实世界中根本不存在的音响声音也可以通过数字合成技术被创造出来。借助数字化的声音制作平台,拟音将更加逼真和富有想象力,声音设计的空间也更加广阔了。

第四节　电视音乐编辑

音乐是通过有组织的音（主要是乐音）所形成的艺术形象，来表现人们的思想感情，反映社会现实生活的。影视音乐语言是指那些专为影视作品编配的音乐。它通过有组织的乐音形成音高、节奏、速度、力度，旋律、和声、乐句、乐段，是电视节目表意、抒情的重要元素之一。

一、电视音乐的分类

电视音乐从总体讲可以分为有声源音乐与无声源音乐。有声源音乐是指可见声源的音乐，又称为画内音乐。如剧中人的歌声和其弹奏乐器、剧情环境中出现的开着的录音机、电视机、收音机、扬声器、广播喇叭等播放的音乐。无声源音乐是指在画面上看不到声源的音乐，故又称"画外音乐"。它是电视编辑根据剧情需要而创作、设计、挑选、剪接的音乐。这种音乐主要起着丰富、充实、烘托、揭示、强化画面内容的审美作用。根据音乐局部段落的作用，还可以将其进一步细化为以下几种：

（一）片头片尾音乐

片头音乐指用于片名字幕的音乐。它可以起到呈现电视节目主题、引入故事情节、预示节目基调和渲染特定气氛的作用。片尾音乐主要用于电视节目的结尾。可对电视节目主题和基本情绪进行概括和总结，或者是造成某种气氛、意境，使观众对电视节目内容产生联想和回味。

（二）背景音乐

电视节目中起背景作用的音乐犹如对话的伴奏，不直接参与剧情的发展。背景音乐具有概括性，故不宜多变。整个曲调与节目的内容、节奏相吻合。背景音乐的一般用法是作为画面的伴奏，加强画面所表现的情绪或渲染环境气氛。背景音乐在电视节目中使用形式非常灵活。比如在画面段落转换时，如果气氛随之改变，音乐可以加强这种改变或停止，使之明显；而当画面段落的转换尚未来到时，气氛已经改变，音乐的开始或停止可以有效地划出改变的界线；当画面段落已经转换，气氛并不需要改变时，音乐的延长可以把两个段落紧密地联系起来；在重要的画面出现以前，可以预先用音乐来制造这个画面所包括的气氛，引起观众的预感。

此外,背景音乐还可以根据主观的要求,与画面对列地发展,暗示出画面所包含的内在意义,或节目主题线索中的某些重要环节,即"暗示作用"。背景音乐偶然还可以模仿现实音的声调或韵律来代替或丰富现实音,以增强声音的气氛或节奏感,起到"模仿作用"。

（三）转场音乐

转场音乐即用于衔接前后两个段落的音乐。这种音乐既可以用主题音乐,也可以用短小的乐句。如我国故事片《城南旧事》中,作曲家运用该片的主题音乐,使三段独立的情节衔接处巧妙地转场。在新闻片或科教片中,也常用短小的乐句,使画面结合自然,段落转换流畅。

（四）环境音乐

根据画面特定环境的需要,选用生活中流传的具有典型性的乐曲,作为烘托电视节目环境气氛的音乐。如农村里的山歌、江河上的船工号子、运动场上的进行曲、酒吧间的舞曲等,使节目更具有地方性、时代性、生活性的特征。

（五）生活音乐

节目中人物用自然流露的方式,唱（奏）出的生活中熟悉的音乐,可用来表达人物思想情绪,增强电视节目的生活气息。此类音乐与电视节目中的其他音乐可以无内在联系,它经常是不完整的,似乎是偶然出现的,故也被称为"偶然出现的音乐"。

（六）特定音乐

这是应用于特定场合的音乐,如国歌、军歌、礼仪乐曲等。德国作曲家门德尔松的《婚礼进行曲》、波兰作曲家肖邦的《葬礼进行曲》是国外常见的礼仪音乐,在电视中也常常见到。特定音乐还可预示或表现特定的空间、时间。比如,当出现《婚礼进行曲》时,人们就会自然想起结婚仪式,想起教堂,想起洁白的婚纱。

（七）抒情性音乐

这种音乐常用来抒发人物内在的感情。音乐最能体现人物复杂而又难于用语言表达的感情和心理状态,抒情是电视音乐最主要的功能,在电视中大量存在。其作用有:刻画人物丰富的或是充满矛盾的内心世界,揭示人物的内心寄托和心理变化;连接语言,深化语言中所表达的思想感情;加强节目的节奏,造成人物心理上的高潮,或缓和情绪上的冲动;用于人物内心的闪回、幻觉;作为电视节目的一个剧作元素,直接推动剧情发展,并造成一种现实感。这种音乐与画面之间可以是同步的,也可以是对位的。有些抒情性音乐既起到潜台词(人物主观意识)的作用,又起到作者解说(客观评价)的作用。

(八)描绘性音乐

描绘性音乐的功能比较单一,是为画面提供一种声音的造型,有的可以从听觉上强调和加快画面节奏,加强心理上的紧张度;有的可以从听觉上放慢画面的节奏,造成心理时间与实际时间的距离错觉;有的还可以对所表现的事物、情景作神似的描绘,以表达人的思想感情。

总之,将电视音乐进一步细化,是为了更好地发挥电视音乐对于不同内容、不同段落、甚至是不同画面的作用,强化音乐在电视叙事、艺术表现上的价值。

二、电视音乐的艺术特征与功能

音乐在电视节目中的作用是多方面的,总体说来它可以起到强化作品内涵,加强节目的感情色彩,激发观众的联想,渲染气氛,刻画人物性格,描述时间和场景等作用。

(一)音乐在电视节目中的艺术特征

1. 非独立性、非完整性

任何一部音乐作品都必须是完整的。它可以独立表现出一定的叙事和抒情意义,并带给听众精神上的愉悦。但在电视作品当中,音乐并不是独立存在的。作为电视创作中的一种表现手段,无论这部音乐作品本身多么完整,多么富有表现力,从独立音乐的角度来讲多么个性鲜明,都将被人为地改变,而使它从属于某个具体的场景、情节、段落。它必须与画面、人声和音响相互融合,成为构成节目的诸多要素之一。

尽管相当多的电视节目由于所要表现的主题的需要,常常使用一些在情绪上、节奏上、内涵上相对适合的有名有姓的音乐作品。比如,著名的贝多芬第五交响曲《命运》常常被用来描写伟人奋斗的坎坷历程,或用于刻画主人公面对困境做出的艰难决策等。再如,中国作曲家朱践耳创作于 20 世纪 50 年代的管弦乐《红旗颂》中的主题曲,常常用来配置一些振奋人心、激动深情、宽阔壮美的场面。但这些优秀的音乐作品也很少被完整地使用,或是只用主体,或是只用开头,或是只用结尾部分,这完全取决于节目创作表现的需要。在这种情况下,音乐作品就失去了它原有的表现意义和欣赏功能,而完全服从节目的内容。这样做的目的，不再是欣赏乐曲本身，而是为了满足人们对电视节目的欣赏要求。

当然，有的音乐是专门为某一部特定的电视节目而创作的。曲作者的创作手法、风格、情感的表现要以节目所要表现的内容为依据，并力图与节目的画面、人声、音响相融合。但这种融合，往往受到画面的篇幅和语言深度的限制，因此，这些音乐不可能像常规的音乐创作那样，可以使用多种表现手法来显示主题，发展主题，再现主题，直至结束。所以一般专门创作的音乐语言情绪比较单纯，节奏比较统一，起伏变化不大，时间也不会太长。即便是这样，当这些音乐在与画面合成时，也常常不能够被完整地使用。所以，确切地讲，这些音乐是素材性的音乐，它需要经过音乐编辑重新编配，才能够与电视画面有机地融合在一起。

2. 模糊性、多释性特征

音乐是一种非语言性的情感艺术，它传达给人们的信息不像语言那样确定，没有画面那样具体，也不如音响那样直接。同样一段音乐，在传达的情感方面，不同的人会有不同的感受。正是音乐所特有的这种模糊性及多释性，使它的作用在电视节目中获得了最大限度的发挥。一种情况是，当一部电视节目编完以后，对音乐的选择不只有一种。基本的情感确定了，不同的电视编辑会有不同的选择。同样是歌颂性的音乐，有的配器丰富些，有的旋律流畅些，有的节奏欢快一些，有的曲调庄重些。每一种与画面、语言的结合都各有各的特点，很难说哪个方案最好，最后的认定全由编导或是音乐编辑个人的感受来决定。另一种情况是，同样一段电视音乐可以用在这个节目里，也可以用在那个节目里。常用的一些情感音乐自不必说，有些专为某个节目写的主题音乐也可用在其他电视节目之中。比如为专题片《周恩来》写的主题音乐，其曲调深情、温暖，带着淡淡的惆怅，可以让人听出对周总理人格魅力的感慨。这段主题音乐后来被用于专题片《刘少奇》的宣传片中，也同样十分贴切。

电视音乐的多用性决定了电视音乐的生命力。如果一段音乐不具备这个特点，很快就会失去它的作用。所以，在选择电视音乐的时候，常常要考虑它是否"好用"，其实就是它是否可以"多用"，这是电视音乐的意义所在。

正因为音乐是电视表现手法中意义最不具体、最不准确，却又最富有情感化和感染力的创作元素，才使得音乐更能激发起人们的想象和联想。因此，我们有必要在创作实践中深入研究和认识电视音乐本身的特征与规律，由感性到理性，不断加深认识，更好地发挥音乐在电视节目中的作用。

（二）电视音乐的基本功能

1. 抒发情感

音乐是抒发人类情感的重要手段。在电视创作中，音乐同样可以将爱与恨、生与死、欢乐与悲伤等各种情感表现出来,特别是可以抒发人物难以用语言表达的感情,刻画人物的心理活动。抒情是电视音乐最主要的功能,在电视节目中大量存在。

2. 渲染气氛

"气氛是在一定环境中,给人某种强烈感觉的精神表现或景象,它是人们在某种特定的环境中从事某项活动而产生的强烈感情之外露,是情绪的概括。气氛和情绪是密切相关的。"①电视利用音乐来反映现实社会中人们的喜、怒、哀、乐、忧、思、悲等各种感情和情绪,为画面配上气氛、情绪与之相同的音乐,使画面所展现的气氛得以强化。

用于渲染气氛的音乐"具有鲜明的个性,主要是以它的节奏发挥作用。喜庆热烈的音乐,动感很强的短节奏连续使用,快速、旋律起伏跳跃,并有副旋律和打击乐器加入;表现悲哀气氛的音乐,慢节奏,拖长音,速度缓慢,旋律线多为下行,音色低沉,有时选用大提琴、大管等低音乐器;表现惊恐气氛的音乐节奏果断,使用不协和和弦,力度变化大而且突然;表现平和温馨的音乐节奏平稳,速度中庸,旋律优美,多以弦乐为主奏乐器"。②

音乐在电视中的渲染作用主要体现在两个方面。首先,可以营造一种局部的气氛,一种特定的背景气氛(包括时间和空间的特征),用以强化视觉效果。在专题片中,常常采用适合于某个情节、某个场面的音乐,以进一步强化视觉形象,使作品更加感人,更加完整。其次,它可以用来贯穿全片,细致入微地创造一种总体氛围。

3. 评论

使用音乐作为评论的手段,表现创作者的一种主观化倾向或态度,如歌颂、同情、批评、揭露、哀悼等,多采用与画面情节、内容、气氛相对立的一些音乐,形成与画面情节、情绪完全相反的感觉。

美国著名导演科波拉的越战影片《现代启示录》就大量采用了音乐评论方式。其中有这样一个情节:巴顿式的美国英雄基戈尔中校率领他的团队——"空中骑兵队"播放着瓦格纳的音乐俯冲向北越的和平村庄,进行毁灭式的杀戮。壮观的航拍镜头与银幕上奔涌而出的《女武神》的旋律,使得这场屠杀如同令人醉心的游戏(图4-7)。这种不用语言的评论却比用语言更能表明科波拉对这种野蛮行径的态度。

---

① 郝俊兰:《电视音乐音响》,中国广播电视出版社,1997 年,第 125 页。
② 郝俊兰:《电视音乐音响》,中国广播电视出版社,1997 年,第 126、127 页。

图4－7　影片《现代启示录》中的《女武神》配乐画面

　　因此,有学者认为,音乐的这种使用方式,即"音画对立实际上是提供了一个更好的机会来评论影片情节、人物性格等,通过这种方法我们可以看到情节背后的某一特殊姿势以全面的重要性,又通过一个个人的命运来展示全民族的命运"①,从而产生了潜台词的作用,达到了一种特殊旁白的目的——评论。

　　4. 描绘

　　发挥音乐自身的叙事功能,对画面中富于动作性的事物或情景加以描绘,如鸟鸣、追逐、机器运转等。

　　5. 剧作

　　音乐作为剧作的要素,主要用于电影和电视剧当中,纪录片很少使用。因为,电影与电视剧都有曲折动人的情节。尽管情节的发展,矛盾的冲突、激化和解决主要是由演员的表演和台词来完成的,但是音乐有时也可以作为一个戏剧要素参与其中,推动剧情发展。它将成为影片中的一个剧作元素。正如著名电影理论家巴拉兹所说的那样:"声音将不是决斗的伴随物,而且也可能是决斗的原因。刀剑相碰的响声也许并不重要,因为它毫无剧作意义;更重要的倒是从花园里传出的歌声,因为两个情敌听着就吵起架来了,这种声音成为剧情的基本元素"。它是被听见的音乐,具有强烈的表现性和戏剧性,而不像背景音乐一样不被人听见。

　　电影《冰山上的来客》的插曲《花儿为什么这样红》就是一首具有剧作作用的电影歌曲。当真古兰丹姆与阿米尔近在咫尺而无法相认时,剧中的梁排长让阿米尔唱起了那首珍藏在他们心中的那首歌。歌声让两个失散的恋人重新走到了一起。这里的音乐就起到了推动情节发展的作用。

_____

　　①　郝俊兰:《电视音乐音响》,中国广播电视出版社,1997年,第165页。

6. 连贯

用音乐衔接前后两场或多场戏,使同一时间不同事件的若干组画面交替出现,同一事件的若干个不同侧面的各组镜头交替出现,时间与空间跳越、交错等。音乐的这种连贯作用又称为"音乐的蒙太奇"。

三、电视编辑中的音乐转换

音乐转场是指以音乐为媒介衔接前后的情节、段落、场景,使之顺理成章,生动流畅。它既具有促成时空灵活转换、增加信息量的功能,又具有随类赋形、形神兼备的韵致,往往达到事半功倍的艺术效果。

(一)正常转换

当音响或音乐与画面的长度相一致,可以依据画面情境表现的需要,按照客观或主观表现的方式,依照镜头的长度进行自然的转换。

(二)人为转换

所选用的音乐与画面的长度不一致的情况是经常有的。比画面短的可以空一段,比画面长的话,又需把长于画面的一段切去,不论长与短,都会感到明显的缺憾。在这种情况下可处理如下:

1. 音响掩盖法

这种方法用于音乐比画面长的情况,方法是在画面结尾处安排一小段音响,音响渐显音乐渐隐。在适当的时候下段画面的音乐渐显音响渐隐,以一个音响掩盖前段音乐比画面长的问题,又自然过渡到下段画面的音乐。这种转换必须在上段画面结束时有出现音响的画面依据,并要有足够的长度。

2. 解说词掩盖法

这种方法使用在音乐比画面长,又找不到音响出现的画面依据时。此方法与音响掩盖法相似,因没有在画面结尾处出现汽车、火车、机器声等动态的物体,画面是安静的地方,只好以解说词代替音响的作用。这种方法只要有解说词就可以用,但没有音响掩盖法效果好。

3. 随画面切换淡出淡入换音乐法

在没有音响和解说词可以作为音乐过渡转换以解决音乐长度问题的时候,可以随画面切换淡出淡入换音乐。音乐切换点要找内容突然变换的地方,切点必须与画面切点一致,通过调音台做到较快地淡出淡入过渡。要考虑前后两段音乐的旋律、节奏、音色近似,以便比较自然地完成转换,不显得过于突然。

4. 整段音乐分段使用法

为了保证已选好的音乐长短与要配的画面长短一致,可将音乐先听几遍,仔细分析它的内部结构。一段音乐往往是由几个乐段构成的,乐曲可能还有引子,这样便可以把整段音乐分段使用,然后找到与画面差不多的长度。假设一段完整的音乐是 3 分 18 秒,前 18 秒是引子,后面有一个 1 分钟的乐段,然后是两次变化性重复,三段之间又有明显的段落感,这首曲子就可以拆成几种长度不同但又相对完整的曲子。如果不用引子是 3 分钟的一段,如要引子和第一乐段便是 1 分 18 秒的一段,如果要引子和第一、二段就是 2 分 18 秒的音乐,不要引子只要第一、第二或第三段,可以变成 1 分钟、2 分钟、3 分钟三种长度的音乐。

5. 以音乐为依据编辑画面

为了保证音乐的完整,在电视剧或专题片的片头部分,结尾部分、主题歌、主题音乐出现的时候,可先将音乐输入,然后以音乐为依据编辑画面,以达到更完美的效果。此外,音画式的风光艺术片,以及要求很高的广告片也都采用这种方法。

以音乐为依据编辑画面,有助于发挥视听的联觉作用。视听联觉是心理学上的一个术语,是指各种感觉间相互产生作用的一种心理现象,也就是通过刺激一种感官进而触发另外一种感觉。在影视作品中,特别是在 MV 中,音乐是表现的重点,这时画面这一刺激视觉感官的要素要为听觉服务,画面的选择与镜头转换已经不再是以使观众看清楚为目的了,而是以展现音乐的重音和节奏为目的的。如在音乐节奏快时,就要有快速变换的画面节奏与之配合;当是抒情性音乐的时候,镜头变化就应和音乐的情绪相匹配,采用慢节奏和较大景别的镜头转换;在出现重音之时,经常以特写小景别镜头与其相适应。这种视听联觉作用,能够产生"1 + 1 > 2"的艺术效果。

第五节　电视的声画结构

声音与画面是电视节目当中两个不同的表现元素,两者的有机结合,构成了视听艺术的综合魅力。声音是听觉艺术,画面是视觉艺术,两者都是通过一定的时间延续来展示各自魅力的艺术形式。在电视节目的同一时空中,它们以不同的形式结合在一起,有时同步、对应,有时又交叉或补充,形成声画蒙太奇。

由于声音语言由人声、效果、音乐三部分组成,而人声、效果、音乐的各自特点又决定了它们与画面的关系也各不相同。比如,人声可以比较系统完整地表达人的思想感情,因此和画面结合紧密;音响是自然环境中由动物以及其他物体发出的,所以它和画面的关系也非常密切;音乐(除画内音乐以外)是由创作者根据电视节目内容、情节、情绪的发展主观创作出来的,因此,其与画面的结合带有较强的"随意性"。

这里的"随意性"是指画面可见可视、形象直观、便于判断,是一种直接而不需要参与即可接受的表现方式,而音乐主要是通过将有规律的乐音在时间上展开,通过一系列的模拟、抽象,配合听众(观众)的联想参与才能传情达意。而且听众的参与程度(理解力)与其自身的诸多因素紧密相关,具有强烈的主观性。因此,在电视节目上使用的音乐,不同的观众对其意义的理解可能不同,有时还相差甚远。

但总的来说,由于画面具有空间造型感,而音乐具有时间造型感,因此,两者的优长使他们产生了相互吸引的关系。正如音乐和诗词结合产生了歌曲,音乐和形体运动结合产生了舞蹈,音乐和文学结合产生了戏剧一样,画面和音乐的结合,使电视的表现手段更加丰富。1995年,迪士尼动画片《狮子王》的绝美配乐赢得了第67届奥斯卡的最佳配乐奖。本片一开始,由非洲土语的和声伴唱引出了充满激情的独唱《生生不息》,配合着非洲大地雄浑的生命气势,让我们对蕴含着勃勃生机和冒险的非洲充满无限遐想。画面展示着太阳冉冉升起,原始的非洲大地苏醒了,万兽群集,共同庆贺着未来的狮王——辛巴的诞生。除了表现出鲜明的地域特色,该片的配乐还对角色的心理刻画起到了推波助澜的作用。当辛巴决定向刀疤挑战的时候,在失落踌躇之际受到了狒狒的激励,增强了自信,同时下定了决心,在配乐上用以小提琴为主的弦乐和管乐演奏缓缓的小调,来衬托辛巴的不知所措和略带哀伤的情绪,后来由于辛巴的心理转变,音乐随之转入大调,并加快节奏,提高旋律的音区,用以表现辛巴决心已定和坚强的意志。声画的配合让人叫绝。

声音和画面的关系结构一般分为声画同步和声画对位两种。而声画对位又包含声画并行和声画对立两类。需要注意的是,声音与画面的这两种关系表现在人声、音响、音乐上所产生的结果可能并不完全一致。

一、声画同步

声音与画面的同步关系简称为声画同步,也称为声画合一。在这种结构中,声音所表现的情节、思想、情感、情绪及氛围等与画面表现相一致。声音与画面互相加强、补充,互为因果。

"同步"本是科技用语,指两个或两个以上随时间变化的量在变化过程中保持一定的相对关系。"同步"这个概念早在有声电影产生时就出现了,不过当时它仅是指音响与画面动作的关系,而不包括音乐和画面的关系。后来,这个概念也被运用在音乐和画面的关系中,主要是指声音所表现的内容和画面所表现的内容是一致的。

如果是人声,则人发出的声音和屏幕上的视觉形象(即发音人)完全一致、合一。当发音人出现在画面上时,声音出现,而发音人消失在画面上时,声音也同时消失。电视新闻节目中的同期声大多采用了这种结构关系。由于声音与声源同时出现在画面上,易使观众感到此声来之有源,可以相信。

在新闻剪辑时,很多人没有注意镜头画面与解说词的合理配合。有的盲目让画面跟着解说词,以至于把画面剪接变为"填图像"。有的新闻是声画两张皮,解说词和画面完全不匹配。理想的声画配置应该是声画同步,让声音与画面同时叙述同一事实,这样才能方便观众的接受与理解。

如果是效果,则与画面内容、场景要基本吻合。

当使用音乐时,表现为音乐与画面紧密结合,音乐情绪与画面情绪基本一致,音乐节奏与画面节奏完全吻合。甚至在长度和时间上,两者也极其近似。音乐强调了画面提供的视觉内容,起着解释画面,烘托、渲染画面的作用。这里音乐所要做到的既有宏观上的同步,如与作品内容的时代特征、民族色彩、地方风格、人物个性、生活风貌,以及作品的艺术风格统一,又有局部或片断,某一场戏或某一组镜头的微观统一,即要求音乐和画面在情绪、气氛和内容上统一。如为部队冲锋的战斗场面配上宏大的进行曲;伴随追击、格斗的惊险场面出现紧张、剧烈的音乐;为主人公百感交集的面孔特写,创作具有强烈心理体验的内心独白式的音乐等。我国故事片《南征北战》中敌我双方抢占军事要地摩天岭高峰一场戏,作曲家创作了敌我两个音乐主题,对比使用,音画同步,敌我分明,造成了剧烈、紧张的搏斗气氛。这种局部同步的作用已具有戏剧性的因素。从人声、效果和音乐与画面的关系来看,音乐与画面的统一是最具广泛意义的组合方式。

二、声画对位

声画对位也称为"声画非同步"、"声音错位"、"声画分立"。

在这种结构关系中,声音已经不是机械地去重复画面已经充分表达了的东西,声音也并非来自于画面中的发音体(人或物)。声音与画面内容既各自独立而又相互结合,造成一种非画面或声音能单独产生的整体效果。即从特定的艺术目的出发,在同一时间内让音乐与画面作不同侧面的表现,两者形成"对位"的关系。

"对位"原系音乐术语,指音乐作品中若干个相对独立的旋律声部结合为和谐整体。这个概念是苏联导演爱森斯坦、普多夫金和亚历山大·洛夫三人于1928年在《未来的有声电影》一文中首次提出的,指声音与画面的非同步关系。

普多夫金于 1933 年导演的电影《逃兵》中第一次有意识地运用了这一原则。在结尾场面中,音乐并不追随画面表现工人斗争的受挫,而是始终处于不断引向高潮的过程之中,表现了对罢工斗争的必胜信念。

声画对位包括声画并行和声画对立。

(一) 声画并行

声音不是具体地追随或解释画面内容,也不是与画面处于对立状态,而是以自身独特的表现方式,从整体上揭示电视节目的思想内容和人物的情绪状态,声音和画面各自独立,又相互配合,表现共同的含义或戏剧情节,在听觉上为观众提供更多的联想和潜台词。如我国故事片《小街》中,眼睛受伤的夏在大街上走着,脑海里不断闪现各种画面:骚动的人群,解放军发动进攻,被剪成阴阳头的俞呆滞地走来,天真的幼儿,爆炸等。在画面急速变化的同时,音乐着力刻画夏的思潮翻腾的内心世界。再如,描写子弟兵凯旋而归的画面,画面上是雄壮的队伍、坦克、军车和威武的战士,而声音来源于人们的欢呼声、锣鼓声,两者配合起来,共同表达了一个主题。

(二) 声画对立

声音和画面各自独立,相互对立,通过声音和画面的对立、冲撞,产生一种特定的含义。简单地说,这种对立关系是指声音和画面的情节、情绪完全相反。

人类社会正是因为有好与坏、生与死、爱与恨等诸多矛盾的存在,才促使人们不断去思考产生这些矛盾的原因,以寻求解决矛盾的方法。声画对立所形成的矛盾冲突,也是试图通过声音与画面(内容上或情节上)的相互对立,让观众产生思考,形成比声画同步更加强烈的艺术效果。

声画对立表现在人声或效果上,常常是只闻其声,而未见其人(物),而且这种人声与画面人物的情绪完全对立。如电视剧《唐明皇》中,李亨继位后,李隆基面对空荡荡的太极宫,面对已失去的皇位,心情十分压抑、失落,而画外音却是往日上朝时"吾皇万岁、万岁、万万岁"的三呼九叩之声。这种对立所形成的声画矛盾,进一步强化了李隆基此时此刻的心情。

在音乐使用中,画面与音乐之间在情绪、气氛、节奏以至内容等方面互相对立,可以使音乐更加具有寓意性,更能达成深化主题之目的。在德国作曲家汉斯·艾斯勒作曲的纪录片《夜与雾》中,当画面出现希特勒演说和乘敞篷车穿过满是人群的柏林街道时,没有使用进行曲一类的音乐,而是采用了沉重悲哀的集中营主题的音乐,不仅表达了作者对法西斯的强烈谴责,同时也加深了整个影片理性化的程度,引发了观众对人类历史上这场空前浩劫产生的原因的深刻反思。

第四章 电视声音编辑

我国故事片《天云山传奇》中宋薇、吴遥婚礼一场戏,既没有使用特定的音乐(如《婚礼进行曲》),又没有采用其他欢快喜庆的乐曲,而是配上与婚礼场面完全相反的缓慢、压抑、沉重的音乐,产生了与喜庆画面在情绪气氛上相互对立的效果,预示着他们婚姻的悲剧性。

可见,声画对立是一种有意识形成视觉与听觉相互矛盾的艺术方式,它是创作者为更好地表达某种特殊艺术效果而有意为之的结果。正如法国电影导演让·雷诺阿所说的那样:"就电影配乐而言,我更相信音画对立。如果对话说的是'我爱你',那依我看,音乐似乎就应处理成'我讨厌'。围绕这个字句的一切应由相反元素组成,这样才更有效果。"①

需要注意的是,声画对立的使用必须具备一定的条件,只有在条件成熟的情况下才能使用。要防止不顾情节的发展、情绪的发展滥用这种对立的手法。何种情况下才算条件成熟呢? 即仅有相反两种元素的存在还不够,还要看两者形成的矛盾能否推动情节发展,能否深化作品主题。如果可以,则认为条件成熟;反之,则条件不成熟。

总之,电视是视听艺术,声音与画面、声音与声音之间的关系是电视节目艺术创作的重要组成部分,它们之间形式和内容的不同组合,可创造出各种不同的富有表现力的效果。

第六节　电视声音编辑的艺术处理

声音的艺术处理是指运用各种手段对声音进行加工和处理,以达到特定的艺术效果。为使声音生动地塑造艺术形象,真实地反映现实生活,就必须对自然界和生活中的原始声音进行有目的地选择、提炼,根据电视节目的内容和编导的要求进行艺术加工和处理。在电视节目中,声音可分为客观化声音和主观化声音,而从声音的表现意义(艺术要求)上看,又可分为写实声音和写意声音。灵活运用客观音、主观音,以及写实音和写意音,体现了电视创作中技术和艺术的高度结合。经过艺术处理,声音可以表现人们的认知、情感和心理,反映人类的精神领域。

一、主观化声音的运用

每个人对不同的声音都会有不同的感觉和反应。主观化声音将人对声音

---

① 　[法]马赛尔·马尔丹:《电影语言》,中国电影出版社,1980 年,第 98 页。

的感觉和反应分离开来,视无声为有声,或视有声为无声。如在表现人的心情和境遇时,有意识地将钟的滴嗒声放大,暗示出人物对时间的敏感:钟声大,暗示人物心情的紧张;钟声小,暗示出人物心情的平静。有时在一些情节上有意放弃一些自然环境下非常明显的效果声,视有声为无声,强调人的专注,等待与期盼。

比如这样一段情节:女主人公送恋人上战场,两人相别在火车站。火车站本是繁杂、喧闹之地,但创作者并没有按照常规记录下自然音响效果,而是掩去了所有的声音,以无声无息的静谧反衬出恋人离别之际难以平静之心——化有声为无声。当恋人乘坐的火车逐渐远去之际,创作者又一反声音自然属性的规律,将火车不断远去的声音逐步增大,以进一步表现出女主人公越来越难以控制的悲伤的心情——化无声为有声。显然,这里创作者对音响的运用已远远超出了音响自然属性作用,而成为剧作结构的元素了。因此,著名的电影理论家巴拉兹说,音响可以成为主题、动作的泉源和成因。

总的来说,主观声音常用来展示人物的内心世界或阐释无法用客观声音说明的内容,如表现回忆、幻觉、梦境的内心独白、旁白,以及揭示画面内在含义的解说词等。声音主观化运用大致有如下几个方面:

（一）将客观声音加以夸张、歪曲、变形,使之与画面相对应,表现人物的精神状态

如我国电影《羊城暗哨》中,定时炸弹的定时器滴答声越来越响,表现出人物越来越紧张的心情。又如日本电影《砂器》的末尾,钢琴协奏曲《命运》琴声刚落,场内爆发出热烈的掌声,但和贺英良由于心情激动异常和体力不支,竟听不到掌声,直到心情逐渐平静下来,听觉才又恢复。

（二）用现实中的或非现实中的声音,与画面配合揭示出人物的思维和内心世界

英国故事片《孤星血泪》（1946）中,匹普返回故乡,旧地重游,来到童年时代经常出入的那座古宅。这时虽然人去楼空,但画外响起了昔日少女艾斯蒂拉的呼唤声:"跟我来,孩子! 跟我来,孩子!"苏联电影《雁南飞》中鲍里斯牺牲一场,光秃秃的白桦树在转动,幻想中的婚礼、春天树林的景色、宾客的笑容与现实中主人公发出的绝望的"救命"声交织在一起,组成有机的整体,使观众领悟到主人公在意识逐渐消失的过程中产生的联想。这种手法使观众窥视到了人物内心的感觉。

（三）将某种声音与画面并列，以象征、隐喻事物的性质

如在雷纳·克莱尔导演的《百万法郎》中，将想象中的橄榄球赛的鸣笛声，叠现在两个男子为一件上衣争吵不休的画面上，暗示争夺激烈的程度。

二、写意声音运用

写意音是运用完全不可能出现在现实生活中的声音来烘托画面的声音用法。在这里，声音完全从写实的圈子中解脱出来，而成为单纯表现某种情绪、意义的创作元素了。

在电影和电视剧当中，写意声音用在戏剧主线的重要环节处，可以揭示画面的内在含义；用在表现人物激情的镜头或抒情的画面中，可以加强情绪的感染力；用在快速剪辑的一组短镜头中，可以加强节奏感；用在段落转换处，既可以使场面气氛的变换明显，又能将两个段落紧密地联系在一起。

总之，写意音在电视中的应用范围极广，其作用是写实音不能代替的。

三、声音的综合运用策略

（一）重叠

把一个以上质量、内容相同或不同的声音素材叠加在一起，以增加声音力度或密度，丰富声音层次和扩大声音内涵。如美国电视节目《陆军医院》中几个人同时讲话的场面，不但丰富了声音的层次，而且显得真实可信。又如，为表现爆炸声音，常将一个以上爆炸声的原始素材合成在一起，以增强爆炸的密集度。

（二）多层次结构

用多个不同时间、不同空间的声音与画面相结合，可以形成多个声音空间与画面的复杂层次结构，使画面具有更加强烈的透视感、立体感。如恰当运用到电视节目中去，可表现复杂、多样的意义和内涵，引起观众的联想和想象，进一步深化主题。下面以电影《沙鸥》中女主角沙鸥在圆明园流连徘徊的一场戏为例，说明声音多层次空间运用的艺术效果。

附近过路行人的嬉笑声、自行车声、环境声；
排球重扣在地的声音；
训练中教练训斥的声音；
球场捕击时喊叫声及观众此起彼伏的加油声；

日本女排赢球后的欢呼声；

沈大威生前勉励她的声音。

这么多的声音构成了三个不同的声音空间：第一层是现实环境的声音，第二层是球场、训练场的声音，第三层是沙鸥爱人生前有关幸福观的议论。三个层次声音的空间同时或交替出现，构成一个总的声音空间，它与画面交织在一起，从不同角度表现出沙鸥的内心状态、意识流程和思想境界，使银幕形象更加充实、丰满。

再如荣获第 51 届奥斯卡录音奖的美国影片《猎鹿人》，在利用音响表现多层次空间方面也相当出色。

"蒸汽蹿出排气孔和烟道升入云层，嘶嘶声、铿铿声、轰隆声、尖啸声……所有喧嚣之声远远传来，又随着徐徐洒落的白雪而变得微弱起来……

吊车滑下一英里长的轨道，将铸块卸在滚轧机上，发出尖锐冲耳的呼啸，跟着又是第二块铸块、第三块、第四块、第五块，这些铸块非常大，热得发颤，落下时发出可怕的震动声……

当钢钎捅破结壳时，白热的铁水发出巨大的爆炸声，从钢口喷涌而出……

近在咫尺的高炉令人畏惧，噪声震耳欲聋。白热的铁水继续从出钢口喷射出一阵阵火花和火焰……

墙上成排挂着上下班的记时钟。一声尖锐刺耳的汽笛声标志着夜班的结束……

钢铁厂在他们身后隐约可见，冒着蒸汽与火光，它发出的隆隆声组成一片单调的协调的音响……"①

环境里各种实际音响被细致入微地记录下来，通过后期处理，形成了特有的多层次环境音响，使观众仿佛进入炼钢厂这个十分真切的环境里，加强了画面的空间感和真实感，产生了巨大的艺术感染力。

（三）混合运用

1. 声音的互相补充

在电视作品中，当一种声音的表现力有局限性或感染力逐渐减弱时，改换或增加另一种声音，可以补充前一种声音力量之不足，有时与前一种声音共同说明

---

① ［美］迈·西米诺：《猎鹿人》，《电影世界》，1988 年第 5 期。

一定的问题。各种声音如对话、解说、独白、旁白、效果、歌曲、背景音乐等互相补充得恰当,可以大大增加画面的表现力。这种补充自然不是声音的画蛇添足,盲目堆砌,而是其画龙点睛之笔。当一种声音本身已能充分说明问题时,如果再任意添加另一种不必要的声音,不仅不能增加画面的表现力,反而互相限制,冲淡了内容本身对观众的感染程度。

2. 声音的互相转化

当画面上可能产生的写实音本身不能增加画面的表现力,甚至限制着画面的处理时,往往可以把它转化为另外一种格调上近似的写意音,成为所谓的"风格化音",用来提示画面内在的含义。其转换的方式主要有:

（1）写实的歌声转化为写意的背景音乐

这种转换方式可以使歌声和画面摆脱机械的相互关系,使人物的情绪自然而然地贯穿在一系列画面中,赋予画面以更为浓厚的感情色彩。如电影、电视中经常出现的,先由人物唱一首人们熟悉的歌曲(写实音),最后转为由整个合唱队员合唱,使其成为背景的写意音。获奖电视纪录片《侯家家事》中《小白杨》一歌就是通过这种方式由写实音转化为写意音的。片中,重病的父亲在病房里轻声哼唱这首自己喜爱的部队歌曲,当编导将父亲的同期声转化为带伴奏的合唱版《小白杨》并用做背景音乐时,画面随即摆脱了写实音的限制,出现了女儿在国庆阅兵场艰苦训练的镜头,加强了作品的感染力(图4-8)。应该注意的是,在作品中运用写实的歌声,必须首先从剧中的人物出发;而运用写意的歌声,则应考虑到电视节目的情节和节奏是否需要,是否允许插进一支歌曲。

图4-8　纪录片《侯家家事》中画面随声音转换

（2）声调运用转换

为了表现人物的内心活动或主观感觉,将某种效果声转化为声调近似的台词,或将某些台词转化为声调近似的音响效果,这种做法称为"声调用法"。如人物逐步远去,但声音仍就存在,并始终保持原有的声音量。

（3）动力用法

根据节奏上的近似,将现实音转化为音乐的做法称为"动力用法"。如在表现火车行进中车厢内的场面时,将火车发出的音响逐渐转化为音乐。这种处理方法,在艺术表现力上较之单纯采用音响或音乐要强得多。因为当火车的画面出现时,伴随着火车的机轮声、汽笛声,确实可以增加画面的真实感和气氛,但这些声音由于只是一些机械的声音,很难充分地表现人物或悲哀或喜悦的情绪,如果逐渐转化为节奏上近似的音乐,既能在观众的印象中保持音响效果所造成的环境真实感,又能发挥音乐的感染力,表达一定的内在情绪,同时,由于节奏上的近似,在转化的过程中仍给人以一气呵成的感觉。

"动力用法"特别有利于一系列对列镜头迅速转换的场面。在这样的场面中,短镜头越来越快地转换着,音响效果既不能完全不用,又不能大量采用,这就需要用一种音乐在不知不觉中逐渐替换掉某些限制画面的快速分切的音响效果,从而把一系列短促的画面贯穿起来。

 思考与练习

1. 电视人声的作用体现在哪几个方面?
2. 何谓声音造型?影响声音造型的主要因素是什么?
3. 电视音乐的基本作用是什么?
4. 保持声音在现实世界的真实感觉主要需要考虑哪几个方面问题?
5. 声画关系有哪几种主要结构形态?各自的作用是什么?

推荐阅读书目

1. 王红霞,《影视声音基础》,中国电影出版社,2004年。
2. 张凤铸,《音响美学》,中国广播电视出版社,1997年。
3. 周传基,《电影·电视·广播中的声音》,中国电影出版社,1991年。
4. 郝俊兰,《电视音乐音响》,中国广播电视出版社,1997年。
5. [英]怀亚特,《电影电视声音后期制作》(第三版),人民邮电出版社,2010年。

第五章 屏幕文字与电视特技

学习要点

　　屏幕文字和电视特技是电视节目的重要元素之一。本章主要对电视屏幕文字的类别、功能进行界定,着重讲解后期编辑屏幕文字的运用方法、技巧和规范;简要介绍后期编辑电视特技画面、图形图表及包装合成内容的制作要领。

第一节　屏幕文字的编辑运用

　　在电视节目中,保持画面、声音、文字的统一,有助于电视观众在整个节目的观看中获得"视、听、读"三位一体的理想体验从而更好地了解电视节目的内容。根据屏幕文字与画面的关系,屏幕文字可以分为画内文字和叠加文字。前者是前期拍摄时随画面摄取到的画幅内文字(如标语、门牌、报刊内容等),后者是节目编辑时制作人员根据节目内容表现的需要,叠加在屏幕上的文字。根据本书的定位,本章主要讲解后一种屏幕文字。

一、电视屏幕文字的基本作用

　　电视屏幕文字的作用很难用一两种标准说明,纵观目前其在国内外电视节目制作中的具体运用,不妨把它概括为以下几个方面:

（一）补充、说明画面

屏幕文字在电视节目中对画面的补充、说明，是指对节目内容以及画面造型语言上的补充、说明。由于受时间和图像符号自身的局限，一个电视节目往往不可能把所有的内容，都以画面的形式完整地表达出来，加之电视传播本身稍纵即逝的弱点，以及一些电视屏幕较小、清晰度较差，所以节目播出时，观众能够实际接收的信息是相对有限的。因此，利用文字的直观性，将画面中不曾表现或不便表现的信息做一个补充说明，对于电视观众完整理解节目内容是大有益处的。

（二）介绍电视节目的情节、内容

一部文学作品通常都有引言、情节梗概，以便于读者简单明了地知道作品的主要内容。同样，在一部电视作品中，必要的文字介绍也是不可缺少的。介绍电视节目内容的屏幕文字，可以帮助观众准确了解电视节目的片名、基本内容、主要情节等。

（三）转换场景，便于电视画面的组接

早在无声电影时期，利用屏幕文字进行转场就已十分普遍。在著名表演艺术家、美国演员卓别林的作品中，就多处采用这种简单的转场方式，如《摩登时代》（图5-1）、《城市之光》、《淘金记》等。有声电影问世以后，利用屏幕文字进行转场虽然有所减少，但仍有不少作品采用这种方式，如苏联早期电影《列宁在十月》，在表现时间流逝时，连续采取了几个整屏的屏幕文字，既起到了转场的作用，也便于迅速表明新的时间。这种做法至今仍被广泛使用。

图5-1 早期电影使用字幕作为转场方法

由于电视屏幕文字简单明了，无论是时间的流逝，还是空间的换转，都可以

用文字的单一描述来表明。在编辑制作节目时,使用屏幕文字进行电视镜头的组接,转换画面场景,是十分方便的。在很多电视节目中,都有以屏幕文字进行场景转换和内容转换的实例。

(四) 提示归纳节目的重点问题

在电视编辑过程中,为了突出节目中的某一重点问题,或需要提醒观众注意,除了在画面上采用大景别增强观众的视觉冲击力,以突出这部分内容以外,还可以利用屏幕文字配合某些特技功能(如时隐时现、闪烁等)来达到突出重点的目的。在节目结束处,还可以再次以文字的形式对节目内容进行归纳,如新闻节目中常见的"记者感言"、"编辑感言"等。

二、电视屏幕文字的种类

电视屏幕文字的种类有很多,许多在使用上是互相交叉的。同一内容的电视屏幕文字在不同场合,可能被认为是不同类型的屏幕文字。但总的来看,根据其实际功能和表现形式,屏幕文字的种类可划分为四大类别,即介绍类、说明类、提示类、转场类。

(一) 介绍类

介绍类即介绍电视节目内容的电视屏幕文字,通常安排在一部电视节目的开头部分,长短不限。包括以介绍电视节目名称、内容为主的屏幕文字,以介绍情节发生的时间、地点、历史背景为主的屏幕文字,以介绍创作人员为主的屏幕文学等。

例如,获奖纪录片《龙脊》即采用介绍性字幕作为开头(图5-2)。

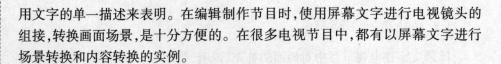

图5-2　纪录片《龙脊》的开头字幕

（二）说明类

说明类屏幕文字主要用来说明电视节目的创作目的、收看电视节目所要达到的基本目的,对观众观看电视节目的期待等。这一类的屏幕文字种类比较多,屏幕文字量有时也比较大,甚至可以包括几个整屏。

（三）提示类

提示类的屏幕文字用以提示节目中的重点内容、画面的重点内容。其文字长度可长可短。

例如,获奖纪录片《幼儿园》的开头就采用了提示性字幕(图5-3),以题记的方式提示观众这部作品关注的重点。

图5-3　纪录片《幼儿园》开头字幕

（四）转场类

这一类型的屏幕文字主要用来对节目中的某些剧情进行介绍,同时用来进行镜头的实际转换。具体包括:

（1）剧情时间、场景屏幕文字。

（2）转场词屏幕文字。

（3）剧情发展态势屏幕文字。

由于屏幕文字的种类较为复杂,所以在实际使用中,往往几种类型的屏幕文字形式会交叉出现。此外,电视节目中常见的屏幕文字形式还包括标题、唱词、制片信息等。

三、屏幕文字编辑制作的基本原则

要想制作好电视屏幕文字,应首先把屏幕文字作为整个电视节目制作中一个不可缺少的重要环节来看待,克服在电视节目中随意加插屏幕文字的做法。对于编辑人员来说,除了要具有较为熟练的硬件操作能力,还应具有一定的色彩学和美学的基础知识。在具体编辑制作中,应注意以下几个方面:

(一) 通俗、简洁

电视屏幕文字和报刊文字不同,其具有一闪即过,清晰度较差,缺乏保留性的弱点,加之电视屏幕本身较小,容纳不下过多的文字,因此,在制作屏幕文字时,每行最好不要超过 12 个汉字。超过了 12 个汉字,观众在观看时,就会感觉较为吃力,这样不仅达不到电视屏幕文字补充说明的作用,有时还会影响观众对电视画面的接受效果。在制作电视节目的标题时,应首先把这种标题和一般报刊文章的标题区别开,不要刻意追求大而全的样式,避免搞那种"形式美、语法美、结构美"的标题,而应遵循通俗、简洁的原则。

(二) 科学、规范

一般来说,电视节目的画面比电视屏幕文字的流动性要大,因此从某种角度看,屏幕上的"白纸黑字"对观众的影响更大。所以,屏幕文字在用词上要力求科学化、规范化。其主要体现在两个方面:一是文字内容应与画面相一致,应根据画面的具体要求,以画面为依据,避免出现画面和文字"两张皮"的情况;二是用词应准确、合理,防止观众产生歧义。

(三) 直观、醒目

屏幕文字的直观与醒目体现在两个方面:一是在文字内容上应能够很好地反映画面内容,或节目的重点,尤其是制作节目提示类屏幕文字时,更应该注意文字对电视观众产生的"第一印象";二是在制作中,应考虑文字的实际效果,即清晰度、视觉重点、文字颜色等一系列有关问题,保证屏幕文字的质量。

四、屏幕文字编辑制作方法

电视屏幕文字的制作是整个电视节目编辑中的一个重要环节。在制作字幕前,应对屏幕文字的数量、内容、要求、画面所需叠加屏幕文字的位置、屏幕文字的视频强度、出现的时间、时机、长度等有个总体规划,做到心中有数。针对不同的节目种类,对电视屏幕文字的制作与编导方法进行认真研究,并拟制一个总体提纲,主要内容包括文字的字体、文字的大小、排版格式、出入时机、出入的方式、显示时间长度、文字的背景色与文字色、文字的修饰方式等。

（一）电视屏幕文字的字体

当利用某一种汉字编辑软件将所需要的汉字编辑完成后,首先遇到的就是采取何种字体来加载屏幕文字的问题。有些人喜欢采取"随机应变"的方法,即到时再说,临时决定采取何种字体,这势必会造成很大的随意性。

对一个电视节目进行构思时,在进行分镜头剧本编写的过程中,就应将屏幕文字的制作当成一个重要环节看待,需要像构思电视画面语言那样来构思画面的屏幕文字,以提高屏幕文字的制作质量。

目前,很多非编中的字幕软件都采取基本字库加扩展汉字库相配合的方法,汉字的字体种类繁多,一般有三四十种,但由于使用环境不同,并不是所有的字体都可以采用。一般的电视节目最好选用宋体、仿宋体,这样整体画面较为正规,清晰度和可辨认度也比较高。有时也可以采用多种字体,甚至一屏出现多种字体,以提高画面的可视性,如黑体、行书、细圆、隶书、魏碑等。如果采用手写体,现代的字幕软件可以很容易地帮助你完成这一工作。但无论采用何种字体,一定要与电视节目本身的内容相结合,避免与内容表现脱节,影响节目的整体效果。

（二）电视屏幕文字的大小

字体的大小除了要考虑观众可看"清"这一基本要求外,还要根据电视机屏幕的自身大小而定。一般电视机每行在可视条件下,最多可容纳 14 个汉字左右,但为了避免过于满屏,造成对画面的遮挡,所以通常每行以 12 个汉字为好,但如果采用的是手写体,考虑到手写体的字体大小不一,所以还要更少一些,以便于观众辨认。有时,为制造爆炸性的效果,会使用较大的字号,当然,国家广电总局对于在谈话故事类节目中使用超大号字幕的问题,也有过专门的限制。

（三）电视屏幕文字的排版格式

电视屏幕文字位置的选定,也有一定的科学性。由于传统的电视屏幕比电影屏幕更小,更窄。这两个因素对屏幕文字的设计标准产生了深远的影响。即使大屏幕的电视机也比普通尺寸的电影屏幕小得多。相对较小的电视屏幕限制了能够被观众看清楚的文字的数量。有限的屏幕宽度意味着电视中的字幕不像在电影中那样有很多的展示空间,所以,它必须更接近屏幕的中央。

在设置屏幕文字时,应避免喧宾夺主,防止由于屏幕文字的出现,使画面的表现力被削弱。一般来说,不要把文字放在太复杂的背景上,如果一定要这样做,例如在现场直播的篮球比赛画面上加上球员的名字和比分,那就应该选择简单醒目的字体。当文字内容较少时,以屏幕的中部和下部较为合适,对于流动的文字,最好放置在屏幕的下部,因为流动的文字一般内容较多,持续时间较长,放置在屏幕的下部不会影响整个电视节目的正常播放。

当文字内容较多,需占用整个屏幕时,应将文字的整屏范围控制在整个屏幕的 2/3 部分,而留出 1/3 的"空白",并将文字的间隔适当留大,以便于观众看清整个屏幕的文字。在具体使用时,根据内容的需要,可以横排也可以竖排,一般每屏以不超过 3 行为宜。另外,标点符号可以打破正常报刊文字的排版格式的要求,以美观为主。当标点出现在一行尾部时,可以直接采用;当标点出现在一行开头时,可以删去这个标点,以免造成观众的错觉,同时也有利于增强画面整体的艺术效果。

(四) 电视屏幕文字出入的时机

根据电视节目内容的不同,屏幕文字出现和隐去的时机也各不相同。一般将其放在需要强调、说明的画面出现后几秒钟。如果是新闻标题文字,一般放在新闻播出后 5 秒 ~7 秒时出现较为合适。因为观众对电视节目的画面内容有了初步了解后,再加插屏幕文字,可以增加电视观众的记忆程度;但如果是简讯、快讯等超短新闻的标题,或人名、地名等说明性屏幕文字,也可与画面同时出现。而出现电视片名称屏幕文字时,则可以直接出现在画面开始处,有时甚至画面未出现时,屏幕文字也可以直接出现。所以,电视屏幕文字无论何时出现,都应该考虑具体的画面表现需要,不能墨守成规,生搬硬套。

(五) 电视屏幕文字显示的时间

屏幕文字显示的时间是以观众"看清、看完"为基本标准,即以观众读完整个电视屏幕文字的内容为标准。一般人读解文字时的速度是每秒 3 个字,在这个基础上,可以适当延长一些,以保证不同读解水平的人都能看清每一个字。一般而言,单行显示,含数个至十几个汉字,显示停留时间以 10 秒为宜;双行显示,每个单行含汉字 10 个左右,两行相加 20 个汉字左右,显示停留时间以 15 秒为宜。显示时间过长,文字会与画面争夺注意力;显示时间过短,观众又无暇顾及,因为观众对于提示性文字的感知,常常是借助视觉暂留原理和视野余光进行的,如果过分注视文字则会丢了图像,在二者不可兼得时,屏幕文字就要被舍弃。

但有些屏幕文字显示的时间可以不受这个限制,如为配合一些重要公报、声明的发布,或播出口播新闻,此时,屏幕文字可以上升为画面的主体,占据较长的显示时间。

（六）电视屏幕文字出入的方式

现代电脑字幕软件的发展水平，使得屏幕文字的出入方法、技巧大大增加，也更加引人入胜。但在实际制作中，应根据节目的具体内容有针对性地加以选用，切勿将一部电视片屏幕文字的出入方式弄得过于复杂，以至于分散了观众的注意力，消弱了节目的效果。一般来说，可以采取以下三种出入方式：

1. 硬切

硬切是电视镜头组接的一个术语，在这里指文字瞬间出现，中间无任何时间的过渡过程。这种方式在电视节目中使用得比较多。

2. 慢转换

慢转换本是电视镜头特技动作的一类形式，指的是利用电子特技机（软件）将一组画面按某种形式逐步取代另一组画面的一种有技巧的组接方法。在屏幕文字制作中，也常用这种方法出现和隐去文字。其具体表现形式是，文字逐步出现一段时间后再按同样的方法逐步消失。常用的技巧有化入化出、淡入淡出等。

3. 特技出入显示

在现代电视节目制作中，常将一些常用的平面特技动作固化在硬件上或采用软件的方法来增加屏幕文字出现的艺术效果，如飞入飞出、变形、拖尾等。这一类屏幕文字动态强烈，艺术手法多样，表现效果好，能给观众较大的视觉冲击，在具体制作中，可以适当选用，以增强节目的可视性。

（七）电视屏幕文字的颜色选择

文字的颜色选择也是制作中的一个重要环节。通常应选择和画面背景（即需叠加屏幕文字的画面）颜色相差较大的颜色为基本色调。如画面是黑色调，可以考虑选用白色、黄色等。

（八）屏幕文字制作中的修饰

在制作电视屏幕文字时，可以对屏幕文字本身以及背景等进行适当的修饰，这样做的主要目的是为了增加可视性。屏幕文字的修饰有多种方法，现介绍几种较为典型的修饰方法：

1. 背景修饰

为了增加屏幕文字的清晰度，我们往往要求画面的颜色尽可能深一些，以增大文字与背景的反差，但是由于屏幕文字所叠加的画面是不停变换的，有的画面颜色可能深一些，有些画面颜色可能浅一些，为了始终保持与屏幕文字色调相差较大的背景色，在制作屏幕文字时，可以根据准备叠加文字的大小，制作一个视频信号强度较小的背景信号叠加在画面上，而后再叠加上字幕，从而形成三层叠加的效果。这样无论背景色如何变化,屏幕文字都可以不受其色调的影响。为了防止这个制作的背景信号对画面产生遮挡,影响画面的正常观看,要求其强度一定要低,通常选用60%～70%视频强度的透明信号。如屏幕文字选用黄色,则可选用一个蓝色的透明信号做背景。

2. 字体修饰

为了突出节目的重点、难点,或出于其他特别的考虑,一屏屏幕文字上的字体与字型可以不按照统一的格式进行选择和排列,而是根据要重点突出的部分情节或内容,有意地加大某个局部字体的艺术效果,如可以采用空心字、倾斜字等。

3. 画线修饰

为达到突出节目重点的目的,除了采用不同字体,还可以采用在屏幕文字下画线、竖画线的形式。在整屏文字制作中,这种方法较为实用。

4. 布局修饰

一般情况下,屏幕文字主要排列在屏幕的中部与下部,但根据画面的总体布局,也可以将屏幕文字放在某一个角上,以提高整个画面的构图效果。为了策应画面变化的需要,放置在某一角上的屏幕文字也可以随着画面内容或背景色的变化,逐步移动到另一个角上,以求始终保持画面总体布局的协调,提升画面的整体美学效果。

5. 特技修饰

特技修饰是现代电脑字幕软件所特有的功能,用它可以增加屏幕文字的艺术效果,提高画面的可视性。如闪光修饰是在屏幕文字上进行类似探照灯一样的扫射,使屏幕文字的不同部位形成如闪光一样的效果,以加重某个局部的表现;还有的特技可以使屏幕文字自身放出金光闪闪的光芒,放在电视节目的片头,往往可以先声夺人,吸引观众的注意。

总的来说,应综合考虑屏幕文字的呈现方式,对于不同类型的节目也应相应有所变化。比如新闻节目,通常采用的字体有黑体、宋体、楷体等,字体端庄不显呆板,笔画张弛适度,看起来清晰舒适。这样整体效果既清晰又协调,采访同期声的字幕可以采用渐变色式半透明的色块制作成标版。考虑到新闻节目的紧凑感,字幕的切换方式一般可以采用比较干净、利落的硬切方式。

五、电视屏幕文字制作要求

在具体操作中,除依照有关的原则和制作方法,还应注意以下几个方面:

(一) 屏幕文字的出现不要过于频繁

如果一个电视节目中屏幕文字过多、过全的话,就很容易"喧宾夺主",影响观众对节目内容的理解和记忆。比如,在屏幕的一角显示正在播报的新闻主播,又同时有两三条信息以滚动条的形式横贯屏幕的顶端和底端,或同时显示地图、广告等,就会容易出现"信息超载"的问题。如果必须显示大量的信息,就应该依次进行,而不要同时显示全部内容。

(二) 防止出现错字、别字、多字、漏字的现象

在制作电视节目时,应注意不要因为工作失误,造成电视屏幕文字的错字、别字、多字或漏字现象,造成观众的误解。在制作前后,都应反复对照分镜头稿本,电视编辑人员要严格把关,杜绝这种人为因素造成的错误。

(三) 严禁使用繁体字和随意造字

在制作屏幕文字时,应注意不要使用繁体字。目前,我国对繁体字使用已有明确规定,所以,无论是采用机内字体,还是使用手写体,都应该注意这个问题。对于自行造字的情况也要严格控制,只有机内软件中没有的字,才可以自行造字,否则都不应该凭自己的喜好,任意创造出只有自己才能辨认的字。

(四) 特技使用应适量

现在的屏幕文字软件内都设置有大量的随机特技程序,这种特技程序在提升屏幕文字的艺术效果方面起到了很大作用,但特技屏幕文字的使用和出现时机都应该有适当的控制,作为电视节目的编辑人员,不能被眼花缭乱的特技表现形式所吸引,而要从节目内容的要求出发,合理选用特技。如在制作内容严肃的节目时,就应尽量不用或少用特技,而在制作内容轻松、活泼的娱乐节目时,则可多使用一些特技,以增加节目的趣味性和可视性。

总之,电视屏幕文字的编辑制作,应根据节目本身的要求,综合考虑文字长度、节目收视对象等多种因素,合理选用,以适应内容表达的需要。

第二节 电视特技制作

"所谓特技,即是镜头组合或画面构成不是通过直接切换,而是利用电子切换台、数字特技处理和电脑动画等技术完成,经特技处理的文字、图像改变了原有素材形态或画面构成,伴随着各种镜头连接方式、运动方式诸如翻转、移动、缩小、放大、旋转、变色、变速等,呈现出多种多样的视觉效果。"[①]在电视节目编制

---

① 王晓红:《电视画面编辑》,中国传媒大学出版社,2002 年,第 29 页。

过程中,必须充分认识特技这一电视手段的优势与特色,开拓性地运用新技术和新手段,创作出高质量的电视作品。

在专业电视制作机构,复杂特技一般由负责包装或设计的专门人员制作完成,考虑到普通电视编辑也应熟悉特技制作的基本常识,并承担简单特技的制作任务,在此对电视特技制作的基本内容予以简要介绍。

一、常用电视特技

(一)转场特技

在后期编辑时最常使用的电视特技手法是转场特技,即淡出淡入、化出化入、叠化和叠印、划、定格、翻转、多画面、马赛克、位移等。转场特技改变了传统的画面组合手段,在某种程度上还改变了"剪辑"的概念和传统时空转换的方式,一些特技形式甚至成为新的电视语言表达方式。详见第三章第五节。

(二)调整特技

调整是与合成相对应的概念,主要是针对独立电视画面或者其中某一个独立元素使用有关技术加以变换的过程。调整特技可以单独使用,也可以用来完成合成特技的前期基础工作,即通过各种操作使源图像适合于合成,如进行必要的较色、几何变换等。

常用的调整特技主要包括几何变换和滤镜两个大类。前者修改的仅是像素的位置值,如平移、缩放、旋转等;后者则是对于像素位置、颜色等参数的综合变换,如模糊、锐化、噪波、调色等。

(三)合成特技

所谓合成,"是指将多种源素材混合成单一复合画面的处理过程"[1]。其工作主要是在图像调整的基础上,通过各种手段使多个源图像合并到一起。这个过程既包含着技术手段,又有许多艺术方面的选择。借助合成特技,科学节目的主持人可以"置身"白垩纪丛林,电影节目的主持人可以"穿越"到老电影的镜头中。好的合成画面能够"无中生有",为电视节目"锦上添花"。

键控特技是运用较早、目前仍普遍使用的合成特技。常用的"抠像"就是其主要应用。抠像组合分为字幕抠像和人物抠像两种。字幕抠像是将字幕叠加到节目画面上,人物抠像是将人物叠加到节目背景画面上。在叠加过程中,叠加处

---

① 李昱、周进:《数字影视后期制作高级教程》,中国青年出版社,2001年,第10页。

的背景画面被消去。这在技术使用上称为"亮度键"或"色度键"。当播音员、主持人出像时,画面可能比较单调,此时可以运用抠像手法使屏幕效果更加丰富一些。如可以在播音员的右上方抠出一个"画中画",向观众展示该新闻的主体画面,也可以设计出一个个简洁明快的图片,叠加在播音员的右上方,这种形式类似于图像主题词。比如,这条新闻是关于公交车的,就叠加上一幅公交车的画面;是关于房地产的新闻,就叠加上一幅楼房的画面等。观众一看就知道播音员现在说的是什么内容。

类似的"画中画"特技在电视编辑中经常被用到,其功能在于增加电视画面的信息量,通过子、母两个画面或多个画面的合成,产生相互补充、相互佐证或两相对比的特殊效果。有时,其中一个画面与声音同步,另一个则与声音分离。在中央电视台纪录片《青春中国》(图5-4)里,编导使用了"画中画"特技,以子画面呈现年轻士兵入伍前的照片,与其在阅兵方阵中的近照进行对比。

图5-4 "画中画"特技带来的对比效果

二、计算机图像与动画制作

(一) 动画特技

随着电视制作技术的迅速发展,后期制作还肩负起了一个非常重要的职责:特技镜头的制作。特技镜头是那些依靠拍摄无法直接得到的镜头。无法直接拍摄到,一般是由于两个原因:一是拍摄对象或环境在现实生活中根本就不存在,或者即使存在也很难拍摄到,比如外星人,或已经发生的车祸,或涉及被摄对象的隐私;二是拍摄的对象和环境虽然在实际生活中存在,但无法同时出现在同一个画面中。要实现这些创意,就必须依靠动画特技。

根据国际动画组织(ASIFA)的标准定义:"动画艺术是除真实动作或方法

外,使用各种技术创作活动影像,亦即是以人工方式创作动态影像。"由于电脑科技的进步,许多过去必须使用模型和摄影手段完成的特技可以通过计算机三维动画制作完成。利用动画软件直接在电脑上绘制出来的动画,或者是在动画制作过程中使用电脑进行加工的方式,都已被大量运用。

比如,中央电视台纪录片《新丝绸之路》的编导就利用电脑动画复原了被损毁的伯孜克里克壁画(图5-5)。在这个精彩的段落,创作者发挥了数字技术的优势,将散布于世界各地的壁画残片和收藏品进行拼合,重新调整色彩,并"恢复"到洞窟中其原来的位置,让跟随镜头"走进"洞窟的观众似乎穿越时光隧道,重见几千年前的艺术奇迹。

图5-5 利用特技镜头复原无法实拍的画面

在电视编辑制作过程中,根据内容表现和情节讲述的需要,适当引入动画,有利于丰富电视视觉效果。如在再现交通事故的专题节目中,模拟事故发生过程的动画就能够简单、清晰地反映事发经过;而一些无法获取的画面在后期也可以借助动画予以"替代";在电视片的片头、片尾、字幕的特技显示等领域,动画也有着不可替代的作用。当前,在电视台或节目制作公司,动画制作一般由专门的制作人员或设计师承担,但对于电视编辑人员来说,由于需要对电视节目的整体效果把关,因此,也应熟悉动画制作的一般常识和方法。

(二)图表的设计与运用

使用计算机手段设计图表,已经成为电视编辑的一个重要方面。无论在电视屏幕上看到的图表如何变化多端,它们实际的目的都是:给出特别的信息,如节目的标题或演员的名字;告诉你事件的本质(有趣的、悲惨的、热点的、标新立异的、陈旧的);吸引你的注意力。而这三个目的往往还需要适当的音响效果予以辅助。

在新闻节目中常常使用的图表,就有助于形象展示数据的变化或不同的比例构成。在做新闻时,数字的对比是免不了的,仅是干巴巴地念数字,会让观众感到厌烦。如果采用圆柱体划分比例或箭头的指向来表示数据的增加或减少,就会形象很多;使用表格将两组不同的数据进行对比,也能显得直观明了。2012年,中央电视台《新闻联播》栏目推出《数字十年》专栏(图5-6),以系列报道的形式,展现2002年以来中国社会各个领域发生的巨大变化。其中大量的数字、数据就是通过计算机设计的图表配合动画来呈现的,让人耳目一新。

图5-6　中央电视台成就报道《数字十年》中的数据变化图形

　　类似的方法在纪实类节目中被大量使用。美国纪录片《超码的我》探讨了以麦当劳为代表的快餐业对人类健康的危害,为形象化说明这个问题,在开场不久,编导就以动画方式列出了两组数据(图5-7、图5-8)。图5-7为两个肥胖女孩的身高和体重数据对比,虽然真有其人,但编导使用了简笔画来展示人物形象,表现其随着年龄增长而急剧增加的体重数据;图5-8是以动画方式呈现的麦当劳在全球范围的经营地图,麦当劳标志伴随着快节奏的音乐迅速变成美元符号。

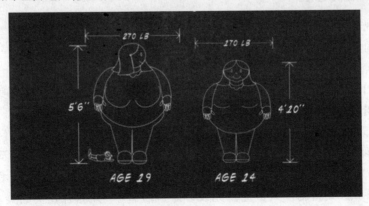

图5-7　纪录片《超码的我》中两个女孩身高和体重数据对比

图5-8　纪录片《超码的我》中麦当劳在全球范围的经营地图

　　图表生成的方式有两种，一是完全用计算机来创建图表图像，二是对原始表格图像进行捕获处理，如通过扫描仪进行数字化之后，再利用计算机进行处理。生成图表的常用设备包括字幕机、图形发生器（颜料盒）以及所需的各种软件。图形发生器由具有大存储空间和快速处理能力的高性能计算机组成。专用的软件包能即刻生成各种图形。一些图形发生器采用电子书写板和电子笔，使设计师能立刻将绘制的图像存储在计算机里。

　　在设计图表时要考虑信息密度与可读性的问题。如果同时显示的数据相互关联，并增加了有关的信息，尚有一些标准可以用来判断屏幕是否拥挤。例如，如果在电视购物节目中给一个特定的产品以特写镜头，并以图形的方式同时显示价格、折扣和订购电话，那就给观众提供了有用的服务。否则，尽管屏幕上出现了大量图表、图形、字幕，却给人以杂乱、拥挤的感觉。

三、电视包装

　　电视包装目前已成为电视台和各电视节目公司、广告公司最常用的概念之一。它的定义是对电视节目、栏目、频道甚至是电视台的整体形象进行一种外在形式要素的规范和强化。这些外在的形式要素包括声音（语言、音响、音乐、音效等）、图像（固定画面、活动画面、动画）、颜色等。包装是电视媒体自身发展的需要，是电视节目、栏目、频道成熟稳定的一个标志。

　　从宏观上看，电视包装有专门的栏目包装和频道整体包装。就节目层面而言，包装环节主要包括片头、片尾、角标、版式和字幕条制作，节目片花及宣传片制作等。节目包装设计需要大量运用特技画面与合成工艺，是一个技术与艺术并重的环节。编辑制作人员应预先设计好包装脚本，并拥有扎实的美术功底。包装的优劣，决定了电视节目是否精致，是否耐看，是否"抓人"，能否有效吸引观众;优秀的包装本身也是一件艺术品,是电视节目内容的重要组成部分。

在一些电视台或电视节目制作公司,有专门的包装编辑,但一般的编辑人员也应熟悉简单的包装技巧,比如角标的制作。在电视新闻方面,如果要想把一档节目做得精致,应该根据整档节目中的小专栏、小板块,制作一些精美而又简洁的角标,既对内容起到画龙点睛的作用,又大大增加画面的美感。角标一般由几个精炼的字和一些提示性的或抽象性的色块、图案组成,适时叠加在画面的左(右)下方,形成精巧、醒目、别致的图形标识。栏目片头、标题、角标,包括片尾滚动字幕都要兼顾整体色调,做到协调统一。

一套完整的电视包装要综合运用各类电视特效,使用特技镜头、图形与字幕、动画等多种手段,还需要恰到好处的音乐和音效配合。只有这样,才能和谐生动,让观众看了赏心悦目,达到好的收视效果。

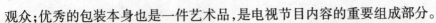 **思考与练习**

1. 电视屏幕文字的基本作用是什么?

2. 常见的电视屏幕文字有哪些种类?

3. 电视屏幕文字的字体、字号如何确定?

4. 电视屏幕文字的出现时机和停留时间如何确定?

5. 电视图表有何作用? 在后期编辑时如何科学使用?

6. 电视特技在电视编辑过程中有何具体应用?

推荐阅读书目

1. 叶建新,刘大宣,《电视美术概论》,中国广播电视出版社,2002 年。

2. 黄匡宇等,《电视节目编辑技巧》,中国广播电视出版社,2002 年。

3. 陈思善,《电视节目制作基础》(第 2 版),复旦大学出版社,1999 年。

4. 张舒予,周章明编译,《电视制作——技巧艺术训练》,复旦大学出版社,1997 年。

5. [美]赫伯特·泽特尔,电视制作手册(第 7 版),北京广播学院出版社,2004 年。

第六章　电视编辑的节奏控制

学习要点

　　本章主要讲解电视节目节奏的界定、特点、类型；详细介绍电视节目节奏基调控制的基本方法。其重点在于熟练掌握电视编辑中节奏的控制技巧，并能够在编辑工作中灵活地调整节奏，优化节目的视听效果。

　　对于电视编辑而言，对节奏的准确把握是电视片成功的一个关键性环节。不论是总体节奏还是段落节奏，不论是内在节奏还是外在节奏，对节奏的设计所表现出来的视听韵律都是为主题诉求服务的。形成和谐的节奏感是提高电视片质量，愉悦受众的重要手段。

第一节　电视节奏概述

一、节奏

　　"节奏"，原是音乐艺术用语，英文是 rhythm，源于古希腊文"rhy thmas"，节奏又可以从英文的"rhin"（流动）引申出来。我国古代的《礼记·乐记》中说："节奏，谓或作或止。作则奏之，止则节之。"意思是说，音响运动的一作一止，既交替出现又合乎一定的规律。

　　对于艺术品而言，节奏从情绪上感染欣赏者，直接影响着欣赏者的生理和心理变化。轻重缓急、交替变化的视觉或听觉元素引起观众肌肉的松弛与紧张，下意识地体验某种节奏的样式或速度，从而产生那种与之相伴随的情感体验。比如，在现代音乐中的节奏一词，意为"各音在进行中的时值上的相互关系"，即一些不同长短、强弱的音符交替出现，使音乐本身具有了轻重缓急的变化，从而感染听众。美国戏剧家亚力山大·狄思曾经就音乐节奏与情感的反应做过这样的分析：

每节三拍的总体感觉：平和、安静、舒适。
重点在第一拍：整齐、坚定。
重点在第三拍：轻快、扬逸。
重点在第二拍：回旋、滑翔。

每节四拍的总体感觉：规则、机械性、沉重。
重点在第一拍：沉重的下降趋势和死亡感。
重点在第三拍：轻快、流动。
重点在第四拍：沉着有力、富有反抗感。

每节五拍或七拍的总体感觉：零乱、不安。
每节六拍，重点在末拍时：庄严、崇高。
重点在第五拍时：紧张、激动。
短拍子表示激动、慌乱或活泼快乐。
长拍子表示消沉、呆板或镇定。

在美术作品中，节奏意味着"由运动的形式因素或色彩，以一种相同或相似的形式按一定规律交替出现的构成"，简单地说，就是利用线条的安排、影调的选用，造成观众的视觉美感。然而，艺术作品的节奏究竟是什么？迄今人们仍无法给予准确的描述，人们只能通过自己对不同作品的不同认识，感受到它的存在。正如我国清代著名戏剧理论家李渔所说的那样："此中微妙，但可意会，不可言传，但能口授，不能以笔舌喻之。"我们再以音乐为例。比如一个三拍子的音乐单元包括：某个单位的重复（每一小节都是三拍）；具有相等的时间延续（第一拍重，第二拍和第三拍轻）；具有时间和空间的尺度。

＊　　　＊　　　＊

— — —|— — — |— — — |

这三个部分归纳起来就是：节奏具有表现形式的重复；间隔时间的相等；轻

重音调的交迭,从而产生了节奏的感觉。那么,是不是具有了以上三个基本特征以后,就会有节奏的感觉呢? 应该说还不是。

(1) 只有当重复达到相当的次数时,节奏才能被感觉,而一两次重复是感觉不出什么节奏的。此外,节奏越复杂,需要重复的时间就越长久,越频繁。

(2) 节奏的时间感和空间感相互影响、相互转变。时间节奏中必然有空间的感觉,空间的节奏中必然有时间的感觉。就像电视节目当中音乐的节奏可以转化为视觉的节奏感觉一样,视觉上的节奏也可以产生类似音乐的听觉节奏。

(3) 节奏与动态、静态并无直接的联系。发动机运转是动态的,但并没有给人节奏上的感觉,而一幅舞台摄影尽管是静止的,但由于虚实相间的舞姿影像产生的运动感,依然能够在观众心中产生动态节奏感觉。

(4) 节奏与重复样式的简单与复杂并不直接关系。复杂的花纹可以使人眼花缭乱,但那仅仅是呆滞的节奏,而舞蹈家简单的舞步就能够表现出活的节奏来。所以"一个活的节奏里最要紧的第一是方向,从这个方向可以看出推动节奏的那个力的作用;第二是重点,就是在那个重复的款式中有一个一定的地方,永远得到强调,好比一行诗中韵律的重拍,好比板眼中的板眼。"[1]因此,重点在于体现变化,表现出节奏的起伏。

(5) 节奏有不同的样式,这体现为每一小节的拍数。比如有三拍的,四拍的,五拍的。节奏还有不同的速率。这体现为每一拍所占用的时间和各拍间的距离的长短。拍子越长,各拍间的距离越大,节奏就越慢;拍子越短,各拍间的距离越小,节奏就越快。

总之,凡要构成艺术作品的节奏,总离不开两个重要的因素。首先是空间和时间的因素,其次是力的因素。空间和时间的因素是节奏的外在形式,它通过视觉空间和听觉空间的感觉获得;而力的因素则是主要体现在表现元素的速度和强弱上。不同的节奏能够引起不同的感觉,也就能表达出不同的情调。不同门类的艺术,都是用其自身的造型因素和表现形式来构成自身节奏的。

二、电视节目的节奏

与其他的艺术门类一样,对于什么是电视节目的节奏,说法也不一致。有人认为节奏是电视艺术具有的"呼吸"功能;也有人认为节奏是直接作用于观众审美心理的"脉搏";还有人认为节奏是情感的蠕动,是力度与速度、强与弱、快与慢的外化形式,也是整个节目张力的调节器。我们不能想象没有节奏的电视节

---

[1] 张骏祥:《导演术基础》,引于刘书亮,《电影电影导演术》,北京广播学院出版社,1997 年,第 119 页。

目是什么样的。瑞典著名电影导演英格玛·伯格曼曾说过,在电影当中"节奏是至关重要的,永远是至关重要的……因为节奏无处不有。生活中的每一瞬间,尽管我们没有意识到,却总是处在这样一种或那样一种节奏中——呼吸、心跳、眨眼、昼夜的转换、破坏与创造的交替等。世界上的万事万物无一不存在着节奏。因此,艺术创造也理应建立在这一事实上。"①

尽管如此,要确定影视作品中节奏的实质,确实是很难的。这首先是因为各人对这个名词的解释彼此不同。与"100 个记者就有 100 种新闻的定义"一样,节奏注定了也会被描述成各种各样的形式。许多著名的导演都根据自己对节奏的理解,提出过各不相同的观点。归结起来,主要有以下几种:

(一) 时间说

"节奏——这是紧张与缓和、加速与放慢的正确重复的交替。""电影中的节奏问题——这就是动作(造型的动作和发声)在时间上合乎规律的安排问题,而想合乎规律地安排时间,就必须能够计量时间。"(库里肖夫)

(二) 等同说

如以德国汉斯·里希特为代表的德国表现主义电影理论就认为"电影即节奏"。

(三) 控制说

"节奏是从情绪上感染观众的手段。导演用这种节奏可以使观众激动,也可以使观众平息下来。"(普多夫金)

(四) 观赏说

"所谓影片节奏并不是指各个镜头放映时间的比例,而是指每个镜头的延续时间适应于该镜头所能引起并使观众感到满意的那种注意力的紧张程度。"(J. P. 夏基埃)

(五) 公式说

认为电影中的节奏类似于音乐中的节拍。当然不是指直接意义的节拍,即不是指重音与非重音的有规律的交替,而是指影片的"各个单位"的匀称的更

---

① [瑞典]英格玛·伯格曼:《没有魔力的魔力》,转引自《银幕技巧与手段》,林洪桐著,中国电影出版社,1993 年,第 398 页。

替,并以此作为构成节奏的基础。

尽管对节奏在影视艺术中的作用有多种说法,但有一点是共同的,即节奏是影视作品的重要艺术元素之一。

影视节奏不同于速度,有时节奏松而速度快,节奏紧而速度慢。但二者又具有不可分割的联系,有时相辅相成,有时则相反相成,表现为连续而又有间歇的运动。由于影视作品是时间和空间的复合体,节奏在影视作品中既表现在时间的流程中,又表现在空间的运动形态上。影视作品的节奏处理依据来源于生活,必须按照内容与形式的需要做出主观选择,并要求创作者对剧情叙述、人物心理和情绪有准确的把握。从这个意义上讲,剧作在一定程度上规定了作品的总节奏。

三、电视节目节奏的特点

(一) 主观的强迫性

尽管与电影相比,电视的主观强迫性没有那样强烈,但从节目的角度看,让观众看什么,不看什么,先看什么,再看什么,都是电视编辑主观创造的。因此编辑对电视节目的节奏起决定性作用。从总体上说,电视节目的节奏包括了情节、音响、画面、运动、表演、光影以及色彩等各个方面。当然不同的电视节目由于内容不同,不一定具有多种节奏的表现形态。如在新闻节目当中,内容本身便构成了节目节奏的基础。

(二) 一次性心理效应

电视与电影一样,既是造型的艺术,也是时间的艺术。与音乐一样,电视的一次观赏性决定了电视节奏具有一次性的心理效应,是通过一次性的完整传播,激发观众的心理变化。这种变化是连续的,不可中断的。抛开插播电视广告不说,一部单本的电视节目的播出需要具有一个完整的传播时态和传播过程。尽管电视的收视环境决定了电视观众不可能像电影观众那样专注,但电视节奏作为表现内涵的一种方式是无法通过断续的方式承载的。

(三) 综合因素形成的整体性

电视节目节奏是由综合因素形成的整体效果。节目的节奏渗透在表演、造型、声音和剪辑中,它通过情节的发展、演员的心理及言语动作、影像造型、色彩的组合与对比、镜头的角度与景别,以及长度与运动的变化、镜头与镜头之间的转换与组接,语言、音乐、音响的时值和动作的力度等方面来体现。电视节目的节奏也表现为多种艺术元素统一体的规律性,是视觉节奏和听觉节奏的有机结合体。

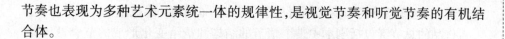

第二节　电视节奏分类

一、电视节奏的分类

正如无法确定什么是节奏一样,业界对于节奏的分类也各执一词。莱昂·慕西纳克把节奏分为内部节奏和外部节奏。他认为,内部节奏是"一种感觉,它在叙述性电影中决定于电影剧本的情节,而在电影镜头中却决定于视觉性主题。这种感觉借助于表演、布景、照明和各种场景而表露出来。"他进一步说:"内部节奏——这是镜头内部的节奏。外部节奏——这是镜头组接的节奏。"多宾说:"在这个定义中,重要的不是"内部—外部"的对立,而是把镜头内部的节奏和镜头组接的节奏划分开来。"①

夏基埃认为:"观众对每个镜头的感受,并非始终一样的。观众首先看清这个镜头,并决定它的地位:这可以说是开端。然后,观众抓住了这个镜头的基本意义,突出其中为情节发展所必需的手势、话语和动作,由此达到注意力最为集中的片刻。在这以后,注意力便逐渐减弱,如果这个镜头还停留在观众眼前,就会使人感到乏味和厌烦。如果每个镜头在注意力开始减弱的片刻及时中断,而代之以下一个镜头,那就能使注意力经常保持紧张,也就可以说,这部影片有着很好的节奏。因此,所谓影片节奏并不是指各个镜头放映时间的比例,而是指每个镜头的延续时间适应于该镜头所能引起并使观众感到满意的那种注意力的紧张程度。"②而多宾却认为,夏基埃偷换了节奏的概念,将节奏说成是各个局部的相称,各个局部的协调的联系,局部和整体的结构原则,而没有道出电影节奏的特性来。

但无论如何,不难看出,对电视节奏分类就像对给予节奏定义一样,是非常困难的。为论述方便,我们暂且给节奏做一个大致的区分。

(一) 总节奏

每一个环境都有每一个环境的特殊节奏,每一个人物都有每一个人物的特

---

① [苏]多宾:《电影艺术诗学》,中国电影出版社,1984年,第125页。

② [苏]多宾:《电影艺术诗学》,中国电影出版社,1984年,第126页。

殊节奏,但这些特殊的节奏必须服从于一个统一的节奏,这就是全片的总节奏。

作品的总节奏包括剧本中整个情节的结构和情绪变化形成的节奏,以及导演对整部作品的节奏风格的处理。如美国影片《生死时速》始终是一种扣人心弦的紧张节奏,直到片尾观众才终于松了一口气。而阿仑·雷乃的《去年在马里昂巴德》则是一种典型的缓慢、神秘、沉闷的节奏。电视作品与之类似,剧本的总节奏从宏观上决定了一部电视节目的节奏线。

(二) 叙述性节奏

叙述性节奏又称为内部节奏,它是指节目内容和人物情绪的发展状况,展示的是整个节目快慢缓急的进程。这是一种隐藏于可感受到的外部运动之中的内在运动的节奏因素。

在现实生活当中,人们通过眼睛、耳朵观察这个世界,但却只是接受这个世界的部分印象而已,同时所接受的印象速率也随着自己情绪的激动或平静而变化,但是他所看到的客观世界的节奏却是以不变的速度进行的。也就是说,客观世界的节奏是不变的,而人们对客观世界的心理感受节奏是随着人们心境的不同而在不断变化的。叙述性节奏正是以这种心理节奏的可变性为存在基础的。它不只是简单地记录事物的本身固有的发展变化速度,而是重现了作者内心情绪的变化过程。正如苏联电影理论家多宾所说的那样,叙述性节目的理想目标就是要沉浸到叙述过程中。这种节奏的任务,就是要自然又极富于感染力地展开事件。

(三) 视觉节奏

视觉节奏又称为外部节奏或造型节奏,是在电视节目当中以造型手段表现出来的,能为人们视觉直接感受到的节奏形态。视觉节奏是通过镜头画面形象表现出来的。场面调度、人物的表情、摄像机的运动、镜头的长短等一切诉诸视觉形象的画面所形成的合乎规律的运动,就构成了电视片的视觉节奏。

(四) 听觉节奏

听觉节奏是通过听觉形象表现出来的。人物的语言,环境中产生的同期声、音响、音乐等一切诉诸观众听觉的有规律的轻、重、强、弱交替出来的声音层次,就构成电视片的听觉节奏。

具体而言,听觉节奏主要是通过解说的修辞、音乐节拍、声音特效等实现。解说的风格和音乐节拍的选择是以电视片内容为基础的,是对片子视觉节奏的补充和情绪的烘托。因此,在配音、配乐时,要把握好解说词的服务性,配乐节拍要起到烘托主题的效果,但不要以配乐的节奏来控制和代替节目的内容节奏,使受众产生喧宾夺主的感觉,也不要因为解说和配乐的零碎或风格不同使受众对主题理解产生偏离。解说、配乐和效果声的使用一定要和主题内容叙述合拍,好的解说和配乐会使片子主题更突出,内容叙述具有更明显的章节和段落感。对解说词、音乐和效果声节拍的合理把握,不仅可产生和谐的韵率,形成节奏,而且会通过音乐特有的属性,感动观众的心灵,使他们产生共鸣和想象力。

(五)人物动作节奏

人物动作的轻重缓急产生的节奏是人物心理情绪的体现,正如斯坦尼斯拉夫斯基所说:"动作的速度节奏不但能直觉地、直接地暗示相应的情感和激起体验,而且能帮助我们创造形象。"人物的一个大幅度的手势或一个细微的表情传达的内心情感显然是不一样的,创造的节奏强度也不一样。

二、电视节奏感是内外部节奏统一的结果

从上述分类不难看出,电视片节奏的形成有多方面的因素。但不妨把一部电视片的节奏分为两大类:一类是内在节奏,是由电视片的主题和表述内容决定的,即叙述性节奏;另一类是外在节奏,是通过电视造型表现手段产生的节奏,它包括摄像机的运动、画面主体的运动、镜头剪辑组接、音乐以及转场特效的应用等因素形成的节奏,即造型节奏。

电视片整体节奏感的形成是由内在节奏和外在节奏共同作用产生的。内在节奏提供了电视片所表现主题和内容叙述的节奏因素,而要使这些因素被受众所感知,则必须通过外在节奏来表现。例如,同样10秒钟的叙事时间,表现一个持枪歹徒用手枪对准一个女人的情景。一种表现方式是用几个连续分割的镜头在弱女子和歹徒之间频繁切换;另一种是把10秒钟的时间内全都给一个镜头,让它始终对准女人惊恐的面孔或者是歹徒的手枪,甚至可以用镜头的逐渐推进造成歹徒随时可能开枪的感觉。就视觉节奏而言,前者频繁切换的画面比后者始终不动的镜头节奏要快得多。但是,它的心理节奏未必就能到达后者的效果。两相比较,或许后者会给观众带来更加强烈的心理恐惧感。因为,一个连续不断的临近危险的情景,比一个时断时续的面对危险的情景更容易引起观众的心理紧张。可见,控制好外在节奏能直接影响到内在节奏的形成,一部成功的电视片也必定合理地把握了内在节奏和外在节奏的和谐统一。内外节奏不和谐,甚至节奏相抵触,不但不能很好地表现思想,而且会使内容与形式分离,削弱主题的表达。对内在节奏和外在节奏的设计与把握是一部电视片成功的关键环节。电视编辑应力求在后期制作过程中使多种节奏元素与节目的内在节奏相吻合。

电视节目的内在节奏主要表现为事件发展的内部冲突的节奏,它是一种内在观念形态,只有通过审美的知觉去感知。内在节奏的确定是对电视片总体节奏感的定调,会直接影响到片子结构和外在节奏的设计风格,是全片节奏感设计的基础和灵魂。编辑人员对片子内在节奏的把握,是从文字脚本的文字节奏和拍摄环节的镜头运用节奏开始的。每一部电视片都有一个主题内容,编辑通过对片子主题思想和结构的安排,产生一个大致的总体预期效果和表述节奏。

不同主题的节目具有不同的风格,应运用不同的节奏来表现。如纪实性专题片《中华之剑》,该片反映的是中国边界线上的紧张、刺激的各种缉毒战斗案例,所以每集的节奏都设计得比较快;而写意性文献专题片总体节奏就常常设计得比较舒缓;纪实性的电视专题片《大京九》,以京九铁路建设为主线,全方位地反映了京九铁路建设的光辉业绩,既有紧张的工程决战场面的快节奏,又有抒情、动人情怀故事的舒缓、流畅的慢节奏。节奏的张弛有度,提升了电视片的艺术表现力和感染力。

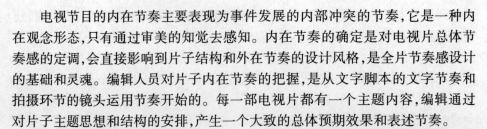

第三节　电视节奏影响因素

心理学反射机制认为,视觉艺术首先是利用视觉图像对眼睛产生作用,当作用达到一定的强度时,就会引起人们某种心理感受,而这种心理感受会随着这种强度的增强而增强。屏幕形象由于来自于现实生活当中,并且受屏幕时间的控制而被集中强调,因此当人们观看节目时,由于屏幕形象的影响,会不由自主地将平时的生活经验调动起来,形成感情活动的发展变化,并随着屏幕节奏的变化构成特有的感情因素。因此,普多夫金说过,节奏是从情绪上感染观众的手段。导演用这种节奏可以使观众激动,也可以使观众平息下来。

一、被摄对象运动对节奏的影响

被摄对象运动的速度、方向、幅度对视觉节奏产生明显的影响。画面中被摄对象运动快,观众就会产生较快的视觉节奏感;而被摄对象运动得慢,容易形成缓慢的节奏感觉。

在后期编辑中,如果前、后两个镜头被摄对象运动方向一致,可以产生平稳、流畅的视觉节奏感;如果前、后两个镜头被摄对象动作方向相反,则会产生跳跃、急促的视觉节奏感。此外,如果前、后两个镜头在运动中组接,则这种视觉节奏感加快,如果前、后两个镜头在被摄对象运动的暂停点上组接,则易使观众的视觉节奏感放慢。

二、景别变换对节奏的影响

（一）不同景别带来不同的节奏感

在一组镜头中,由远景、全景、中景、近景、特写产生的视距上的远近变化,其本身就构成了一种节奏。这种节奏是视觉上的,它和听觉节奏的共同点在于,都是以情绪发展为依据的。当一系列景别的变化和人物的内在情绪结合得较好时,由视距变化而产生的这种节奏可以使观众更明显地感受到人物内在情绪的发展,更易于被人物的情绪所感染。

不同的景别具有不同的感情色彩。远景冷静,全景松弛,中景活跃,近景紧张,特写激动。因此,当一个场面的冲突越来越强烈的时候,景别必然越来越小,情绪强度随之越来越高;当冲突越来越小,场面转入低落的时候,景别必然越来越大,情绪随之越来越松弛。

对标准固定镜头来说,不同景别看清楚镜头内容的时间是不同的。一般全景为7秒~8秒,中景为4秒~5秒,近景为2.5秒~3秒,特写为1.5秒~2秒。要根据表达的内容确定镜头长度。镜头长度不同,视觉节奏会有所差异。重大的会议新闻,如"两会"报道,内容严肃、气氛庄重,政治性强,抽象的理论多,节奏就应沉稳、舒缓,景别宜大不宜小,镜头宜长不宜短,推、拉、摇、移的速度要从容不迫。因为沉稳、舒缓的节奏便于观众去思考新闻的内容。但换成是"六一"儿童节的新闻,节奏就应该活泼、欢快,镜头宜短不宜长,可多用特写和近景,以表现孩子们的天真可爱。

景别不同表现出的动作可见速度是不相同的。这影响着节奏的发展速度及其含义。同样运动速度的主体,景别越大,运动节奏越慢;反之,运动节奏越快。

（二）景别进退句式与节奏变化

相同和相近景别的组接,容易造成节奏的一致,使节奏进行流畅;不相同的景别组接,易造成节奏流程的停顿,特别是大幅度的景别变化,会产生跳跃的节奏感。依据组接过程中景别变化规律的差异,可以形成不同的蒙太奇句子,也随之产生不同的节奏感。

1. 前进式的蒙太奇句子

通常把一组视距由远到近,画面由小到大、景别由大到小发展变化的句子称为"前进式的蒙太奇句子"。这种句子可以表现出逐步高涨的情绪变化。

比如在电影《红樱桃》一片中,女主人公楚楚在苏联国际学校向老师们介绍自己父亲被杀害过程的一段中,用了一个长镜头,视距由远至近,画面由小变大。

電視編輯理論與實踐

中景		楚楚面向鏡頭訴說
中近景	緩推	楚楚面向鏡頭訴說
特寫	緩推	楚楚面向鏡頭訴說
特寫		楚楚繼續訴說,淚水湧出

在這個長鏡頭當中,景別的變化非常緩慢,觀眾幾乎難以查覺,觀眾在聽著楚楚對往事的回憶,景別由大到小與楚楚情感的變化相吻合,造成了緊張的氣氛,策應了觀眾情緒越來越高的發展變化。

2. 後退式的蒙太奇句子

與前進式相反的連續句子,被稱為"後退式的蒙太奇句子"。即視距由近到遠,畫面由大到小,景別由小到大逐漸變化。這種句子一般是表現低沉、安靜或深遠的情緒。例如:

特寫	銅像的頭
近景	銅像的頭
半身	銅像
中景	銅像
全景	銅像

在這些鏡頭的轉換中,視距由近到遠,景別由小到大,銅像的頭在畫面中所占的面積越來越小,觀眾激動的情緒也隨著視覺衝擊的減弱,慢慢平靜下來。

3. 環形句子

將前進式和後退式句子結合起來,就產生了"環形句子"。例如:

全景	大家抬著受傷的戰友艱難地走著
中景	將受傷的戰友放在岩石上
近景	排長跪在他的身旁,直到他死去
中景	排長脫帽
全景	大家脫帽

這個蒙太奇句子的情緒發展是一種環形的結構曲線。當然也可以產生其他形式的複句。複句本身看似無規律,實則有其特定的規律。此外,單句本身也有長句和短句,也有節奏柔緩的句子和節奏強烈的句子。

三、镜头焦距变换对节奏的影响

摄像机焦距的变换能够形成不同的画面空间结构(景深和透视比)。因此，对于运动的物体，不同焦距的镜头在画面上会产生不同的可见运动速度，并形成不同的视觉节奏。

短焦距镜头在纵向可以形成比较明显的视觉透视效果，其实际的物理空间小于短焦距拍摄在画面中形成的纵深感。因此，当用短焦距拍摄纵向运动的物体时，被摄对象的运动感强，节奏加快，而拍摄横向运动的同一物体时，由于镜头的视场角较大，画面上运动物体的运动速度则显得相对较慢。

长焦距镜头在纵向上形成的视觉透视感觉要比实际的物理空间要小。因此，当用长焦距镜头拍摄纵向运动物体时，物体的运动感觉没有实际的运动快，节奏感放慢。而由于长焦距镜头视场角较小，如果拍摄横向运动物体，则物体的运动速度显得较快，节奏感增强。

四、构图形式对节奏的影响

电子扫描、人的视觉暂留等多种因素的作用，使电视具有了图像连续活动的幻觉。库里肖夫把绘画构图称为静态构图，而把电影统称为动态构图。电视与电影一样，通过运动使画面突破了固定画幅的限制，并通过有形的屏幕较为自由地表现没有边缘限制的客观现实。

比较而言，静态构图一般追求构图的完整性，讲究构图上的均衡，画面的稳定性比较好，易于表达出富于哲理的内涵，易于引人思考。与静态构图相比较，动态构图更加强调从场面整体结构上的综合考虑，强调承上启下的连续性，强调以一系列分镜头形象表现主题，在形式上也更加注重开放式原则，旨在渲染、烘托一种强烈的情绪和热烈的气氛。如把动态构图和静态构图结合起来，不仅会在视觉上、内容上产生一种张弛有序的节奏感，也可以使观众的情绪在沉闷时得以释放，在紧张时得以舒缓。

五、摄像机运动对节奏的影响

摄像机运动可以使画面产生强烈的动态效果，因此是影响节奏的重要因素。摄像机在摄像过程中，由于其自身推、拉、移、摇、升、降的变化，以及由于摄像角度和不同方位视点的变化，使人物在镜头内表现出不同方向和方位的运动，而运动的强、弱、快、慢等都能产生节奏。当摄像机运动速度加快，节奏感增强，反之降低。慢速的运动能够表现悲伤、沉重、忧郁、压抑的情绪，因此适应于低落的场面；快速的运动能够表现紧张、激动、惊异、兴奋的情绪，因此适应于冲突、对抗的场面。最能说明这一点的就是电影中的追逐场面。

在影片《红高粱》"野合"一场，在27个近景特写镜头中，摄影机不停地拉、摇、移运动，创造了高粱左右摇摆、光影闪动的节奏感，这种节奏感赋予九儿和"我爷爷"以强烈的情绪感染力，与他们张扬的个性和生命力是合拍的。

在选择推、拉、摇、移等拍摄的镜头组接时，应注意前、后两个镜头的运动节奏是否一致，如果不一致，就会产生总体运动节奏上的不协调感。

六、色彩变化对节奏的影响

不同的色彩作用于人的视觉往往引起不同的情绪反应，并在人心理上产生一种情绪强弱变化的节奏。在构思一部作品时除要考虑整体的色彩基调外，往往还要考虑色彩的变化与对比，以产生一种错落有致的节奏感，避免色彩节奏的单调。比如《红高粱》中那几段月夜的蓝色调镜头，就给人一种宁静平和的情绪感受。它同影片中红色造成的热烈、火辣辣的强烈的情绪感受形成一种节奏上的强弱变化。在安东尼奥尼的影片《红色沙漠》中，导演以红、灰、蓝、黑、黄、绿色彩的流动变化，在总的紧张、刺目的红色调中形成一种节奏变化，一方面这些色彩的变化是与主人公的情绪节奏相吻合的，另一方面它也在观众的心理上引起一种节奏感。

色彩变化造成的节奏给人一种相应的情绪、情感、气氛的强弱感受，不仅有利于表现剧中人物的情感趋势和倾向，而且有利于满足观众对视觉节奏的要求。

在电视色彩运用中，相同或相近的色彩，在画面上两次以上的再现即可创造最基本的视觉节奏。电视编辑人员可以根据需要使色块连续或继续出现，并经过相应的间隔之后重现第一次连续或继续的色彩形象。只要能使这些带有节奏感的色彩在画面上形成特定的线性连接关系，那么，观众就会本能地由于节奏的连接而感受到某种特定的色彩律动。单色与复色、直线与曲线、急促与平缓等节奏形式，都可以在画面上形成同时展开的主、副色彩节奏对比。总之，色彩的点、线、面和它们之间的间隔、转换等手法只要被创造性地运用，就会产生有生命力的色彩节奏。

七、后期剪辑对节奏的影响

慢镜头和快镜头的运用能人为地改变时间的持续长度，造成一种编辑想要的节奏。加快了的镜头往往制造一种紧张、戏剧性的节奏；放慢的镜头则是一种抒情、颂扬、沉闷、迟缓的节奏；快、慢镜头的结合使用则造成节奏上的强烈对比。

就像在美国纪录片《失去平衡的生活》里看到的那样，都市生活中人们上下班的情景由快、慢镜头分别加以表现，形成一种强烈的节奏变化，与影片"失去平衡的生活"的主题相契合，含义深刻。

剪辑中快切能形成一种急促的节奏，而"淡""化"等特技能造成一种舒缓的节奏感。镜头剪切的频率越快，情绪就越紧张、激烈，因此，冲突、对抗的场面少不了快速剪切。剪切的频率越慢，情绪就越平缓、消沉，因此，低落的场面应该使用慢速的剪辑。

在武侠或动作类型的影视剧中，使用快如闪电的剪接制造紧张的节奏，已成为一种标志性的做法。这种技巧被形象化地称为"暴雨剪辑"[①]。如胡金铨执导的武侠片《侠女》，在竹林大战中，导演用 1 分 50 秒 10 帧的叙事时间（从打手拔刀到最后倒地），56 个镜头的叙事空间，平均接近 2 秒一个镜头的剪辑节奏，演绎了这个武侠电影经典化的动作场面。而吴宇森导演的《英雄本色（2）》更是在 27 秒的叙事时间内，运用了 75 个镜头表现枪战，节奏紧张，令人目不暇接。在美国，新好莱坞电影代表作《邦尼和克莱德》的结尾，当警察围捕、枪击这对"雌雄大盗"时，从路人发现警察到邦尼和克莱德被击毙，导演一共用了 30 个镜头，时间 20 秒 18 帧，平均每个镜头只有 16 帧，堪称"暴雨剪辑"的典范。

八、音乐音响对节奏的影响

音乐音响本身就具有很强的节奏感，不同强弱长短的音乐音响构成了不同的节奏韵律。音乐是影响节奏的最重要的因素。音乐的节拍、音量、情调无一不对电视节奏构成直接的影响。电视编辑一般都会使用音乐来衬托或强化节奏。如果在一部片子里，有背景音乐部分，尤其是强节奏音乐的时候，镜头的剪辑组接要根据音乐的节奏来灵活处理。在强节奏音乐的重音处，可选择急推镜头或硬切。滑音处，可选用推或拉镜头。这种剪辑的目的是为了画面与音乐节奏和谐统一，形成形象直观的视觉效果。

当音乐与画面以不同步的节奏形式出现时，通过声画不同节奏的对比，往往能创造出一种强烈的节奏感和冲击力。在阿仑·雷乃的纪录片《夜与雾》中，音乐节奏是集中营歌曲缓慢沉重的旋律创造的，而画面节奏则是希特勒坐在敞篷车上进入柏林城疯狂、急速的运动镜头创造的，这两种节奏的对比使强节奏越强，弱节奏越弱，表现了法西斯的残暴和人民深重的苦难。

音响的大小、高低和节拍就像音乐一样，也是节奏的重要组成部分。音

---

① 贾磊磊：《"暴雨剪辑"：中国武侠动作电影的剪辑技巧及"标志性"节奏》，《北京电视学院学报》，2005 年第 4 期。

响的合理运用往往能加强节奏感,渲染气氛,揭示人物的心理状态、情绪情感等。

九、人物语言对节奏的影响

人物的语言也能创造节奏。说话速度、音量高低、语气强弱、音质、音色的不同,都能创造出不同的节奏感。

第四节　电视编辑的节奏曲线

总的说来,电视节目的节奏可以表现为平稳、对比、重复、跳跃、流畅、凝滞、停顿等形态,并常用高低、快慢、紧松等术语称谓。编辑人员应在统一构思下首先确定好全片的总体节奏,并同时注意处理好每一单元的内部节奏。

由于电视总体节奏是统领各部分段落情节节奏的结构性节奏,因此,在设计节目节奏曲线时,首先要把握好总的节奏基调,并把各部分统一组织起来。结构总节奏可以通过电视作品创作的各个环节来体现,而脚本构思是总体节奏设计的总纲,节目的节奏往往在这里有个粗略的轮廓,创作中的所有环节都应该依据脚本构思来实现。

一、节奏基调

所谓节奏基调,是指电视编辑在创作中运用各种表现方式,使视觉空间和听觉空间在速度和力度上具有某种一致性,观众能明显感受到节目的节奏安排和节奏倾向。

节奏基调的确定一般要根据内容和情绪两方面的要求而定。作品要表现的内容性质通常是确定节奏基调的基础,而创作者所赋予的某种情感性质则是影响节奏基调确定的主观因素。因此,在节奏基调的安排上,要分析被反映对象发展变化的速度和力度,以及它本身动态因素的大小,以此来确定节目的节奏基调。苏联戏剧家格·古里叶夫认为,戏剧的节奏是在剧情发展的基础上,沿着贯穿行动线的连续不断的运动产生出来的,因此,把握总节奏就是找出戏剧事件与它所对应的情绪强度的关系。也就是说,应根据事物、人物发生的对抗、矛盾冲突来决定节目的节奏基调,并在交待性场面、过渡性场面、冲突性场面、高潮性场面、低落性场面和陡落性场面上,把握好各场面节奏以适应总的节奏基调。

（一）交待性场面

常常出现在开头或每个段落的开头，一般用来交待地点、环境、人物个性和人物关系。由于矛盾冲突还没有开始，心理情绪比较平静，其戏剧张力和情绪强度都比较平缓，因此宜于使用中速的节奏。

（二）过渡性场面

只是为了从一个场面过渡到另一个场面，其自身往往没有什么戏剧动作，因此需要用平缓的中速节奏。

（三）冲突性场面

角色之间展开了语言的、动作的或心理的对抗，因此需要较快的、尖锐的、短促的节奏。

（四）高潮性场面

剧情已发展到最高峰，各种势力的对抗等达到最强烈、最尖锐的程度，因此需要把节奏立刻提上去，以形成紧张、激烈的戏剧张力。

（五）低落性场面

在一个紧张的场面过后，往往需要接一个低落场面，把紧张的情绪松弛下来，以防止紧张场面持续时间过久，引起观众情绪的疲劳。

（六）陡落性场面

陡落性场面与低落性场面在性质上是同质的，但其低落的速度和强度都大大强化。常常用在比较强烈的冲突与对抗之后，急促的节奏陡然下降，变成松弛、平缓的节奏。有时在激烈的冲突到来之前，突然来一个陡落性场面，往往会起到欲扬先抑的反衬作用，使后来的冲突显得更加强烈。

应该说，任何电视编辑都会根据自己对剧本的理解，以及创作意图去设计节目节奏基调。从这个意义上讲，对同一个故事的表现，不同的编辑采用的节奏基调可能完全不同。因此，节奏基调的确定只有在故事的框架中，根据内容和相关过渡场面进行总体考虑，没有固定的模式可循。

二、节奏曲线

电视作品的感染力是由内容、表现方式等多种因素形成的"感动调子"决定的。这里的"感动调子"是由内容形成的"内容调子"、剪接形成的"剪接调子"以及后期编辑所采用的特定形式形成的"情绪调子"三个因素决定的。因此,设计节奏变化曲线就是要重点考虑这三种调子曲线。

（一）内容调子曲线

内容调子曲线是由画面的内容和造型元素产生的,包括情节含义、演员表演、构图、线条、光线、音乐等因素。根据内容调子而确定的镜头长度称为"叙述长度"。

在蒙太奇句子或段落中,除快速剪辑以外,每个镜头吸引观众注意的速度,以及使观众完全看清画面内容的时间,往往由于镜头景别的不同、画面内容的不同而差别很大。同样的内容,用视距远的镜头来表现,时间需要长一些;而用视距近的镜头来表现,时间就要短一些。同样的景别,如果画面的构图复杂,光线较暗或动作缓慢,其时间需要长一些;如画面的构图简单,光线明亮或动作迅速,其时间就应短一些。依据上述种种因素所确定的镜头长度,即叙述长度。叙述性的镜头,其时间短于叙述长度则不能使观众充分看清画面的内容,其时间超过叙述长度则使观众感到镜头冗长、拖沓。而在紧张、激烈的冲突场面中,台词应该短促,音量应该提高,抑扬顿挫应该强烈,应答应该越来越快,动作的幅度应该加大,速度应该加快,表情应该明确、严峻。在交待性场面和过渡性场面中,这一切则应在正常状态体现出来;在低落性场面和陡落性场面中,这一切则应减缓、削弱、台词拉长、音量降低、动作缓慢。

（二）剪接调子曲线

剪接调子曲线是在后期编辑中通过对一组对列的短镜头的快速剪辑形成的。每一个分镜头的长度有一种互相比较的关系,这种比较长度可以在观众的视觉上造成一种"震惊感"。当每一次镜头变换对观众所产生的震惊尚未消失以前,下一次的镜头变换已经来到,那就使每一次的积累效果增到下一次的效果上去。这样一次次的效果积累起来形成一定的气氛,这种由剪接因素所形成的曲线称为"剪接调子"曲线。

剪接调子曲线的形成主要通过剪接的频率变化实现。剪辑频率也叫剪接率,是指在后期编辑过程当中,完成一个段落或情节所需要的镜头的总量。一般而言,完成一个段落所需要分镜头数量越少,则这个段落的节奏越慢;相反,同样叙述长度的分镜头数量越多,则视觉感觉节奏越快,节奏感越强。换句话说:单位时间里镜头转换得越快(即镜头越短),剪接率越高;镜头转换得越慢(即镜头越长),剪接率越低。

如果在一定的镜头段落中,镜头长度越来越短,镜头变换越来越快,则称为剪接的加速度;反之,如果镜头长度越来越长,镜头变换越来越慢,则称为剪接的减速度。

对剪接率的控制是形成片子节奏的重要手段之一。比如:表现抒情内容或宏大的场面,宜用较长的镜头组接;表现强烈动感或表现欢快、紧张等气氛时,则宜用较短的镜头。逐渐加快剪接率可以造成不断高涨的气氛。

如果剪接率过慢,观众震惊感的增进速率不能超过其消失的速率,那就不会产生积累的效果,也就无法形成逐步递增的剪接曲线,最终,观众震惊感的总值就等于零,也就是说观众没有震惊的感觉,也没有感到节目强烈的节奏变化。相反,如果剪接率过快,当每次镜头变换对观众所产生的震惊感尚未开始增进时即已被切断,则同样不能造成积累效果,其剪接调子的总值同样也等于零。

当然,这种由剪接频率变化对观众所产生的震惊感不可能永远无限制地增长。当积累效果增长到一定的程度时,约制效果就会逐渐产生,直到它将积累全部抵消。因为除了通过逐步缩短镜头长度,加快镜头的变化对观众形成震惊积累效果以外,还有一个因素影响着剪接调子曲线的发展,那就是观众熟悉了的镜头变换时间。在分镜头组接过程中,如果观众逐步适应或熟悉了每一个镜头的时间,那么尽管镜头变化比较快,也不可能对观众造成进一步的震惊感。因此,减少约制效果而助长积累效果的方法,就是使每个镜头产生"比较长度",即从第二个镜头开始,逐渐加快剪接率,使镜头长度有规律地一个比一个略短,以便加快节奏。由于"比较长度"的实际效果主要表现在短镜头的迅速转换中,因而其应用范围只能限于视距相近、画面内容分量相等、共同表现同一思想或感情的一系列对列镜头上。

现在我们通过改变剪接率,对下面一组镜头进行组接。试比较两种不同的编辑方法产生的不同节奏效果。

第一种编辑效果:

全景　火车停在车站上,机车的烟囱冒出了浓烟(15秒)

中景　司机拉动驾驶杆(5秒)

中近景　活塞慢慢地往复移动(16秒)

全景　火车慢慢向前开动(20秒)

全景　火车加快了速度(17秒)

全景　火车加快速度向前行进(15秒)

近景　机车的烟囱冒出浓烟(5秒)

中近景　活塞迅速地来回移动(7秒)

中近景　车轮发出连续的喀嚓声(5秒)

全景　火车以极大的速度向前飞驰(10秒)

全景　车厢很快地向前奔驰(8秒)

中近景　活塞飞快地来回移动(5秒)

近景　车轮飞快地转动(4秒)

远景　火车消失在转弯处(17秒)

第二种编辑效果：

全景　火车停在车站上,机车的烟囱冒出了浓烟(10秒)

中景　司机拉动驾驶杆(7秒)

中近景　活塞慢慢地往复移动(5秒)

近景　机车的烟囱冒出浓烟(4秒20帧)

中近景　活塞迅速地来回移动(4秒15帧)

中近景　车轮发出连续的喀嚓声(4秒)

中近景　活塞飞快地来回移动(3秒20帧)

近景　车轮飞快地转动(3秒15帧)

中近景　活塞飞快地来回移动(3秒5帧)

近景　车轮飞快地转动(3秒)

中近景　活塞飞快地来回移动(2秒20帧)

近景　车轮飞快地转动(2秒15帧)

中近景　活塞飞快地来回移动(2秒)

近景　车轮飞快地转动(1秒20帧)

全景　车厢很快地向前奔驰(6秒)

全景　火车以极大的速度向前飞驰(8秒)

远景　火车消失在转弯处(15秒)

按第一种方式编辑,镜头的总长度比后一种编辑方式要长。然而,后者所产生的节奏感却明显大于前一种编辑所产生的效果。通过不断减少一组内容、景别相同镜头的时间,产生"比较长度",形成了剪接加速度调子曲线,加速了观众的心理节奏,提高了影片的节奏感。

通过改变镜头的时间,形成"比较长度",还可以使静态画面产生运动感,形成剪接的加速度,使观众产生心理比较,达到化静为动的目的。比如下面的这组编辑：

全景　人民英雄纪念碑(6秒)
近景　战士呐喊的脸(3秒20帧)
特写　战士握枪的手(3秒15帧)
特写　喷出火焰的枪口(3秒15帧)
近景　战士奋力划水的手(3秒)
近景　破浪的船头(2秒20帧)
特写　战士的眼睛(2秒15帧)
特写　梢公的脸(2秒10帧)
特写　战士受伤的额头(2秒10帧)
大特写　战士射击的眼睛(2秒5帧)

有时,利用剪接率节奏还可以使很一般的镜头产生特殊的韵味。比如把两个景别内容都相似的连续动作镜头交叉组接,每个镜头不到0.5秒,则会在观众眼前同时形成两个形象的视觉暂留,两个活动形象同时出现,给人一种快中带慢的节奏效果。

(三) 情绪调子曲线

在后期编辑过程当中,可以依据叙述长度或情节的发展确定镜头何时转换。但是如果要表现出剧中人物情绪或拟对观众的心理产生某种特定的影响,镜头的长度往往不能用一般的叙述长度来处理,而需要以人物的内在感情或景物所表达的情绪因素来确定镜头的长短,以抒发人物或节目内容未尽的情绪,同时留给观众感知和联想的空间。这种叙述内容长度称为"情绪长度"或"抒情长度"。

苏联著名导演爱森斯坦在其经典影片《战舰波将金号》中,对情绪曲线的把握就非常成功。在"敖德萨阶梯"(图6-1)一段,战舰波将金号起义后,开进了敖德萨港口,罢工的码头工人和市民派代表去慰劳起义的水兵,沙皇统治者便利用这个机会对无辜的人民进行武装镇压,展开了血腥的屠杀。

为了分析"敖德萨阶梯"这个场面节奏的方便,现将这个场面(自母亲与婴儿摇篮车出现后)摘录如下:

镜头1 近　士兵射击,向群众逼近
镜头2 全　奔跑的人群从守护婴儿车的母亲身旁跑过
镜头3 全　士兵前进
镜头4 特　母亲惊恐的脸
镜头5 特　婴儿车车轮欲动

图6-1 《战舰波将金号》中"敖德萨阶梯"片段

镜头6 全　母亲守护婴儿车

镜头7 全　士兵前进

镜头8 特　母亲惊恐的脸

镜头9 近　士兵行进的腿

镜头10 中　士兵射击

镜头11 特　母亲中弹痛苦的脸

镜头12 特　婴儿车欲动

镜头13 特　母亲惊恐的脸

镜头14 特　母亲的手痛苦地抓住腰带

镜头15 远　骑兵驱赶人群

镜头 16 特　母亲的手紧抓腰带(同镜头 14)

镜头 17 特　母亲往后倾倒的头部

镜头 18 特　母亲的头倾向画面下方

镜头 19 近　母亲倒下,婴儿在车上哭号

镜头 20 特　婴儿车动了一下(同镜头 12)

镜头 21 特　士兵行走的腿(同镜头 9)

镜头 22 近　士兵前进

镜头 23 近　士兵前进

镜头 24 近　士兵前进

镜头 25 近　士兵前进

镜头 26 近　士兵前进

镜头 27 近　母亲倒下

镜头 28 近　母亲倒下,撞动了婴儿车

镜头 29 特　婴儿车滚动

镜头 30 远　奔跑的人群

镜头 31 远　骑兵驱赶人群

镜头 32 全　奔逃的人群,有人翻过铁栅栏

镜头 33 中　母亲倒地

镜头 34 近　婴儿车滚动

镜头 35 近　车轮滚下阶梯

镜头 36 特　婴儿车轮滚动

镜头 37 近　老妇惊恐的脸

镜头 38 近　婴儿车滚动

镜头 39 全　婴儿车向台阶下滚动

镜头 40 全　婴儿车向台阶下滚动

镜头 41 全　骑兵驱赶人群

镜头 42 近　倒地的母亲尸体

镜头 43 全　婴儿车滚动

镜头 44 特　老妇惊恐的脸

镜头 45 特　婴儿车滚动

镜头 46 特　一个男人惊恐的脸

镜头 47 全　奔逃的人们

镜头 48 特　婴儿车滚动(同镜头 45)

镜头 49 特　男人惊恐的脸

镜头 50 特　婴儿车滚动（同镜头 45）

镜头 51 特　婴儿的脸

镜头 52 特　婴儿车滚动（同镜头 45）

镜头 53 特　婴儿的脸

镜头 54 近　士兵向群众射击

镜头 55 特　男人惊恐的脸

镜头 56 中　婴儿车滚下台阶

……

这个情节十分单纯，如果仅从叙事的角度上看，就是沙皇军队镇压群众，如果按正常的内容调子处理，也许只要拍摄几个沙皇士兵开枪，人们惊慌逃跑的镜头就够了。但导演爱森斯坦并没有这样做，而是紧紧抓住了这个场面中敖德萨阶梯与婴儿摇篮车这两个影响观众的情绪点，充分利用短镜头相接，使这两个情绪点成为调动观众情绪，影响观众心理节奏的重要因素。整个段落场面由 155 个镜头组成，放映时间约 5 分 30 秒。给观众的视觉感受和心理感觉是速度快，节奏紧，冲击力强，重表现，多用短镜头，有的镜头甚至只有三四格。特别是在后半部分，导演更是紧紧抓住婴儿车从阶梯高处滚下这一情节：母亲牺牲了，沙皇士兵疯狂地射击，人群四处奔逃，互相践踏，婴儿车滚下去了，婴儿生命已处于千钧一发之时，让观众为婴儿的生命担心。爱森斯坦在最后 56 个镜头中，反复重现婴儿车滚下的镜头（共 22 个，其中特写和近景镜头 15 个）。尽管从整体看，增加了时间长度，但由于镜头短促，大大提高了节奏，满足了观众的心理期待。

就像人在不同的情绪状态下会有不同的心率一样，不同情绪的表达需要有不同的节奏形态。镜头长短所表现出来的节奏是个很复杂的东西，它的形成是多种因素作用的结果，在表现形态上也是复杂的。通常愉快、兴奋、激奋等情绪表现为一种较快的节奏，而忧伤、无奈、悲痛等情绪会表现为一种较缓的节奏。然而在一种复杂的情绪下人的表现方式也就不单纯了。如高兴或伤悲到了极点，又会表现一种相反的形态，用一种慢的节奏表示欣赏，或用一种快的节奏表现一种过度的伤感等。许多时候又会因为情绪的复杂和起伏不定，需要呈现一种流动变化的综合节奏形态。

在电视剧当中，叙述是形成节目节奏的主要手段。故事情节线的发展变化，对观众的心理影响很大，因此，节奏曲线主要依靠调节内容调子把握。而在纪录片创作中，外部节奏的意义经常会大于叙述性节奏因素。因为外部节奏既是控制纪录片结构形态的重要依据，又是吸引观众的主要手段。所以，在电视专题片或纪录片当中，除了依据内容调子控制节奏的曲线发展变化外，更多地要依靠剪接调子。

总之,在节奏曲线的设计上,既要从内容调子出发,依据情节变化发展节奏,又要考虑剪接调子和情绪调子的因素,综合把握节目的节奏。

思考与练习

1. 什么是节目剧作的总节奏? 总节奏包括哪几个方面?

2. 景别变换对视觉节奏有哪些影响?

3. 什么是节奏基调?

4. 剪接调子曲线如何设计?

5. 请用所提供的素材组接出两个情节,分别表现出"前进式蒙太奇句子"和"环形蒙太奇句子"所产生的节奏感。

镜头 1 全景　火车停在车站上,机车的烟囱冒出了浓烟(27 秒)

镜头 2 中景　司机拉动驾驶杆(18 秒)

镜头 3 中近景　活塞慢慢地往复移动(23 秒)

镜头 4 全景　火车慢慢向前开动(8 秒)

镜头 5 全景　火车加快了速度(6 秒)

镜头 6 全景　火车加快速度向前行进(4 秒)

镜头 7 近景　机车的烟囱冒出浓烟(7 秒)

镜头 8 中近景　活塞迅速地来回移动(5 秒)

镜头 9 中近景　车轮发出连续的喀嚓声(4 秒)

镜头 10 全景　火车以极大的速度向前飞驰(5 秒)

镜头 11 全景　车厢很快地向前奔驰(6 秒)

镜头 12 中近景　活塞飞快地来回移动(3 秒)

镜头 13 近景　车轮飞快地转动(4 秒)

镜头 14 远景　火车消失在转弯处(10 秒)

推荐阅读书目

1. 邵长波,《电视导演应用基础》,中国广播电视出版社,2000 年。

2. 刘书亮,《电影电视导演术》,北京广播学院出版社,1997 年。

3. 王心语,《电影电视导演艺术概论》,科学技术文献出版社,1993 年。

4. [乌拉圭]丹尼艾尔,《电影语言的语法》,中国电影出版社,1981 年。

5. [苏]多宾,《电影艺术诗学》,中国电影出版社,1984 年。

第七章 电视编辑的色彩运用

学习要点

本章主要介绍色彩的基本属性，讲授色彩在电视节目中的地位和作用，重点探讨电视编辑如何利用色彩反映主题、表现含义、艺术化地再现生活。

色彩是一种视知觉，是光作用于眼睛的结果。人的色彩知觉能引起人的某些心理反应，而且这些反应对人们具有普遍性的意义。对于电影、电视来说，色彩的出现不仅仅是一次技术上的革命，更重要的是由此带来的新的创作手法。歌德说："一切生物都向往彩色。"马克思也说过："色彩的感觉是一般美感中最大众化的形式。"因为，"色彩诉诸感觉、触发感情、激励想像。"①这正是包括电视编辑在内的所有传播者、艺术家研究色彩艺术规律的原因。

第一节 色彩学基础知识

色彩直接影响着观众的收视感受，电视编辑人员应该熟悉关于色彩的常识。

一、光与色

现代光学及色彩学认为，光是太阳向宇宙辐射的一种电磁波，色彩是物体对

---

① 李广元：《色彩艺术学》，黑龙江美术出版社，2000年，第21页。

光照反射的结果。人们见到世界上物体的不同色彩,皆是因为光刺激眼睛产生了色彩。电磁波的波长范围极宽,最短的电磁波为宇宙射线,最长的电磁波为交流电波。在整个光谱带上,有些电磁波人们可以看到,而有些则无法用肉眼看到。因此,光可分为可见光和不可见光。而可见光又分为复合光与单色光。

可见光属于电磁波中较短的波。在可见光中,红色光波最长,它的波长约780纳米,然后依次缩短,到紫色光的波长为380纳米。光与电磁波具有完全相同的性质。由于视觉能够接受780纳米～380纳米波长的电磁波的刺激,并具有分辨力,因此能够看到颜色。

17世纪,英国著名物理学家牛顿用三棱镜揭开了色彩的奥秘。当白色日光从狭缝照入黑暗房屋,穿过玻璃棱镜,棱镜就会将白光分离成红、橙、黄、绿、青、蓝、紫各种颜色的光,当这些色光投照在白色墙壁上时,我们就会在黑暗之中见到与彩虹有相等颜色秩序的光谱色。而当被分离的红、橙、黄、绿、青、蓝、紫等色光再次经过三棱镜时不再发生分光现象,仍为红、橙、黄、绿、青、蓝、紫色光。这些色光就被称为单色光。单色光构成了色彩的基本色相,展示了多姿多彩的大千世界。

二、色彩的三要素

自然界中各种物体的色彩极为丰富,彩色电视画面的颜色也十分丰富。我们鉴别、评价色彩主要是依据色彩的三要素,这就是色调、亮度、饱和度。

(一)色调

色调是指不同颜色之间质的区别。具体地说,就是各种不同颜色的名称,如红、绿、蓝、青、品、黄等,有时也被称为色别或色相。它是由彩色光在可见光谱上的成分决定的。人眼分辨颜色数量的能力是有限的,不同色调除对人的视觉产生影响以外,还对人的情绪、心理产生一定的影响。不同色调所引起的心理反应是不同的。由于人们对颜色各有偏好,因此,即使是同一色调,也会产生不同的心理效果。除此之外,颜色还有强与弱、静与动、轻与重之分。

(二)亮度

亮度用来表示颜色明亮程度,即对人眼所引起的明暗感觉的程度。一是指同一色调因物体表面性质的影响以及光照强弱的不同,而产生的明暗、深浅的差别。如:黄色中有浅黄、中黄、深黄,绿色中有明绿、绿、暗绿等。由于同一色调明亮程度的差异,颜色便有深浅变化的层次。其次,不同色调各自具有的亮度也不一样。在可见光谱的所有色调中,黄色亮度最高,而作为黄色补色的蓝色、紫色的亮度最低,红色、绿色的亮度居中。

(三)饱和度

色彩的饱和度也可称为颜色的色度、强度或纯度,它表示色彩的浓淡、鲜艳的程度,是指色彩的色觉强弱。一般说来,如果某一色调的颜色中彩色成分较多,而消色成分(白色或灰色)较少,色彩越鲜艳,色彩视觉效果就越强,饱和度就越大;反之,如含有消色成分多,颜色纯度就低,色彩就越清淡,饱和度就越低。物体表面色彩的饱和度取决于光线的性质和该物体表面的结构以及对光谱辐射的选择性吸收的程度。

(四)色彩三要素的关系

同一色调的色彩明度取决于所含消色成分的多少。含白色成分越多,亮度越大;含黑色成分越多,亮度越小。不同色调的色彩亮度大小取定于对人眼三种感色纤维的刺激量和三种感色纤维对相应原色光的敏感性。由于人眼对绿光最敏感,对红光次之,对蓝光较差,因此,在物体亮度相同的情况下,总是觉得绿光显得亮些,蓝光显得暗些。由于黄、青、橙三色含绿青光成分,所以看上去亮度大些;而紫色含有蓝光和红光,所以看上去亮度小些。

亮度和饱和度的关系更为密切。一般说来,同一色调中,亮度和饱和度的变化是统一的。当亮度改变时,饱和度也随之改变,但亮度过大或过小,其饱和度都降低,只有亮度适中时,饱和度才最大。从理论上讲,同色调中也存在着亮度不同而饱和度相同的情况,但给人的感觉,总是亮度大的颜色看起来更鲜艳些。

三、固有色、非固有色和消失色

在谈到色彩时,我们常常会涉及三个概念,即固有色、非固有色和消失色。了解这三个概念是十分重要的。

所谓固有色是指能代表物体属性的色彩。一般而言,固有色是不能轻易改变的,固有色改变意味着物体性质发生改变。一些物体的色彩并不能代表物体的属性,如家具色彩,有黄色、白色、灰色等,这种可以任意改变的色彩往往被称为非固有色。

第三个概念就是所谓的消失色。消失色就是黑、白、灰。在日常生活当中,很多人是把黑、白、灰排除在色彩外,认为它们没有颜色,认为带有单色光特征才算有色彩。如果灰色看上去有绿色倾向,人们就会将它看成是灰绿色,认为有色彩,而当一种灰色完全看不出任何单色光倾向时,就不把它当作色彩看待了。其实,正是由消失色构成的无彩色体系与由单色光构成的色彩体系的组合,才构成了人类世界完整的色彩体系,而它们的区别仅仅在于是否带有单色光的倾向。对于人的视知觉与心理反应而言,消失色一样具有重要的意义。

这里我们想进一步比较一下固有色与非固有色。前面我们提到,比起非固有色来,固有色是不能轻易改变的,固有色改变意味着物体性质发生改变。但是固有色在外界色彩的影响下,也可以使人产生视知觉上的一些变化。由于人们日常生活经验的感受,在提到橘子时,想象的是一种带红的发暖的黄色。英文里"orange"既可以译为"橘子",也可以译为"橙色",此时,是把橙色当成橘子的固有色了。为什么人们对某种物体会有这种特定色彩的感觉呢?显然,这种感觉是建立在白色日光照射下识别橘子色彩的经验基础上的,是人们在一种日常环境下对某一种物体色彩的概括,是一种抽象的结论。

然而,当外部环境发生了变化,这种概括与抽象也会发生变化。比如,同样是橘子,当它被绿光照射时会显示出灰暗的土色,橘子在白光下建立起的固有色特征就会消失。这说明,任何物体的色彩并不是一成不变的。任何物体的表面都有一种物理特征,可以吸收某种波长的光,反射另外一些波长的光。例如:红色表面,具有主要反射红光的性能,同时微弱反射邻近的光谱色,吸收其他色光;绿色表面以反射绿光为主,同时微弱反射邻近的光谱色,将其他光谱色吸收掉。所以我们看到了红色和绿色。这是白光照射下的情况。如果我们用红光照射红色表面,会使红色表面反射红光的单一性更强,红色的鲜明感也就更强;如果用绿光照射绿色表面,也会加强绿色表面反射绿光的单一程度,绿色表面会更加鲜艳明亮。但是如果用绿光照在红色表面上,情况就完全不同了,因为红色表面接收不到可以反射的红光,它把绿光完全吸收掉,结果是红色表面在绿光照射下变成了黑色。同样的道理,红光照在绿色表面上,绿色表面也将变成黑色。由于物体对这些光线产生了或吸收或反射的物理变化,所以,人对物体的某种色彩感觉也会随外部光照的影响发生变化。正是由于固有色来自人认识现实色彩的经验,是对现实色彩特征的概括和抽象,所以把它用于具象艺术或设计的色彩表现时,就带有极强的现实主义特征。固有色是一种最具普遍意义的色彩形象,用它来反映现实生活就是再直接不过的手段了。

固有色、环境色和光源色的相互混合使人产生了不同的色彩感觉。物体色彩的冷暖,一方面取决于物体的固有色,另一方面也取决于光源——环境的影响。其变化规律是:

(1)受光面的色彩是由物体固有色与光源色相加而成的综合色。如果光源色的色感较弱,则决定物体受光面色彩的冷暖倾向即以固有色的冷暖为依据。反之,则以光源色的冷暖为依据。

(2)物体背阴面的色彩是由物体固有色与环境色相加而成的综合色。如果环境色的色感较弱,决定物体背阴面色彩的冷暖倾向即以固有色的冷暖为依据;环境色的色感较强,决定物体背阴面色彩的冷暖倾向即以环境色的冷暖为依据。

（3）物体中间部分的色彩是由物体固有色、光源色与环境色三者相加而成的综合色,但以固有色为主。这是因为它所受的光不是直射光,且环境色的反射作用也较弱。

四、色彩透视变化

空气介质的影响可以使画面色彩产生不同的透视变化。距离物体远近不同,物体的固有色也会发生变化,例如:同样一面红旗,距离近就鲜艳,距离远就晦暗;同样一座山,距离近看上去显得翠绿,而距离远则感觉显得青紫。同样,一种色彩的物体,其饱和度不相同,距离近差别就明显,而距离远则显得不明显。这些现象,都属于色彩的透视变化。其原因在于距离不同,空间所阻隔的空气密度有厚薄之别,再加上空气的干湿和浊清也有异,所以色彩的透视变化就分别在色彩的饱和度、色别和明度上表现了出来。

在通常情况下,色彩的透视变化是有规律的,并可概括如下:

（1）物体距离近,色彩的饱和度大;距离远,则色彩的饱和度小。

（2）物体距离近,色彩的色别趋向偏暖;物体距离远,色彩的色别趋向偏冷。

（3）物体距离近,同一色彩色浅的明度高,色深的明度低;物体距离远,色浅的明度减弱,色深的明度增强。

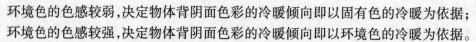

第二节　色彩的心理感觉与情感意义

色彩本身是没有灵魂的,色彩就是一种客观存在,但是这种客观存在却可以使人们在心理和生理上受其影响,并激发一定的情绪和感情。不同的电视色彩给人不同的感受和联想,而这种由色彩感觉所引起的情感变化和对客观事物的种种联想,就是"色彩的感情"。

一、色彩的心理感觉

色彩的心理感觉来自色彩的物理光刺激对人的生理产生的直接影响。科学家发现,颜色能影响脑电波,脑电波对红色的反应是警觉,对蓝色的反应是放松。有人做过这样的试验:在几个房间内涂上各种不同的颜色,结果在不同颜色的房间里,人们有不同的感受与反应。在红色房间里,人的血压升高,心脏的跳动加快,情绪不安定,不愿意工作;在青色房间里,血压降低,暮气沉沉,失去活力,工作效率明显下降;在黄色房间里,人感到眼睛受到强烈刺激,不能进行运动量较大的活动;在绿色的房间,人感到舒适安宁,感情处在柔和、平静的状态。现代心理学已经明确地肯定了色彩对人心理的影响。

人对色彩的这些感觉并非是由于色彩的实际物理温度,而主要是基于人对色彩的错觉心理分类而致,是人们的视觉经验与心理联想作用的结果。根据这种错觉心理分类,人们将可见光分为两大不同的体系,即冷色体系和暖色体系。对于波长长的红色、橙色、黄色等色彩,人们会有暖和感;对于波长短的紫色、蓝色、绿色,人们常常觉得比较寒冷。冷色与暖色除去给我们温度上的不同感觉外,还会带来其他的一些感受。具体表现在以下几个方面:

(1) 色彩具有重量的感觉。人们常常感到暖色轻,冷色重。

(2) 色彩具有体积上的差异。暖色常被人称为膨胀色,而冷色则被称为收缩色。

(3) 色彩具有透明度强与透明度弱的感觉。人们常常感觉暖色体系透明度强一些,而冷色体系透明度弱一些。

(4) 色彩具有距离(空间)上的感觉。同样的物体位于同一空间坐标,暖色调物体感觉距离近,而冷色调物体感觉距离远。

(5) 色彩还具有湿度上的感觉。暖色湿度小,冷色湿度大。

此外,色彩的明度与纯度也会引起对色彩物理印象的错觉。一般来说,颜色的重量感主要取决于色彩的明度,暗色给人以重的感觉,明色给人以轻的感觉。纯度与明度的变化,还可以给人色彩软硬的印象,如淡的亮色使人觉得柔软,暗的纯色则有强硬的感觉。

在电影诞生的初期,尽管黑白电影并没有物理性质的色彩,只是用黑、灰、白的消色阶调来反映世界,但是,观众却从中感受到了蓝天、白云、绿树、红花一切外部世界的色彩,这就是艺术的假定性。

与绘画、照片相比,电影、电视色彩的独特性体现在哪里呢?为何影视作品的色彩感受更让观众心动与向往呢?因为,无论是绘画中还是在照片里,"我们看到的是僵硬的静止不动的东西,而它的本质却是变化和运动。夕阳西下不是一幅画,而是进行中的一件事。当太阳沉入地平线时,远方的彩霞在天空千变万化,一会儿弥漫到我们习惯的视野之外。当绿色的田野织上了金黄色霞光,黄昏的地平线开始光彩照人时,我们感到,仿佛一个异国他乡的另一种穹窿展现在我们面前。紫罗兰色、金黄色和红色的各种景象躁动、不断地交替变换着。只有电影,彩色电影才能还原色彩的叙事诗。"巴拉兹在比较电影色彩与绘画、照片之差异时进一步说到:"画家也无法描绘出一个小孩脸红的过程。画出一张脸变成苍白的过程是不可能的,而只能画出苍白的状态。同样,画出波浪拍击时色彩的变化也是不可能的。"①巴拉兹的结论是,色彩的特性在于其运动性。而正是在影视色彩运动的过程中,我们的情感发生了一系列的变化。

二、色彩的情感特征

色彩并没有生命的意义,但人们却能够感受到色彩的情感。色彩的情感就是色彩的表现性,是由色彩的各种特性和属性所决定的,是人们的生理心理性质和社会功利性质联系起来后而引发的情感。

人们长期生活在一个色彩的世界中,积累着许多视觉经验,当知觉经验与外来色彩刺激发生一定的呼应时,就会在人的心理上引出某种情绪。一般红色象征力量、爱情、革命、暴力;白色象征纯洁、神圣、生命;黑色象征严酷、死亡、悲痛;黄色象征光明、欢快、轻浮、尊严;蓝色象征平静、冷酷、安详;绿色象征生长、和平、生命、希望等。

当然,这些象征意义并不是绝对的,它受国度、民族、地区、时代、职业,以及不同的文化和艺术修养、不同的心绪、感情等诸多方面的影响,同时也受外来文化的影响。比如,地域不同民俗风情不一样,人们对色彩所持的态度也不可能相同。同是红色与绿色相配,四川人认为"丑得哭",而湖北人则认为是"看不足"。不同民族对色彩的象征意义感受也是不同的,我国汉族把红色当作喜庆的象征,习惯于用红色的服饰来装扮新娘,而在西方国家,新娘则要穿上白色的礼服。人们的心绪不同,同样的色彩会产生完全不同情感感受,同是红叶,有人看它"霜叶红于二月花",而分别之人则会产生悲伤之情,"点点滴滴皆是离人泪"。年龄不同对色彩的感受也不一样,落日红霞在年轻人的眼中是美好与温暖,而在老年人眼中却流露更多的"夕阳无限好,只是近黄昏"之情。文化程度不一样,对色彩的感受与喜好也相去甚远,我国农民喜爱鲜艳夺目的红、黄、绿等原色配置,而知识分子则讲究淡雅和谐。随着不同文化的相互交流,色彩的情感特征也会随着不同文化之间的交流而在不同的民族中产生共同的心理象征意义,比较典型的就是,过去中国人习惯以黑、灰、白表示悲伤,以红色表示喜庆,而现在中国城镇居民已经普遍认可了白色中渗透出的清新、高雅、无暇的爱情意义,新娘的白色婚纱已成为不可缺少的礼仪性装饰。

尽管多种因素都使色彩对人的情感产生微妙复杂的影响,不过科学家也发现,总体上看,人们对色彩的情感特征的把握仍有许多相同之处。研究表明,男性、女性、黑人、白人对色彩几乎有相同的好恶,其顺序为蓝、红、绿、紫、橙、黄。美国科学家培廉的研究也表明,成年人对色彩的好恶为蓝、绿、紫、黄。

---

① [匈]巴拉兹·贝拉:《可见的人,电影精神》,中国电影出版社,2000年,第224、225页。

除红之外，基本一致。相比之下，一般男子喜欢亮度较低较沉静的色彩，如蓝色；女子喜欢亮度较高、较鲜艳的色彩，如红色等。下面研究不同色彩的情感因素。

（一）红色

红色是强有力的色彩。现代抽象绘画创始人康定斯基说："当然，每一种色彩都可以是冷的，也可以是暖的，但任何色彩中也找不到在红色中见到的那种强烈的热力。"尽管这样，"它只在自身之内闪耀，并不向外放射很多的能量，它具有一个成年男子的成熟性，它的激情冷酷地燃烧着，在自身之内储集着坚实的能量。"①

红色在整个可见光谱当中波长最长，穿透力最强，是兴奋的色彩。心理学家的科学实验表明，红色能够使肌肉的机能和血液循环加强。这恰好符合颜色心理的效果：相当于长波振动的暖色能引起兴奋的感觉，给人冲动、鼓动、激情；红色是好斗的色彩，使人联想起战斗、革命、红旗；红色也是喜庆的色彩，中国人用红色来表达喜庆。红色就像炽烈燃烧的火焰。在黄绿色底上，它像冒失的闯入者，激烈而又寻常；在橙色底上，它似乎被郁积着，暗淡而无生命，好像烤干了似的。此外，由于红色光波长，穿透力强，视度高，作为一种警醒色很合适，红色是血与火的象征，又具有一种激烈、紧急、危险的涵义。所以世界各国都用红色作为报警、报急、报讯器物的颜色，如红色信号弹、消防车、交通信号灯、信号旗、红十字标志等。

（二）橙色

橙色的波长仅次于红色，是由黄向红转化的色彩，它也同样可以使人产生脉搏加速、温度升高的感受。橙色基调是暖色，具有热烈、光明之感和温暖的特征；橙色与金色接近，具有高贵、尊严、富丽之感。同时，橙色又是十分欢快活泼的光辉色彩，是暖色系中最温暖的色，它使我们联想到金色的秋天、丰硕的果实，因此是一种富足的、快乐而幸福的颜色。橙色稍稍混入黑色或白色，会成为一种稳重、含蓄又明快的暖色，但混入较多的黑色后，就成为一种烧焦的色；橙色与蓝色的搭配，构成了最响亮、最欢快的色彩。橙色亮度、纯度低时也与冷黄色一样具有消极意义，如枯萎的植物、贫瘠的黄土高原，就是这种橙黄色。

（三）黄色

黄色是亮度最高的色，在高明度下能保持很强的纯度。在中国文化里，黄色代表着古老、灿烂、辉煌，富有太阳般的光辉，象征着照亮黑暗的智慧之光；黄色有着金色的光芒，因此又象征着财富和权力，是中国古代皇权的象征色，如"黄袍""誉黄""黄屋""黄旗"。淡黄有一种幼嫩、稚弱之感，未出嫁女孩称为"黄花闺女"，三岁以下的儿童称为"黄口"。黄色又象征丰收，如黄灿灿的稻谷、油菜花、葵花。但黄色也有消极意义，主要是指那些纯亮度都比较低的黄色，枯黄落叶、黄色沙漠、腊黄的脸等，这种黄色均具浊、暗、深的特征，色调逐渐从暖向冷转化。相比而下，黄色在西方文化中就没有在东方文化中所受到礼遇高。在西方文化中，黄色是判逆，是色情。康定斯基曾说过，黄色"从来就不具深奥的意义，无异于一种十足的废物"，但能够表现出凶暴的和狂乱的疯狂。那些非常明亮的黄色简直有点像"那刺耳的喇叭声"①。

（四）绿色

绿色是植物的基本色彩，也是生命之源——阳光和雨水（黄与青）的基本综合色。它是最具生命力的色彩。绿色的亮度中性偏暗，色温介于青与红之间，它本身是冷暖偏中性的色彩，有温柔、舒适、和平、安全、亲切之感。如我国邮递工具均用绿色，以示平安畅达。西方橄榄枝表示和平友谊，绿色交通信号表示平安无事，可以通过为"绿灯"。室内的绿色油漆墙裙，绿色窗帘除避免污垢和遮挡阳光外，还有减少刺激，消除疲劳，镇静安神之功能。

绿色很宽容、大度，无论蓝色或黄色渗入，仍旧十分美丽。鲜艳的绿色非常美丽、优雅。黄绿色单纯、年轻；蓝绿色清秀、豁达。含灰的绿色，也仍是一种宁静、平和的色彩，亮度高的浅绿、嫩绿处于新绿乍起、阳光明媚的茁壮时期，具有鲜活、清新、生动的生命意义。翠绿等饱和度高的绿色更具兴旺茂盛、朝气蓬勃、健康向上的美感。总之，绿色基本上是积极、健康、优美的代表。

但绿色在亮度、纯度降低时，也有其消极性，如森林浓密处之深绿，绿色磷火有幽暗恐怖感，如眼睛、皮肤发绿为病弱征兆，食物长绿霉表示腐败变质。

（五）青色

青色纯度较高。基督教绘画里的天空常用青色，圣母服装用青色，青色虽冷，但含生命之源，具有高贵朝气、活力之意，年轻人称为"青年"，年轻时光被称

---

① ［美］鲁道夫·阿恩海姆：《艺术与视知觉》，中国社会科学出版社，1984年，第470页。

为"青春"，挺拔的松树称"青松"，均有不老之意。此外，表示流传久远，长存于世，被誉为名垂"青史"。青色是冷色，对于人的情感来说也有消极性，有时它象征冷落、凄凉、忧郁、寂寞、孤独、贫寒甚至恐怖，如脸色发青、青面獠牙等。

（六）蓝色

蓝色与红色对立，是博大的色彩。宁静、优雅、沉着、冷清、深刻、神秘、思考。海洋清澈透明，天空开阔舒展，呈湛蓝色，所以常称蓝天碧空如洗，"春来江水绿如蓝"。无论深蓝色还是淡蓝色，都会使我们联想到无垠的宇宙或流动的大气。蓝色是最冷的色，使人联想到冰川上的蓝色投影。蓝色在纯净的情况下并不代表感情上的冷漠，它只不过表现出一种平静、理智和纯净而已。真正令人的情感冷酷悲哀的色，是那些被弄浑浊的蓝色。

（七）紫色

紫色是可见光谱中波长最短的可见光。纯度低，光度低，又是红与青的混合色，是冷暖强烈对比色的强制性结合。红色热烈兴奋，青色沉静抑郁，混合成的紫色便处于矛盾不安的动荡之中，情绪不稳，性格双重，加上光度深暗，纯度浑浊，寓有阴暗、险恶、悲哀等意味。约翰内斯·伊顿对紫色做过这样的描述：紫色是非知觉的色，神秘，给人印象深刻，有时给人以压迫感，并且因对比的不同，时而富有威胁性，时而又富有鼓舞性。

当紫色以色块出现时，便可能产生明显的恐怖感。歌德说："这类色光投射到一幅景色上，就暗示着世界末日的恐怖。"我国民间有"青蓝紫，不如死"之口诀，也是指这一点。如伤口发紫，龙胆紫是溃烂肮脏的色块，讲"红得发紫"意在走向反面，变质变坏。所以紫色以消极意义为主。

当紫色深化暗化时，是蒙昧迷信的象征，蓝紫色表现孤独与献身，红紫色表现神圣的爱和精神的统辖领域。由于紫色内含有红色，纯度较高的浅紫色亦有某些积极意义，如紫檀木、古代丞相佩带"紫金带"、北京的紫禁城，均有高贵、尊严之意。

三、色彩的象征意义

在电视节目当中，除了可以利用人们对色彩的心理错觉产生相应的心理感受，我们还可以赋予色彩情感特征，使之具有象征意义。当色彩情感进一步升华时，能深刻表达人的观念和信仰，这就是色彩的象征性意义。从原始社会起，人类就懂得使用色彩来表达某种象征性的意义。在今天的世界里，不同的民族，都拥有自己的色彩语言。象征性的色彩是各民族在不同历史、不同地理及不同文化背景下的产物,既有共性又有个性,构成了人类文明的重要内容。

当人类生活发生巨大的变动,心灵中存有伟大而深沉的内容时,色彩就成了他们不可缺少的精神寄存空间。黑色在西方葬礼上倾诉着对死者的哀悼,远远胜过语言的表达;在中国人的葬礼上,白色则把人们的哀伤投向虚幻的空灵和对生命的企望。当大块面积的黄色和青黑色装饰的普陀山庙宇呈现在你的眼前,那虔诚的朝圣者背着同样的黄色与青黑色的挎包从你眼前走过时,一种无形的、超凡的、灿烂的色彩感觉与那朝圣者的心灵协同起来;青黑色是那样的理智、冷漠、空无,像永恒的宇宙深奥无垠。这是两个极端对立的色彩,但却同样深沉、有力,彼此刺激着对方把力量无限扩大,形成一个不可超越的整体,这真正是一种体现深刻的情感和伟大智慧的色彩选择。

在电影《黄土地》中,导演将影片的色彩基调确定为土黄,使影片中渗透出强烈深厚的黄土高原和宽阔舒展的黄河的人文意义,不仅给观众提供了外在的物质形象特性,更重要的是以温馨的黄色喻意祖国大地的温暖,喻意它是孕育炎黄子孙的母亲和摇篮。关于《黄土地》一片的色彩,摄影师张艺谋这样写到:

摄影基调:色彩、光线、构图、运动四大要素构成了电影摄影的风格,我想,它们都应该统一在这样一个基调下:不求清淡而取浓郁,不求变化而取单纯。庄子说:"既雕既琢,复归于朴。"全片总体造型处理:

(1)色彩:"黄牛、土地和人有着一样的皮色。"勿需多讲,黄色是本片的色彩总调。是沉稳的土黄,不是跳跃的鲜黄。在黄色中,有黑色的粗布棉袄,有白色的羊肚毛巾,有红色的嫁衣盖头。黄、黑、白、红——黄是土地,黑是衣裳,白是纯洁,红是向往。不学中国年画的设色鲜亮,而取它的单纯浓郁。

(2)光线:由于黄土高原在刺目的阳光下,呈现出接近白色的效果,考虑到充分体现泥土的沉稳本色及温暖的气氛,本片的光线处理,以"柔和"二字为主。外景多用早晨,傍晚的光效,内景用大量的散射光和柔光照明。

在个别场景中,有意识运用明亮阳光构成大反差,加强视觉印象——这是戏的需要、内容的需要。"状难写之景,如在目前,舍不尽之意,见于言外。"画面意境的产生,首先在光。

他在谈到本片色彩蒙太奇时写到:

黄是全片的总体色调,但在几个段落中,大量拍摄红色:红轿帘、红盖头、红衣红裤、红腰带、红腰鼓、红花红马……充满画面的红色!强化了视觉冲击力,造成了情绪上的跌宕起伏,形成节奏。同样的红色,在不同的段落中,给人截然不同的感受。

在谈到光线跳跃时,他写到:

全片是柔和的光线,但两处有跳跃:腰鼓——刺目明亮的阳光!这是翻身农民纵情的歌唱。这是新生。求雨——刺目明亮的阳光！这是精神扭曲农民悲怆的呐喊。这是死亡。死亡了，才会诞生。①

在电视节目创作中，电视编辑也应该充分利用色彩的象征意义。纪录片《沙与海》选择了孤岛的一户普通家庭和黄土高原上的一个普通家庭，片子用海与沙，天然的蓝与黄相对比，用两个极具代表性的事物，两个色彩感情明显的颜色，为观众讲述了两个不同地域的家庭，对生活与希望不断追求的故事。黄与蓝，代表了两种文化、两个家庭、两种理念，给人留下了深刻印象。在片子中，大篇幅出现的色彩是黄与蓝，两个颜色，象征着沙与海，更象征着两种不同的生活态度，色彩传递出强烈的感情，渲染了节目的主题，让受众为其所感染、感动，甚至震撼。

再如，在中央电视台《新闻调查》播出的《拷问食品安全》这期节目中，编辑对很多画面的色调进行了专门的艺术处理，比如在肉松、腐竹和火腿加工厂的采访画面，还有讲述美国总统罗斯福边看报纸边吃火腿的纪实画面等，往往容易让观众由于色彩的视觉生理效应而对这些问题食品产生心理联想和暗示，在画面中产生某种喻意，激发某种想象，具有一定的写意功能。

可见，把握色彩的情感因素，合理利用色彩的象征意义，可以表达作品鲜明的艺术主题和艺术思想。而对色彩象征性的运用，也反映出电视编辑的创作水平、审美标准和艺术风格。

第三节　电视编辑的色彩运用技巧

作为信息传播载体的电视，也同样是艺术的载体。电视诞生以后经历了从黑白电视到彩色电视的历程。色彩对电视纪录片、电视文艺、电视剧等多种形态的创作单元都有着非常重要的影响。

一、色彩在电视作品中的作用

（一）可以有效地突出主体的形象

人眼对色彩的感觉，除了受生理影响以外，主要取决于心理活动的参与，即人们的色彩感受。这些感觉虽然都是偏向于对物理方面的印象，但却不是物理

① 张艺谋：《＜黄土地＞摄影阐述》，引自葛德：《电影摄影艺术概论》，中国电影出版社，1995年，第433～436页。

的真实,而是受我们的心理作用而产生的主观印象,它属于一种心理错觉。因此,在电视作品中,人们的心理错觉不仅可以用来造型,而且可以进一步用于表现内容,以达到突出主体,表现情感和意境之目的。

1. 利用色别对比突出主体

1)同色对比

同色对比就是色别相同而明度或饱和度不同的对比。例如绿色有明绿、正绿与暗绿的对比,而红色有大红、紫红、深红的对比。这种对比色彩变化小,色彩与色彩之间没有明显的过渡,层次不太容易分清。

2)类似色对比

类似色对比就是在按红、橙、黄、绿、青、蓝、紫顺序排列的色谱上,用相邻的色别做对比。如红与橙、黄与绿、青与蓝,所以又叫邻近色对比。这种对比,色彩过渡自然,使人视觉上没有跳跃之感,但是明暗不宜太接近,否则层次不清,效果不好。

3)对比色对比

对比色对比就是三原色对比、互补色(或三补色)对比。在纯色中,最强烈的色别对比就是原色之间的对比,因为它们之间的色别区分非常鲜明纯正,能给人以醒目的感觉。而每对互补色由于不含对方的成分,在视觉效果上会形成鲜明的对立,它们彼此衬托,使色别与纯度都大大加强,既能表现出鲜明生动的色彩差别,又能满足人们对色觉平衡的要求。因此要想突出主体形象,可以在其周围安排其主体的补色,这是实现色彩对比的最有效的方法。比如:红色与青色的对比,会让人感到有较强的冷暖差别;黄色与蓝色的对比,会使人感到透明清澈。在互补色对比中所包含的冷暖对比,是一种最富有情绪效果的对比,它意味着光明与阴暗、扩展与收缩、热情与冷漠等相互对立冲突,以此充分地表现情绪色彩特有的起伏节奏。补色与补色在一起,色彩对比不明朗,有晦暗之感。

2. 利用明度对比突出主体

明度对比有两种情况:一种是指同一色别的物体由于受光程度不同而产生明暗变化,有明色和暗色之分;另一种是指不同色别深浅的比较。为了使主体突出,无论是相同色别还是不同色别,两者之间在明度上都有所变化。比如,要表现绿色的主体在绿色的背景上,就必须提高或减弱其一种绿色的明度,才能取得对比的色彩效果。

3. 利用饱和度对比突出主体

色彩进行对比时,重要是要掌握色彩对比的和谐。同种色配合或类似色配合,容易和谐,而对比色配合则往往不容易和谐。这是因为同种色或类似色彼此都包含了相同的成分,所以能"和谐相处"。同种色之间的微妙差别,类似色之间的渐次差别,都可以形成柔和的色调层次,形成流畅的色调过渡和视觉节奏。但是,色彩的和谐,并非仅指色与色之间的类似与接近,还必须有差别与对比,如果没有差别与对比,也就谈不上什么和谐。

人们对色彩和谐的要求,实际上就是对色彩的多样统一的要求。无论是浓艳的,还是素雅的色彩画面,都必须有相应的色彩变化与之相对应,否则就不可能取得令人赏心悦目的视觉感受。但是如果只有多样而无统一,只有对比而不和谐,颜色跳动的幅度就会太大,给人以刺目不快的感觉。如一个人身着鲜红色上衣和翠绿色裤子,色彩对比虽很强烈,但给人的感觉却是极不舒服的。假如换上一条墨绿色的裤子,情况就会好得多,色彩对比发生就变得和谐起来。为了使色彩对比能取得和谐的效果,必须注意以下几点:

(1)当运用饱和度都很大的两种色别时,必须将一种色彩的明度或纯度提高或降低,以减少刺目感,达到和谐的目的,使色彩对比既鲜明又生动。

(2)在纯度和明度均不调整的情况下,也可以用改变色块面积的方法。如"万绿丛中一点红"之所以没有刺目感,是因为它们的面积一大一小,是万与一之比,画面上的色彩配置不是势均力敌。

(3)在两色之间,利用其他色过渡缓冲,或者用黑、灰、白等消色来分割,也能给人以和谐的感觉。

(二)可以有效地表现出人物的现实处境和精神世界

不同的色彩往往可以表现出人的现实处境与精神世界的变化。人们常说"他的脸黄了",从某种意义上是说这个人胆怯了;而说某个人"脸发青了",则暗示这个人的沮丧心态。

国产故事片《小城春秋》中有两个场面是这样衔接的:前一场戏是我党的一名地下工作者被国民党抓起来,严刑拷打后投入牢房,下个场面是两个国民党特务在饮酒庆贺他们的"胜利"。前一场戏的落幅画面是那名地下工作者倒在牢房的近景,他的衣服上有一大块血迹处于画面正中下端,是静态的。后一场戏的起幅是红葡萄酒注入酒杯,酒杯也处于镜头正中下端。落幅与起幅相接,是两个红色块重叠在一起,一静一动,强烈冲击观众的视觉,并产生出"我们的战士在流血"的特殊含义。这一处理,除考虑了转场时的相似性因素,还很好地利用了色彩,充分发掘了色彩的表意功能。

(三)可用来表现时间特征

在自然界中,不同的季节和时间总是给人一种不同的色彩印象。"碧玉妆成一树高,万条垂下绿丝绦",让我们感受到春天的绿色和生机;"停车坐爱枫林晚，霜叶红于二月花"，让我们捕捉到秋天枫叶如火，红艳娇美之色；而"五月天山雪，无花只有寒"，又让我们感到了白雪皑皑、终年寒冷的祁连山的银装素裹。当在电视画面之中，出现了不同的色彩，也会同样使我们联想到一种特定的环境和时间。比如：绿草上洒满了橘红，它告诉人们夕阳西下了；天际露出绚丽的深红色表明黎明的来临。

二、电视作品的色彩基调

（一）何谓色彩基调

所谓色彩基调，是指画面中某种色彩占主导地位并形成画面色彩的总体倾向；在电视节目中，是指电视节目的色彩的总倾向。如同一首乐曲要有主旋律一样，电视节目的设计也须有一个色彩基调。根据电视节目的内容、风格及形式，确定与之相吻合的色彩基调，作为贯穿全片始终的基础色彩。

在中央电视台《百姓故事》栏目播出的纪录片《鸟巢·红》的开头，一句解说词写道："红色，生命与激情的颜色；红色，北京奥运会主体育场鸟巢的颜色。《百姓故事》摄制组历时一年，独家记录鸟巢的红颜色从最初的招标、施工，到最后竣工的全过程。"红色，为整部纪录片设定了主题，全片也始终以红色作为基调（图7-1）。

图7-1　中央电视台纪录片《鸟巢·红》

（二）色彩基调的特征

1. 自然主义的色彩特征

色彩的自然主义处理，是对外部自然色彩的客观反映。无论是在整个节目当中，还是在节目的某种段落结构当中，真实准确地反映出自然界的实际色彩，是与我们日常生活中的经验积累相吻合的。在电影的早期阶段,由于色彩技术还不成熟,因此准确地还原出现实生活中的色彩就成为色彩的首要任务,而将色彩的表现意义放在了次要位置上。

对于电视节目来说,由于现代彩色摄像机的自动化功能较多,一般都可以得到比较准确的自然色彩。然而,正如以上所说的,色彩不仅仅是让我们在屏幕上亲眼目睹这些色彩可以再现,更重要的是电视节目需要充分地利用色彩表达情感,突出主题。所以仅仅依靠自然地还原是远远不够的,否则节目色彩基调就不存在了。因为自然主义的表现方法只能正确地表实,不能产生特有的内涵意义,无法表现创作者的观点。因此,在电视节目当中,除了新闻和部分纪录片,并不采用这种处理方法。

2. 现实主义的色彩特征

首先,创作者并不把真实准确还原自然界色彩作为最终目的,而是将色彩本身作为一种造型元素使用,根据创作的需要,使自然界真实色彩向符合节目需要的方向偏转,尽可能接近节目总的基调;其次,在使色彩发生某些变化的过程当中,充分考虑到色彩偏转存在的合理性,即这种偏转建立在自然界色彩的基础上。

（1）依剧情变化处理

色彩基调确定以后,并非每个情节、段落都要控制在同一种色调中,而是根据剧情的发展、情节的变化,以及情感展示的不同阶段,使用穿插不同的色彩。因为在观看节目时,观众的情感不仅受到节目内容本身的影响,而且同时受到屏幕色彩的感染,当色彩发生变化后,观众很容易从色彩的变化上感受到节目内容的变化。因此,色彩与内容是紧密相关联的。当然这些色彩变化应在总的基调控制范围之内。

根据著名作家老舍的同名小说拍摄的影片《骆驼祥子》,展示了黄包车夫祥子生活的那个时代和他的坎坷遭遇。整个影片的基调确定为深沉的蓝灰色。但它不是一成不变的,在贯穿全片总的基调下,既有刘四庆寿、虎妞出嫁的艳红场面,也有祥子新房里的雪白和曹先生家的淡雅色调。这并不是影片本身的点缀,而是对总基调的一个有力反衬与烘托。"艳红"表现了刘四与虎妞的俗气,也寓意虎姑娘对新生活的向往;而"雪白"在反映祥子结婚后生活变化的同时,也暗示出他对这"任人摆布"的变化"感觉到一种嘲弄,一种白的、渺茫的闷气"。影片用色彩谱出一首旋律深沉、统一、多变的乐曲,以可视的银幕形象,无言地感染着观众,并使观众透过这些色彩的处理觉察出人物心境、态度等一系列的变化内容。

（2）依戏剧段落和时间空间处理

将一部节目内容分为几大段或几块,按照每块的内容、情节、气氛的需要,将其处理成不同的色调。如苏联影片《这里的黎明静悄悄》对战争场面的处理全部用黑白色调,而丽达、冉妮雅、娜嘉娜等女战士回忆战前幸福生活的镜头,全都用高调子的彩色画面。而且在处理幸福生活场景时,几乎都是无声画面,这部分镜头的光调和色彩有意拍得特别柔和,这既表现了回忆者在回忆时的心境,也让观众感觉到那些美好的生活已成为遥远的过去,是"天国"中的事了。这种富于表现力的色彩运用,大大加强了影片的主题——人类对幸福生活的向往和热爱,对破坏人类幸福生活的法西斯的无比仇恨。而美国影片《猎鹿人》又按室内、室外两个空间分别进行处理。在室内将色彩处理成暖色调,给人一种温馨、舒适、浪漫的感觉,而在室外空间色彩上,则采用了偏冷的色调。两种色调相比较,前者通过展示家庭的温馨、舒适、浪漫,暗示对和平的渴望,而后者则蕴涵着战争给人类带来的危险。在影片《大红灯笼高高挂》里,导演也是根据情节的发展和时间的流逝来处理色彩的。该片的前半部分赋予了土红的色彩,而后半部分则在红色中加进了暗蓝色彩,由土红向暗蓝的转换,更好地揭示了一个封建大家庭的逐步崩溃,以及对人性的摧残与毁灭。

总得看来,依据戏剧段落、时间空间的色彩处理,在节目的创作中具有较强的艺术感染力。这不仅因为在局部上色彩特征突出鲜明,能给观众留下强烈的视觉印象,而且还在于色彩能够充分表现创作者的思想,调动观众的情绪。

3. 超现实主义色彩特征

所谓超现实主义处理方法,是指对于色彩的处理不考虑其真实性,而只追求色彩的表意功能。意大利著名导演安东尼奥尼 1964 年拍摄的影片《红色沙漠》(图 7 - 2)就是非常典型的、利用色彩的表现功能表达思想的一部影片。

图 7 - 2　影片《红色沙漠》

这是一部描写人与环境关系的影片,影片以女主角吉里阿纳的精神状态和混乱的内心世界为表现中心。吉里阿纳濒临精神分裂的边缘。她渴求着温情与爱抚,但与丈夫却无法沟通,儿子又残忍地对她实施恶作剧与欺骗,绝望中的她想投入丈夫的朋友、似乎爱着她的科拉多的怀抱,但这也无法温暖她冻僵的心。在痛苦与绝望的顶点,她妥协了:"我所遭遇的一切就是我的生活",并准备在这无爱的、充满工业废料与废气的世界上挣扎着活下去,"鸟儿知道了烟是有毒的,但仅会躲开烟囱飞行"。

作为现代电影创始人之一的安东尼奥尼认为,现代人的许多困惑都与现代工业的发展有关。所谓红色沙漠是"一片鲜血淋漓的沙漠,上面布满了人类的尸骨。"但"我的意图……是表现这个世界的美,即使是工厂,也可以是非常美好的……工厂的轮廓线,尤其是其曲线形轮廓线,看上去是如此美好,甚至比眼睛司空见惯的树木轮廓还要美好。这是一个丰富的、健全的、活跃的和有用的世界。在我看来,我们曾经在《红色沙漠》中见到的那种神经症,只不过是在适应性方面产生的问题。许多人很快就适应了这个环境。但还有另外一些人很难适应,因为他们太过于留恋过去的那种生活结构和生活节奏。这正是电影主人公吉里阿纳的问题。如果我选择一个适应得很好的女人,就没有什么戏剧性可言了。"①

因此,安东尼奥尼试图利用强烈的视觉冲击来表现人类生活环境对人类精神的影响。在影片当中,所有的颜色都从属于安东尼奥尼的总体的色彩表意系统。影片的整个造型系统是由黄、蓝、黑、红、绿所构成的。黄色暗示着暴烈、动荡,工厂烟囱中喷出的浊黄的浓烟,暗示着工业文明毁灭生命的力量;蓝色喻示着一种阴郁、一份冰冷,喻示着人与人的疏离与隔绝;红色作为影片表意系统的核心色彩,标志着压抑着的、病态的情欲,标志着一种已然凝滞、死去的血色,一种充满幽闭恐惧的现实。影片充分利用了色彩的表意功能传递女主角难以言传的焦虑、烦躁的情绪。

著名的电影批评家斯坦雷·考夫曼在评价《红色沙漠》一片时,说他从影片中看到了色彩的五种功能或特色。首先,这种色彩高雅、细腻,看上去十分可爱。而当它们在一连串场景中出现时,就显得更加可爱。我们观看这些色彩时的愉悦感,部分是因为我们从中认识出现代绘画发展的历史。似乎从印象主义到安德鲁·威慈(Andrew Wyeth)的整个发展过程,都包含其中了。从这些色彩中得到的愉悦感还使我们想起了阿隆·考普兰德(Aaron Copland)所说的"音乐倾听中的感性层面"。在这一层面上,我们的愉悦感主要来自音乐的声音。推及到

---

① [美]拉尔夫·史密斯:《艺术感觉与美育》,四川人民出版社,2000 年,第 127 页。

电影,就是电影的"纯粹外观"。但在电影中,色彩同样是构成一个新世界的重要事实。在《红色沙漠》中,其色彩还进一步起到一种符号作用和表现作用,主要是表现主人公在各种不同的场合的心境。举例说,在某一场合,安东尼奥尼曾经将所有的东西都"涂"成灰色色调,以反映电影中某一角色的心理状态。在另一场合,则用红色的墙壁创造出另一种效果。最后,通过色彩的作用,环境自身也变成一种角色,使电影中的其他角色在行动中不得不重视它们,并与它们发生这样或那样的关系。①

三、色彩基调的调节方法

(一) 内部调整法

内部调整法又称为内部调色法,是指拍摄时有意识地选择、配置某些色彩向基调色靠拢。比如让背景环境色、人物服装色、道具色等成为基调色或邻近色。再如,在表现古老的、陈旧的历史文物时,则可以有意识地使画面当中的物体尽可能地向棕黄色靠拢。

影片《黑炮事件》就成功地运用内部调整法,使影片的色彩基调鲜明突出。影片有意在赵书信出现的场合多出现红色,把实景中的机器、墙壁刷成红色,选用红桌布、红椅子、红汽车、红毛毯等,除了在造型形式上造成一种醒目、简练的时代气息外,更重要的是把主人公赵书信内心的矛盾、愤懑,精神上的压抑、苦闷,与红色所显示的烦躁、不安、危机感等情绪融为一体,讲述了极"左"路线下干部政策上出现的一个既怪诞又真实的故事。

影片《子夜》也是成功利用内部调整法实现影片基调的范例。创作者在精读原著的基础上,认为这是一部名著,是描写20世纪30年代的故事,那时的灯光都是黄色,书放旧了也呈现出黄色,因此,应该让观众在看电影时有身临其境之感,因此确定了以一种黄色做基调。在选景时,由于国际饭店每层房间内的颜色都不同,于是他们一层层选,凡是蓝、绿色的便排除掉,所选择和设计的书房、卧室、客厅,里面的墙壁镶有棕色的木板、雕花板,放有红木家具,人物的服装也多为暖色,摄影师还亲自到制景车间,查看颜色喷刷的深浅、浓淡,以期获得构想的基调效果。

(二) 外部调整法

外部调整法又称为外部罩色法,是指通过光学手段(如利用白平衡调整)或

---

① ［美］拉尔夫·史密斯:《艺术感觉与美育》,四川人民出版社,2000年,第126,127页。

色光照明的方法,使画面中的所有景物蒙上一层色彩基调。与内部调整法相比较,外部调整法在色彩基调上有时显得过于简单、生硬,容易使人产生做作和虚假的感觉,即所谓的"不分青红皂白"的调整。在电视作品的拍摄当中,传统上主要是采用光学手段(白平衡调整)来渲染部分景物,现在也多利用电脑特技在后期进行光色调整。

电视文艺片《黄河神韵》为了更好地表达中华民族的母亲河——黄河——的气魄,增强作品的历史感、凝重感,突出黄土高坡的浑厚、古朴,有意识地将画面调节成一种与主题相吻合的土黄色。作为全片的基调,土黄色既呈现了黄土高原的深沉、厚重,又表现出它所养育的中华民族的博大胸怀。为使电视片的色彩基调显得自然流畅,创作者利用清晨和黄昏比较柔和的光线条件进行拍摄(外部调整),并通过构图和景物选择,使白黄色的土地呈现暖色调(内部调整)。

由此可见,无论是内部调整还是外部调整,都难以达到实现色彩基调的全部目的,只有将两者配合运作,才能实现创作的目的。在电视节目的制作中,一般既采用内部调整法,又兼顾外部调整法,使节目的基调既满足主题需要,又不显得过于生硬。

四、电视编辑对色彩基调的运用

电视色彩的再现不应是对客观世界的重复,既不是色彩的堆砌,也不是色彩形式的游戏,而应该是有助于深刻表达作品思想内容、塑造人物形象、刻画环境、交待细节、渲染气氛的重要手段。因此,掌握色彩的编辑技巧十分重要。

(一) 色彩基调的形成

电视节目色彩基调的确立,要求在一个画面、一个镜头上突出某一色彩,使之在占有面积和时间上具有主导地位,并以这一色彩为基准,确定画面各部分之间及部分与总体之间的色相、明度、纯度及其面积的比例关系,以此实现色彩基调与节目主题思想和画面氛围的统一。色彩基调在创造煽情的诉求氛围和美感意境,形成诉求品格和特征方面具有举足轻重的作用。波兰著名导演基耶斯洛夫斯基的电影三部曲《蓝》《白》《红》就分别以三种不同的色彩设定影片主题,而在片中也以相应色彩的画面与之对应,可谓经典。

一般而言,只有当某种色彩在整个节目的时间上,以及在画面上占据了主导地位时,画面的特定基调才能最终形成。电视编辑在进行色彩选择时,所用的颜色忌复杂,宜单一,简单的色彩给人的印象相对深刻。对于一般的受众来说,杂乱的色彩虽然会对人的生理和心理产生强烈的冲撞感,但同时也会让人感觉很不舒服,而单纯的色彩却会让人的心理和生理更易接受,而且会对这种颜色的象征产生情感上的认同。所以,要想让人通过色彩产生共鸣,在选择色调时,应该避繁就简,只选择一种或两种主色。

色彩基调的控制对深化节目主题、发展故事情节、塑造人物性格、增强气氛具有重要意义。比如,在反映"5·12"大地震的纪录片中,当到处都是废墟,满目都是疮痍,灰色的基调占据大部分时间时,人们的情感都沉浸在灰色感情的悲伤无力中。而突然切入的灰色废墟中一棵新生小草的镜头,让人们看到了希望。编辑人员通过后期的光色调节,强化了灰与绿的对比,也通过灰与绿的色彩变化,以及情感的对比,将观众的情绪推至顶点,实现了情感的渲泻。

(二) 色彩基调的变化

不同节目的色彩基调各不相同,在节目创作的开始阶段,为节目定下与主题相吻合的基调可以有效地突出某种感情色彩。如以红色突出喜庆、欢乐,以灰暗色突出悲观消沉等,都是根据内容表现的需要而确定的。当然,色彩倾向并不是千篇一律的,它将随着情节的发展、人物情绪的变化而产生浓度(纯度和明度)以及组合方式上的变化,以达到多样性的统一。

英国影片《法国中尉的女人》表现了两个不同时空的故事,一个是现代时空,另一个是 19 世纪的故事,是过去时空。为了比较好地突出不同时空里的人物命运、结局,导演对过去时空与现代时空采取了两种不同的色彩处理。过去的色彩基调深沉、压抑,以冷色调为主:狂风暴雨中的海岸、茂密的森林、阴暗的茅草棚、老贵族家中棕色的陈设、昏暗的光线,冒着蓝灰色蒸汽、充满寒光的巴黎车站,以及女主角的黑色斗篷等,都是冷色基调的重要组成部分。在这段以冷色调为主的彩色基调中,画面多以阳光下绿色树丛做背景,不时出现两个人相会的海边、山林,并以小旅店特定环境的暖色调来强调地质学家与女主角之间迸发出的爱情之火,喻示他们历尽曲折,最后终成眷属。而现代时空的故事基调明快、鲜亮,色彩淡雅,以暖色调为主。他们的排练场所、旅店、导演的豪华公寓,多以淡黄色调为主,女演员经常身着浅蓝色、粉红色、大红色,最后穿一套白色西装。画面利用台灯、夕阳、晨光、摄制组的露天告别晚会上的彩灯等自然光效烘托气氛,以此构成亮色和暖色基调。在这个基调之下,白色是他们最终分手的色彩象征。

由于色彩的象征和表意作用各异,在电视片中,使用不同的色彩基调提示内容的变化,是一种常用的方法。日本首都东京的城市宣传片《东京色彩》(图 7-3)以四种不同颜色作为四个段落的主题,分别是"浅粉红色:从江户继承了传统风韵的东京"、"常青色:自然与高新技术调和在一起的东京"、"绯红色:丰富精神生活的艺术和文化东京"、"月白色:走向洗练和成熟的未来城市的东京"。在四个不同的段落中,四种不同的色彩基调适时变化,各种分属不同色调的景物和画面集中出现于相应段落,而其共同的主题则是"充满乐趣、令人兴奋的东京"。这样的色彩编辑方法令人耳目一新,印象深刻。

图7-3　日本城市宣传片《东京色彩》

再如,电视编辑人员可以将表现当前生活的画面处理为彩色,而将回忆、情景再现、历史演绎等内容处理为黑白色。在我国著名编导张以庆创作的电视纪录片《幼儿园》中,所有以直接电影方式记录拍摄的画面都使用正常的色彩,而编导与孩童对话的采访段落,则使用外部调整法变调为土黄色。

思考与练习

1. 色彩在电视节目中的意义何在?
2. 色彩的象征意义表现在哪些方面?
3. 电视节目中色彩基调指的是什么?
4. 色彩基调的处理有哪几种基本方法?
5. 色彩的现实主义和超现实主义运用方式指的是什么?

推荐阅读书目

1. 邵长波,《电视色彩创作技巧》,中国广播电视出版社,2003年。
2. 王菊生,《造型艺术原理》,黑龙江美术出版社,2000年。
3. 钟蜀珩,《新编色彩构成》,辽宁美术出版社,1999年。
4. 李广元,《色彩艺术学》,黑龙江美术出版社,2000年。
5. [美]波布克,《电影的元素》,中国电影出版社,1986年。

第八章　电视编辑的时空创造

学习要点

　　电视是表现时空的艺术。本章主要介绍时间与空间的辩证关系和影视时空的构成法则，帮助学生了解平面空间三维立体感觉建立的原因，掌握影视时空建立的方法、意义。重点讲解电视编辑如何运用各种方法创造艺术化的时空效果。

　　电影、电视视听综合的艺术特性，不仅指电影、电视对时间、空间的综合再现能力、创作能力，同时还表明影视艺术兼有其他艺术类别的艺术特性。比如，在造型上，影视艺术通过对线、形、质、体、色、阶、光、影等造型因素的组合，构成了直观、生动、形象的视觉形象。再比如，影视艺术通过放映时间、情节时间和观众的心理时间、还原的现实空间、蒙太奇创作的构成空间，完成了一个具有造型、时间和空间的聚合体。

第一节　电视时空概述

　　电视艺术既依赖于时间的独特性，又依赖于空间的独特性；既在时间上展开，又在空间上展开；既有能力再现客体的外部形态，又需要通过创作者的独特驾驭实现创造者对外部事物的抽象。

一、电视时空的基本特征

（一）作者创作的主观性

自然时空有什么样的特征呢？从自然时间上看，时间是物质的运动形式，是现实存在的表征，是线性的、永远向前的。它的特点是一维的，所谓机不可失，时不再来，说明事物发展过程当中的不可逆性和不会绝对重复性。空间是物质运动的伸张性、广延性，空间可以确定事物存在的方位、体积、轮廓、规模、范围、距离、形状、排序组合形式等。长期以来，人们在认识空间的过程中，受到经典几何学和物理学的影响，把物质看成只有三度空间的实在，而把时间排除于三度空间之外，直到9世纪末德国数学物理学家闵可夫斯基提出了"四度空间"的理论，即在三度空间中引入了第四个量度——时间。这样，物质的存在形式才算有了基本定义，并且一直沿用到今天。

电视的时空及其运动是创作者精心创造的结果，带有很强的主观性。人们看什么，不看什么都由创作者构思的内容所左右、控制。时间的转换、空间的转换、节奏的安排，开头、主体、结尾的安排，甚至是特写镜头还是中景、远景镜头都依据创作者的创造意图去安排，这种安排具有强迫性，观众没有选择的自由。电视编辑对同一个自然时间和自然空间的不同处理，可以使观众产生完全不同的时空感觉。比如编辑"一个举着蜡烛的人上楼"的情节。

第一种时空处理方式：

全景　　一个人上楼梯

特写　　上楼梯的脚

特写　　钟

特写　　蜡烛在燃烧

中景　　脸

特写　　手扶着楼梯扶手

全景　　那个人继续上楼梯

反打镜头　　那个人从上面观看

特写　　脚

中景　　脸

特写　　钟

特写　　烛光闪烁不定

全景　　缓慢移动跟拍那个人

第二种时空处理方式:

特写   上楼梯的脚

特写   沿楼梯扶手向上滑的手

特写   脸

全景   那个人上了一半楼梯

特写   脚

斜角镜头   那个人来到摄影机跟前

全景   那个人站在楼梯顶端

如果按照第一种方式处理,时间的正常流动被放慢了,动作经常被打断,观众的注意力经常被编辑人员从动作的本身强制引开,只能看到一些静态的镜头,当观众的注意力再次回到上楼梯这个动作上时,那个上楼的人并没有到达我们注意力被转移的时间里应该到达的位置,从而使电视时间被延长了。而按照第二种方式处理,由于剪接的镜头较少,而且它们仅仅是用来填补主要动作的空隙。当我们回到主要动作上来时,那个人前进的速度比他在交切镜头的短暂时间里可能做到的要快得多。此外,用于切换的镜头的锐角加快了中心动作的速度,这样影视时间就被压缩了。①

时间可以如此控制,对于空间的处理也完全是电视编辑的主观行为所致。这种主观的行为,不仅仅产生了时间和空间上的主观形态,更重要的是,它直接影响了观众情绪,创造了完全不同的时空感受。

(二) 非线性规则中的连续性

电视时空与自然时空最大的不同就在于:电视的时间与空间是可以随时中断和分切的。正是这种分切后的重新组合,为电视时空提供了创作上的巨大自由度。而这种分切后重新组合所造成的新的连续性,已经不同于客观现实的连贯性,可以说是非连续的连续,即从片状的时空镜头的衔接中产生新的连贯,这也是编辑人员对客观世界的表现、解释及艺术上的再创造。

(三) 有限层面下的无限性

尽管电视画面受到二度空间(屏幕)的局限,但是借助科技的力量,这个框框可以突破,甚至可以相当自由地延伸、扩展。如通过摇镜头、变焦距等技巧,可

---

① [美]李·R·波布克:《电影的元素》,中国电影出版社,1986年,第118,119页。

以将有限的屏幕画框向各个方向延伸开来。这种有限层面下的无限性为电视表现内容和表现手段提供了广阔的天地,为创作者提供了丰富的想象空间。因此,人们常说,影视时空就像"镜子般的宇宙"一样,无所不能。正如林格伦所说的那样:"从北极到赤道,从大峡谷到一块钢板上最细腻的裂缝,从一颗子弹嘘的一声飞逝到一朵花迟缓地成长,从一阵思潮闪过到一张宁静的脸,以至于一个狂人颠狂的谵语,甚至一个人的幻想、梦境……空间的任何一点,只要它在人的理解范围之内都能在电影中获得表现。"①

在美国著名导演斯坦利·库布里克导演的电影《2001:太空漫游》一片的开头(图8-1),先是类人猿生活,打猎以及类人猿利用已学会的工具争夺水源的斗争。然而,当其中一个类人猿将手中的一节骨头扔向天空时,画面立刻转向了在太空中遨游的太空船,时间瞬间横跨了几百万年,大大加速了叙事的进度。

图8-1　电影《2001:太空漫游》画面

影视时空不仅可以在一条时空中穿梭,也可以在几条不同的时空中任意漫游。比如,英国影片《法国中尉的女人》就是一部戏中戏,自始至终贯穿着两个不同的时空。一个是现在时空,表现一个电影摄制组在现代化的生活环境、人际关系中,导演和女主角之间工作与爱情的纠葛;而另一条则是在过去时空当中,表现了19世纪发生在一个偏僻、守旧的海滨小镇上的爱情故事。这两对生活在不同时代、不同环境,具有不同性格、不同身份的恋人,是由同一对男女演员扮演的。剧终时,现在时的一对分手了,过去时的一对结合了。

电视创作亦是如此。电视时空是由编导创作出的主观时空,是一种为达到审美效果的想象时空、创作时空。它是随意的、主观的,是为情节服务的时空系统。

①　[英]林格伦:《论电影艺术》,中国电影出版社,1979年,第42页。

二、电视时空形成的基本条件

在电视世界里,时间和空间之间就没有绝对固定的关系了。空间不再是连续的。物体脱离了它们在现实中的自然位置被孤立了起来。钟表有规律的滴答声被声音或画面的不规则的节奏流程所代替。我们面对的最具体的东西只不过是二维的屏幕和一条声带,而我们联系空间和时间的手段被电视制作者们抢先占有,利用我们的视听,使我们完全处于他的控制之下,就像一只上紧了弦的没有时针的钟表一样,影视作品以其内在的逻辑把它们的画面展开,以无限的方式来揭示我们的世界,而在时空上,则表现为或是省略,或是跳跃,或是延时,或是浓缩。这些省略的、跳跃的、延时的、浓缩的时空,为何可以造成一种连续的新空间感觉呢?

(一) 观众潜在的心理需要

一个事件可以有两种最基本的表现方式。一是用一个镜头把这个事件完整地拍下来,事件所有过程都是在实时中进行的。二是通过一系列不同的视角来拍摄同一个事件,再把这些不同的角度交叉剪辑起来。这种方式实际上是在时间和空间中跳跃地选取片断,如果事件的跳跃式的表现在视听上符合观众在生活中的视听习惯,他们不仅能看明白,而且能够接受。

在生活中,即使我们的注意力集中在视野中某个细节上,如果视野的其他部分发生变化,我们视野边缘至少会意识到。但电视的世界是不连贯的,那么,为什么通过选择的剪接后,人们仍然可以认为时空是连续的呢? 因为电视的叙事省略是通过光波、声波不断取消中间区域并压缩时间的,而光和声却又给人以连续感。生活中我们无法来回跳跃观察,但这并不等于人们不希望如此,影视作品每个瞬息的变化,不仅向我们提供了观察动作的另一视野,而且还提供了观察动作的新视点,满足了人们不同地点和视野的观察需求。而这种潜在的心理需求,是影视时空存在的基础。

(二) 影视艺术不可中断的视听流程

电影、电视都拥有一个可测定的最小时间单位:1/24 秒(电影)、1/25 秒(电视)。但有些艺术类别就无法用最小的时间单位测定。比如,文学就没有最小时间单位。一部小说,3 天读完或 3 年读完都没有问题,但是影视时空结构却是有时间要求的。120 分钟的一部影视片如果分 20 次在两天内放完,就不会有人看。另外,戏剧也是如此,戏剧演出的时值不精确,而绘画也没有时值。影视艺术时值意味着,影视作品的视听流程是不能中断的。这个流程是在模拟人的视听感知经验。所以观众看着"眼前"发生的一个过程就感觉他是在观察一个过程,虽然介入的程度有所不同,但是基本上是一种观察过程的感觉。

三、电视时空运用的制约

(一)受客观现实制约

作为一种艺术表现的手段,尽管电视的时间与空间并不等于现实的时空,然而,时间和空间是物质的基本存在形式,是与物质本身不可分离的。不能忽视时间与空间的客观现实性。艺术的生命在于真实,影视时空的运用如果完全背离真实原则就会失去它的威力。

(二)受内容制约

手段与形式本身并不是艺术,只有当它反映了一定的思想内容,只有在现实的艺术形象的反映过程中才能发挥它的艺术作用。真正的艺术,其形式和内容是统一的。每一个艺术作品的表现手段总是同内容紧密联系着的,内容如果离开了鲜明独特的、具有审美价值的表现形式,则很难展示出其感人的力量;反过来,如果离开内容单纯地追求形式,也会陷入形式主义的泥坑。

(三)受艺术规律制约

不同的艺术在自己长期的实践发展过程当中,逐渐形成了自己的表现形式、方法及手法的客观规律,破坏了或忽视了这些规律必然要导致创作上的失败。电视时空的运用既要符合艺术的一般规律,同时也要遵循电视艺术的独特规律。另外,不同题材、风格、样式的电视节目在时空运用上都有不同的要求和规律。

第二节　时间与电视编辑的时间创造

一、时间与时间感受

(一)时间

在自然科学和哲学范畴内,所谓时间是指物质运动过程的有序性、持续性和不可逆转性。有序性表现为事物运动的发生、发展、终结、先后、过去、现在、未来,用时段、阶段来衡量。持续性表现为事物运动从开始到终结,从过去到现在,再至将来的连续发展、变化,它有长短、久暂作为量度。时间只有一个运动方向,且不可逆转,是一维的,因此,常被形容为"时过境迁""时移世改""机不可失,时不再来""时不待我"等。时间表现的是事物间的纵向联系。人们只能认识时间,服从时间,利用时间,却不能改变现实时间于分毫。人们的作息、种收、换装、行止都只能在特定时间内进行。"虚度时光""事倍功半"或"分秒必争""1 天等于 20 年""事半功倍"都是善于和不善于利用时间的结果。

(二) 时间感受

时间感受是客观时间的主观反映。时间对任何人来说,都是一样的。一年 12 个月,一天 24 小时,每小时 60 分钟,度量时间的尺度是客观的,不以人的意志为转移。

人对时值的感觉却是因人而异的。相比空间而言,人们对时间的感受是不稳定的,极易受到外在的更多是强烈的心理因素的影响。就是说时值的感觉带有极强的主观性。生活经验告诉我们,在同一段时间里,不同的人,或同一个人心境不同,对时值的感知将会完全不同。如古人云"一日不见,如三秋兮",是形容时间过得慢,长得使人难熬;而"光阴似箭,日月如梭",则形容时间过得快,转瞬即逝。对时值完全相反的感受,就是对时值的错觉。那么,它是从哪里来的?就一般情况而言,这是由于人的不同心境和心态所致。人的情绪愉快,心情舒畅,就感觉时间过得快,心情烦闷,就觉得时间过得慢;对某一事件感兴趣,满足主体需要程度大,持欢迎态度,就感觉时间估计偏短,没有兴趣,与需要不拢,腻烦,就感觉时间估计偏长。由此可见,对时间的感受是心理学问题,而人们对时间的感受更多是心理的感受——心理时间。换种说法,对时间的感受是幻觉在起作用。然而正是因为人们对时间的感受易受外界影响,才使得电视人可以充分运用对时间的控制达成艺术创作之目的。

(三) 时间和空间的关系

日常生活中,时间与人类世界的关系是这样密切,以至大部分情况下,人们很难注意到时间的消逝,尽管时间像空间那样是始终存在的。由于人们的感官系统极不完善,没有衡量时间的具体器官,人类的现有感官系统,包括眼、耳、鼻、口、皮肤等,均只能感受空间的存在。比如,人们可以凭借双眼(目测)和双耳判断空间的距离、大小以及运动的形态,但确实无法衡量时间的消逝。所以人们的时间感最不完善,以至不能觉察时间的稳定流程。在日常生活中,人们对时间消逝的描述,实际上是采用各种方式,把时间感转化为生活在其中的空间维度。我们把时间具体化的最原始方法就是把它转变成跨过一段空间的运动。比如,人们利用时针在钟表空间中的角度位移,使我们能清楚地表达时间的消逝。再比如,"步行要花费1小时"——这是一般用来表达大约5千米距离的最行之有效的方式,也是对1小时时间概念的空间化描述。

现实生活中,时间和空间是有固定关系的,人们可以凭直觉用一种计算另一种。一只表走快了,可以把这一情况通过时间或空间的变化来表述:时针在固定时间内走了更多的空间,或者时针用了更少的时间走了一段固定空间。

二、电视时间与编辑创作

任何一种艺术的创作与观赏都和时间有着密切的关系。"时间是一切艺术的组成部分。甚至在时间不成为主要组成部分的那些艺术中,它也起一部分作用。"[①]比如,尽管人们把雕塑、绘画、建筑纳入空间艺术范围,但这些艺术类型无不与时间有着密不可分的联系。人们观察这些艺术作品时,都需要一个时间的过程来完成对其结构或全貌的观察。

电视艺术是造型艺术。而一切造型艺术都把时间具体化、形象化,但时间在艺术中没有持续性特征,是以假定性面目出现的。比如,文学是时间艺术,但文学创作不能严格按照物理时间展开叙事,若如此,作品就会枯燥、乏味,失去可读性。文学作品中的时间实际上只是心理时间:或是作家对物理时间改造的结果,或是主人公对现实时间的情绪感觉结果。电视艺术既把时间作为表现对象,又把时间作为表现手段。和一切艺术相同的是,电视时间能够经过创作者的想象对物理时间进行改造,通过时间价值处理构成艺术叙述,表现心理时间等。因此,普多夫金认为:"电影与实际时间的区别是:电影时间仅仅是那些由导演所连接起来的各个片断的长度所决定的。"[②]但和其他艺术不同的是:电视能够准确地再现时间特性;无误地表现物理时值的流程;表现一切非语言艺术所不能设想的时间倒流和中止。这就构成了电视艺术与其他艺术类别不完全一致的表现特点。

(一)电视时间的分类

1. 播放时间

播放时间指的是完成一部作品放映所需的物理时间。对于一部电视作品来说,这时间是固定不变的,与自然时间相似,具有客观性、实在性,它是线性的、一维的、不可逆转的。影视作品的播放时间具有强制性,观众欣赏影视作品常常都是一次性的,一般情况下,不能够对所感兴趣的内容反复进行观察,就像欣赏

① [英]雷纳逊:《电影导演工作》,北京电影院出版社,1979年,第19页。
② [苏]普多夫金:《论电影的编剧导演和演员》,中国电影出版社,1980年,第56页。

音乐作品演奏一样,是不能让演奏中断的。

2. 剧情展示时间

剧情展示时间指的是电视内容或情节发生、发展的时间。这个时间可以从一刹那直到无限,由编导的创作所决定。

3. 观众观赏的心理时间

观众观赏的心理时间是放映时间和故事或事件发生的时间综合起来在观众心理上所造成的一种独特的时间感。即观众观看时对故事情节或内容长短的感受的一种相对时间。一个较长的镜头可以使观众感到较短,反之亦然。一部电视片的节奏感正是产生在这个由放映时间和事件时间所形成的观赏心理时间的系统之中的。

(二) 电视时间的扩张方法

电视节目中的时间不再是绝对连续的,空间也可能是跳跃的。由于对现有素材进行有选择的组接,因此,实际上就是重新组织了现实的时间和空间。由于电视节目的时间和空间失去和原有自然时间的绝对固定关系,就产生不同于现实的新的时间。如在电视节目中,常常采用画面重复、慢动作、冻结、闪回等方式对自然时间进行延长,造成叙述时间与自然时间的差异。

1. 画面重复

使同一画面或同一内容反复多次地出现,以引起观众注意,诱发观众的思考。有时画面上的某一内容也可以成为一个比较抽象的象征性符号,如国产影片《红河谷》中多次出现的阿妈手中的手转经,《黄土地》中反复出现的静谧、荒芜的黄土地等。

2. 慢动作

利用慢动作延长自然时间,并不是为了满足观众仔细观察动作过程的视觉要求,而主要是为了创作一种"时间的特写"(普多夫金语)。"摄影机的一切速度,从能够在银幕上产生特别慢的动作的最高速度至能造成银幕上快得惊人的动作的最慢速度,都必须能够运用。有的时候,稍微把一个人很平常而又简单的走路的速度减慢,就会使他的步态显得很有分量而且意识深长,这绝不是表演所能表演出来的。"[①]

利用慢动作可以表现动作的精神内涵,营造一种特殊的美学境地,造成比动作正常完成时间更加强烈的视觉刺激。当运用在表现梦境、爱情、英雄壮举等场面上时,可以增强抒情色彩,也可以鲜明地体现出作者的创作意图。

---

① [苏]普多夫金:《论电影的编剧导演和演员》,中国电影出版社,1980 年,第 125,126 页。

在苏联著名影片《雁南飞》中,为表现主人公鲍里斯在前线中弹倒下一瞬间的心理变化,导演有意识地运用慢动作将他倒下的过程加以延缓。影片内容是这样的:

鲍里斯背着受伤的瓦洛佳穿过树丛。他在水洼中间找到一小块干土墩。他小心地把瓦洛佳放在上面。

鲍里斯:"嘿! 真累了! 再也走不动了! 咱们休息一会儿,这儿挺安静……喂! 怎么样,你还活着吗?"

瓦洛佳:"呼吸有点困难。"

鲍里斯:"啊,呼吸……"

鲍里斯望着瓦洛佳。

鲍里斯:"没什么……我们还要参加你的婚礼呢……"

鲍里斯微笑,中枪。

鲍里斯的头向后仰起来。爆炸,音乐。

鲍里斯的脸,他望着空中。

云中的太阳缩小了,好像远去了。

鲍里斯向后仰着头,向白桦树退去。

瓦洛佳画外音:"哎,朋友! 你怎么了? 你怎么了?"

瓦洛佳吃力地抬起头来:"原谅我,原谅……"

鲍里斯两眼发直,退向白烨树,他抓住树杆,开始慢慢顺着它向下滑。

瓦洛佳的画外音:"你是为了我……原谅我……原谅我吧……朋友……"

白桦树的仰拍镜头。白桦树顺着鲍里斯围着树杆滑下来的方向旋转。

听见瓦洛佳的喊声:"喂,来人哪。救命啊! 救命啊!"

在旋转着的白烨树的画面上第二次曝光显出薇罗尼卡家的楼梯。鲍里斯正沿着楼梯向上跑去。

他穿着军大衣,胡须满腮,头发蓬乱。

白桦树已经看不见了。鲍里斯跑到薇罗尼卡的门前,停住了。

薇罗尼卡和鲍罗斯从薇罗尼卡家的门内走了出来。

她穿着结婚礼服,披着纱,他穿着黑色礼服。他们互相微笑着,头纱向上飘起(高速摄影)。

听见瓦洛佳的声音:"救命啊……救命啊……"

鲍里斯撩起头纱,凑近薇罗尼卡的脸,吻她(化出)。

(化入)披着头纱的薇罗尼卡。鲍里斯在她旁边。他们走下楼梯。

瓦洛佳的声音:"救命啊……"

在后面是鲍里斯和薇罗尼卡的亲友们的第二次曝光画面(化出)。

(化入)这里有费道尔·伊万诺维奇、伊丽娜、斯捷潘、留芭。这里有库兹明和邻居们。他们笑着,合着音乐的拍子摇晃着,举着酒杯、鲜花(化出)。

(化入)薇罗尼卡和鲍里斯走下楼梯(高速摄影)。

周围是熟人的面孔。他们也走下来。马尔克从容地走近鲍里斯,吻他。

瓦洛佳的画外音:"救命啊……"

薇罗尼卡慢慢掀起头纱。她微笑着,阳光照着她,她眯起眼睛。第二次曝光显出飘动的树(化出)。

(化入)在飘动的树中的薇罗尼卡的脸的近景。脸开始消失,在背景上第二次曝光显出旋转的白桦树梢。它们越来越明显,最后只看见旋转的白桦树。它们转得越来越快,像是要倒下来。镜头从树梢滑到地上。

瓦洛佳的声音:"救命啊!"

鲍里斯直挺挺地两手张开倒向水中。

瓦洛佳的声音:"救命啊……"

在这里,导演在运用慢动作过程当中,还通过镜头的触角深入到主人公的心灵深处,展现了他临死前想到他亲爱的人及对他们结婚场面的美好幻想,从而充分体现了鲍里斯对爱情和生活的向往。慢动作效果不仅为观众打开了人物内心状态的帷幕,还通过心理描写手法将幻想与现实、残酷的战争与甜美的爱情进行对比,从而产生了强烈的震撼力和感染力,大大延长了观众的心理感受时间。

应该说明的是,在影视作品中运用慢动作,并"不是把它当做一种技巧表现的手段,而是要在所需要的地方能够十分精确地、有意识地逐渐减慢或加速运动的速度"。因此,在使用当中需要"在某一个蒙太奇句子的结构中,把各种不同程度的减低速度的动作有机地结合起来。一个'慢动作'的短镜头可以放在两个速度平常的较长的镜头中间,使观众的注意力在那一瞬间集中于导演要求他们注意的那一点上面。蒙太奇中的'慢动作'并不是对真实过程的一种歪曲。它是一种更精确更深刻地描写,它是一种有意识地引导观众注意力的方法"①。

3. 冻结

冻结是影视作品中延长自然时间常用的方式之一。在电影中称为定格,在电视中称为定帧。从技术角度上看,冻结并不是由镜头组接完成的。在电影当中它是由镜头的停滞获得的,而在电视中,主要是利用编辑系统的相应功能实现的。冻结让自然时间在银幕上完全停滞下来,使对象停止、时间停止、空间凝固。

---

① [苏]普多夫金:《论电影的编剧导演和演员》,中国电影出版社,1980 年,第126,127 页。

表现了编导对某一内容的强调。冻结一旦产生,影视作品就不再具有生活再现的性能,因而也就失去了叙事性质,而转换为一种表现、一种表意。通过延伸观众的心理感受时间,使观众产生回味。如法国新浪潮影片《四百下》的最后一幕(图8-2)。镜头一直追随片中的小男孩安托万跑到大海边。安托万投入大海,而后转过身来,镜头冻结。此时,一个充满迷惑和惶恐的面部长时间地呈现在我们面前,使我们不由自主对小主人公的未来命运产生忧虑、不安的联想。这种剧情时间的扩张,大大延续了观众的心理时间。

图8-2 影片《四百下》结尾画面

4. 闪回

闪回就是在按顺序推进的叙事过程中,片断插入发生在过去时空的少量场景或情节段落。尽管这些场景或段落可能具有相对的完整性,但并不能构成独立的情节线索。

闪回镜头的表现作用是多方面的。"首先是这种手法使作者在表现故事时,具有很大的灵活性和自由,使他能打乱时间的顺序。它有助于维护传统的三一律,把影片的中心集中于作为一种此时、此地的意识状态去表现的戏剧结尾上,同时,又把其他时间和其他地点变成被紧密地包含在主要情节之中的附属品。于是,过去变成了现在,别处变成了意识中的这里。在这种情况下,事件的连续不再是时间上的联系,而是因果联系了,这也就是说,影片是通过展示许多当时事件的结果而过渡到往事的。因此,事件按逻辑的因果关系实现连续,在这里是得到了尊重的,但是,严密的时间顺序已被打乱,并且已根据一般说是主观的观点进行了重新结构。总之,是一种主观的观点在指导故事,去运用最有独创性的、最丰富多彩的手法。在这种情况下,闪回镜头就创作了一种独立的、内在的、可以随意拨弄的、集中的和戏剧性的时态,它使剧情增强了格调上的统一,并且使整个主观的叙事能自然地转为第一人称。"①

---

① [法]马赛尔·马尔丹:《电影语言》,中国电影出版社,1980年,第210页。

比如，在苏联著名影片《这里的黎明静悄悄》中，就大量运用了闪回镜头，将现在时空和过去时空有机地联系在一起，表现了人们对战争的愤恨，对和平的向往。影片的内容是这样的：

夜。天空繁星闪烁。一轮圆月高挂，在月光下，河水闪着波光，缓缓地流着。驻地营房清晰可见。

营房内，女战士们都已酣然入睡。唯独奥夏宁娜眨动着双眼，辗转不能入睡。

往事重又浮现在眼前。（现实，黑白）

（闪回）一名威武、英俊的全副武装的军官推开房门，微笑地走进房间。奥夏宁娜身着白大褂，头上戴着小白帽在童床前逗弄着她那又白又胖的婴儿。奥夏宁上尉解下武装带和身上携带的手枪，走到妻子跟前俯身逗弄婴儿。奥夏宁娜充满柔情地抱起婴儿，在脸颊上亲吻着，然后高高地举起……奥夏宁上尉和奥夏宁娜相互搂抱、熟睡在一起。（乳白，高调）

奥夏宁上尉推开门离去，并回首微笑地向奥夏宁娜告别（天幕上一片通红）。

由此可见，闪回镜头既是一种典型的主观化时间、空间的运用，又是意识流手法在影视作品中的运用形态。它一般用来表现人物在某一瞬间对往事的回忆，用于揭示人物的内心活动，拓展影视时间和空间。

（三）电视时间的压缩方法

电视节目中常常采用字幕引入、化入化出、淡入淡出、快速镜头、跳接等方式对自然时间进行压缩，造成叙述时间与自然时间的差异。

1. 字幕引入

利用字幕实现时间上的大幅度跳跃。运用起来简单自由，可随时调节观众的收视心理频率，也可以帮助叙事者简化内容，形成叙事的重点。比如，国产影片《红樱桃》表现的自然时间横跨了整个苏联的卫国战争，一部电影根本无法将如此宏大的历史记录下来，影片多次采用了字幕方式，分割不同的情节段落，突出叙事的重点，大大简化了自然时间中不必要的累赘。除了故事片常常运用字幕压缩时间以外，在纪录片（专题片）中也常常采用字幕引入的方式表现一个省去的段落，或说明、强调某一个内容。

2. 化入化出

化入化出表现一个画面逐步消失而另一个画面逐渐显现，两个画面在"化"的过程中有相互重叠的时候。化入化出的运用在于诱导观众在不知不觉当中完成从一个时间到别一个时间的心理过渡,形成时间变化上风格化的表现方式。比如,在表现一个人物的成长历程时,故事片就常常采用化入化出的方式:一个画面是行走中孩子的脚,另一个画面是行走中大人的脚,当后一个画面逐步"化入",前一个画面逐步"化出"时,完成了镜头的转换,同时也暗示着一个孩子长大成人,大大省略了其成长的经历。

3. 快速镜头

画面上物体运动与变化比正常运动与变化时间快得多。马赛尔·马尔丹认为,加速(即快速镜头)"首先是在科学上的价值,因为它能使人看到各种异常缓慢的运动和最难感觉的节奏",达到"摄影机眼中无静物"[①]的效果。此外,快速镜头可以创作出很多喜剧性的艺术效果。

4. 跳接

这是为压缩电视时间而采用的一种极致的方法。起源于法国新浪潮主将让·吕克·戈达尔,在他 1956 完成的影片《精疲力尽》中,就大量采用这种方法。

另外,淡入淡出、闪白、划像都是压缩电视时间常用的方法。

综上所述,电视时间与现实时间的最大区别就在于现实时间是连续的,而电视时间是一种片断的、不连续的,给予观众的只是一种感觉上或想象中的连续,是一种艺术上的时间,也是一种美学上的时间,而不再是现实的物理时间概念了。电视节目的创作者任意根据需要,创造自己的节目时间,以适应叙事需要,即:时间上可以压缩、延伸、加速、放慢,还可以按需要维持原来的长度不变;或向前推进或往回追溯,还可以传达现在的时间。因此,查希里扬就说:"造型形象在时间上的发展——这就是电影的基本特性。"[②]

第三节　空间与电视编辑的空间创造

一、空间与空间感受

(一) 空间

所谓空间是指在自然科学和哲学范畴内物质运动过程的无限性、广延性及三维性。无限性表现为从微观到宏观的广阔无垠;广延性表现为物质的体积、形状、相对位置排列顺序和运动规律。空间显示的是物质之间横的联系,如距离、

---

① [法]马赛尔·马尔丹:《电影语言》,中国电影出版社,1980 年,第 188 页。
② [苏]查希里扬:《银幕的造型世界》,中国电影出版社,1987 年,第 29,30 页。

范围、方向、角度等。

（二）现实感知与心理感受

人类世界的现实存在"包含着三种水平或层次，即自然的存在、现实的存在和审美的存在，与此相应，就存在着三种时空：自然时空、现实时空和审美时空。对三种时空的把握，就产生了三种时空意识……自然时空是基本的时空形态，它不以人类意志为转移，有其绝对性……现实时空是人类社会生活的存在形式，它以自然时空为基础，同时又赋予自然时空以人的尺度和社会内容。"而审美时空则是"人的存在理想方式"，是通过人的创造性意识，能动地创造性地控制和组织现实时间的序列和空间的形式所产生的，是一种创造性的和理想的时空境界，又称为观念空间、内心空间或心理空间。

人们对空间的感觉是主体对现实空间的具体视知觉反映。它除动用人的视觉外，还动用联觉机制，以便尽可能全面地把握空间的所有特征。而心理空间与此不同，它是现实空间经过主体思想意识活动（包括认识、情感和意志），尤其是情感活动改造过的视知觉表象。它是人物特定心境下的内在视像。如果采用视觉形象形式将其再现在屏幕上，不管是回忆、想象的结果，还是幻觉、梦境的表现，都必将是与现实空间感有区别的，它是间接的、再建构的、具有特定情感色彩的空间。

心理空间固然是符合视觉感受经验的，但它又是意象的、变形的。因此，心理空间的视觉形象在空间方向、空间距离、空间形态、空间范围、空间关系等方面是模糊不定的。它的大小、远近、虚实也是多变的。一段空间距离并不大，但有时对心急如焚的人来说，似乎是太长了、太远了，心理空间似乎大于实际空间。也有相反的情形，心理空间小于实际空间。与现实感知空间相比，对影视空间处理来说，心理空间有三点是重要的：

（1）主体性。即心理空间是特定人在特定心境下感知和想象的空间。它具有强烈的主观性，而缺少客观性。它是感知的表现，而不是认识的结果。

（2）模糊性。呈现为心理视像的空间由于主体性作用，心理视象的重点一般不在空间的物理性上，而在情节上，故它多是模糊的，虚实不定的。

（3）形变性。心理空间常有跳换的形变情况。它表现在空间关系的一切方面。[①]

二、电视空间与编辑创作

马赛尔·马尔丹认为："电影有权成为时间的艺术，它同时也能绝对控制空

---

① 郑国恩：《影视摄影构图学》，北京广播学院出版社，1998年，第250，251页。

间。"普多夫金也认为："电影空间也像电影时间一样，与电影摄制的主要方法——蒙太奇——有密切的关系。导演可以用连接各个片断的方法而创造出一种完全由他自己支配的电影空间。他把那些可能是他在不同的地点所拍摄下来的各个片断加以结合和压缩，便构成了电影空间。"①电视亦是如此。电视空间是指屏幕画面表现出来的物质现实的影像形式，它是电视造型运动赖以存在的基础，是对广阔的现实世界的选择与省略。它打破了人眼正常视域范围的限制，根据创作者的意志被分割成不同视点、不同景别的局部。通过这种局部空间的重新组合，与整体的现实空间联系起来。

（一）再现空间的创作

再现空间通过摄像（影）机的记录特性和运动特性，再现物质的直观行为空间：有形的形态造型、有形的环境背景、有形的主体运动等。摄像（影）机本身的外部运动不断地改变着画面的空间格局，在连续的运动形态中，展现完整的统一空间，而观众在连续时间的流动空间结构中得到空间再现的知觉。这虽不是真实的现实，但它却最大限度地消除了屏幕形象与现实的隔阂。电视再现空间主要是依靠线条透视、多层景物、重复景物、框架式前景、镜头的纵向运动、空气透视和光线照明等手段实现的。

比如，利用线条纵向伸展的视觉力量，人为铺展画面的深度，不断引导观众的视线向纵向运动，从而调动视觉心理与深层记忆，将画面同观众自身的经验与积累相互印证、比较，从而接受画面提供的"假象"空间。

再如，利用前景与背景之关系，暗示深度，给人一种身临其境之感。而空间上的"入境"之感，则是内容上"引人入胜"的先决条件。如果缺少真实、生动的形象，则很难建立观众其他真实的映象感。

再现空间可以说是电视屏幕空间的一种还原存在特性，它主要是针对摄像机的"记录"功能说的，因此成为纪实美学常用的表现方式。真正作为电视叙事观念中的空间，应该是一种构成空间。再现的现实时空，要求电视编辑在进行电视的创造过程中，应首先遵守特定的社会内容，与其存在时空之间必须保持真实的不可动摇的联系，即无权人为地虚构特定时空中的特定的社会内容，无权人为地将此时此地发生的事，转移到或更换到彼时彼地去。这种时空意识对于电视编辑来说是至关重要的，因为它是决定电视是否真实可信的关键。

但是真实的再现现实时空，并不等于否认或忽视审美的时空意识，从电视的时空特性而论，电视时空具有无可置疑的可控性，在真实地再现现实生活的电视创作中，编辑人员同样需要能动地创造性地改变现实序列和空间组合，以丰富时

---

① ［苏］普多夫金：《论电影的编剧导演和演员》，中国电影出版社，1980年，第56页。

空的容量,增大时空的自由度,揭示更为复杂的社会内容、人物心理,挖掘出更美的意境。

（二）构成空间的创作

构成空间是将一系列记录着真实空间的片断经过选择、取舍、组合后构成的空间形态。这些空间彼此之间没有联系,是由许多空间段落的并列、连接在一起的,并在观众心里形成了完整和统一的空间感受。苏联著名电影大师库里肖夫曾做过一个非常有名的实验,他将5个不同空间的镜头组接在一起,造成了一个完整、统一的空间感觉。

镜头1　一个男人自左向右走去;

镜头2　一个妇女自右向左走去;

镜头3　男子和妇女会面,握手;

镜头4　一座宽敞的白色大厦,前有宽大的石级;

镜头5　两人一起走上台阶。

本来上述镜头是在完全不同的地点拍摄的:白色大厦取自于一部美国影片,而镜头5则是在莫斯科的一座大教堂前拍摄的。但是通过巧妙地组接,以及观众的心理认同,使5个零散的空间镜头组接成一个完整的空间。

通过库里肖夫的空间构成实验,我们可以得出这样的结论:构成空间不是真实空间在屏幕上的直接反映,它利用画框把空间分割、压缩,又利用人的视觉错觉和心理机制使空间扩展、延伸,在一种独特的运动形态中提供了空间表现的自由,从而把观众带到一个特殊的世界中去。"电影空间经常是由许多零星片断组成的,而它的统一正是通过这些片断在一种创造性的连接并列后取得的。"这样,我们可以将影视空间特征概括如下:它是生动的、多维的、形象的、可控的,是库里肖夫所说的"创造的地理"。

1. 空间变形

借助摄像(影)机的镜头焦距变化可改变景深以及透视变化的特点,改变正常视觉范围内空间状态,对真实的空间在形式上进行"畸变"处理。空间的畸变越明显,画面的抽象感越明显,空间幻觉感就越强烈。

2. 空间压缩

与空间变形一样,空间压缩也是借助了镜头的物理属性获得的。通过长焦距镜头使空间纵向比例严重失调,创造一种与时间相关联的特殊的艺术境地。

可见,构成空间是在再现空间的基础上实现的。由于灵活地运用了"空间变形""空间压缩""非正常视点的空间表现""复合空间再现"等方式,使叙事方

电视编辑理论与实践

式更加灵活。此外,由于构成空间拓展到人类的精神、情感、情绪和思维活动领域,使电视艺术由对可视的外部形象的简单记录步入以往不可视的抽象世界当中。

第四节 时空与电视节目结构

任何艺术作品的创作都有一个结构的问题。古人称结构为"造物之赋形"。结构并非单纯的技巧和形式,它包含着创作者对生活的认识、剖析、提炼和概括,关系到作品主题意念的表达与深化,涉及到作品的艺术风格和样式等。结构是电视编辑过程中的一个重要方面,具体指将前期素材进行排列组合的方式。不同的结构会产生不同的叙事效果,结构的优劣很大程度上决定了节目的成败。电视节目结构形式多样,从时空的角度看,主要有依时间顺序组合成的时间结构,按照空间位置组合而成的空间结构,以及依据时间和空间双重排列交错组合而成的时空交错结构。

一、电视节目的结构原则

结构能力的高低是区别电视编辑水平高低的一个重要方面。结构要服从主题的需要。总的来看,应遵循以下原则:

(一) 有利于体现作品的思想

结构是创作者意念和作品主题思想的产物。结构与主题、创作意念密切相关。要有完整统一的剧作结构,首先要有清晰、统一的主题思想。比如德国导演宣扬纳粹主义的影片,而经苏联导演罗姆之手,就变成了反法西斯的影片《普通法西斯》。除去解说词的作用,无非是对原素材进行了重新剪辑,也就是改变了素材的结构方式,其结果是作品思想内涵的颠覆。美国戏剧家贝克提出:要以主题为中心进行布局,他说:"它好比磁石,它能把思想、人物、对话都吸到它的周围,从而加以布局,完成结构。"

(二) 有利于人物形象的塑造

高尔基说过:"文学是人学。"电视艺术和其他艺术一样,也是通过人物形象的塑造去体现思想和传达情感的。优秀的作品要做到"结构出人物,结构出性格"。面对相同的素材,结构能力不同的编导会创作出质量迥异的节目。比如《生活空间》曾播出的纪录短片《姐姐》,编导原来准备把拍回来的素材编一个反映先进警察的人物片。后来制片人发现这段素材如果重新编辑,就可以成为一个更好地反映儿童的纪录片，正是借助制片人的"金手指"，才有了《姐姐》的出笼。

（三）有利于形成独特的表现形式

现实的社会生活是丰富多彩的，电视创作的题材和创作者的个性也是多样的，观众对节目欣赏的要求更是多方面的，这就要求编辑人员依据自己对生活的独特感受，充分发挥艺术想象力，发挥影视手段的丰富性，创作出具有独特色彩、独特角度、独特风格样式的结构形式。

（四）有利于充分发挥电视表现手段

电视片的结构除了遵循文学和戏剧的一般结构原则外，特别要注意充分发挥电视特有的丰富的表现手段，如电视的时间和空间感、纪实性和蒙太奇表现等。电视编辑要增强电视表现意识，熟悉电视特性，掌握电视特有的表现手段，充分运用蒙太奇的思维，借助蒙太奇时空的灵活变化，创作出多样化的结构形式。

二、电视节目的时间结构

时间结构也称纵向结构，是指以事物发生、发展的时间推移来组织节目内容的结构。这种结构一般用于叙事性电视片中。它的特点是节目中都有中心事件或中心人物。编导安排结构是以事件发展的流程作为线索，把获得的材料按照时间顺序依次组织起来。作品内容的顺序和事件的发生、发展、结果顺序时间一样，体现事件本身的时间，因此是一种时间结构。这种结构方式严格按照事实的逻辑、因果关系，具有很强的叙述性。

（一）按照事件进行的时间顺序安排结构

这种方法有明显的先后顺序和叙述线索，循序渐进，脉络清晰，便于掌握，也便于接受。例如，中央电视台导演陈晓卿的纪录片《龙脊》，整个故事的素材就是按照时间结构来进行编辑的。编辑人员以不同月份的山歌作为时间线索，让这个关于山村贫困学生的故事，连带丰满的人物和细腻的情节，在优美的风土人情中展开。

以时间为线索进行结构，这里的时间可以是具体的，也可以是历史的；可以是显性的，也可以是隐性的。如大型政论片《复兴之路》一片按照历史线索，逐集表现中国如何在国家危亡之际开始了民族觉醒，如何在民族救亡的探索之中选择了社会主义道路，如何在社会主义建设的过程中实现了改革开放的历史性突破，如何在中国建立起社会主义市场经济体制，如何在新的历史时期提出科学发展,建设富强、民主、文明、和谐的社会主义现代化国家。其时间就是一种隐性的时间。

应该看到,在处理复杂事件时,因为头绪繁多,在同一时间内发生的事情不止一件,线索难以理清,因此仅有时间线索是不够的。而且,时间是硬线,容易流于死板、僵硬和单调。因此,对于电视编辑来说,仅使用简单的时间顺序是不可取的。《姚明年》的主要线索是时间,从姚明入选 NBA 开始,到国内送别、国外迎接,然后参加比赛,第一次、第二次……第六次,然后再回到祖国。但其间还有其他众多的线索,比如对祖国的感情和祖国给予他的压力,对国外生活方式的逐渐适应,对 NBA 训练及比赛方式的学习,与翻译科林的友谊,与对手的较量等,每条线索都伴有大量的具体事件、细节,编导别具匠心地把这些内容巧妙地塞进了时间线中,让人觉得丰富、饱满,也没有失去固有的清晰与分明。

这一类结构方式的习惯性编辑方法是:

(1)根据事件的自然时间过程将整个片子剪成几个大段。

(2)根据每一大段的时间长度和实际素材,进行挑选工作,剪掉不要的镜头,留下有用的画面。

(3)在去粗取精的同时,随时根据剪辑的感觉,调整每一大段的长度和某些镜头的前后位置,形成整个片子的最后结构。

(二)按照接触事物的顺序安排结构

用这种方式安排结构的电视片很多。因为除非是电视剧,一般的电视片很少有完整情节或有呈现完整时间进程的事件,甚至很难拍到连续性的材料,这就只能靠创作者根据对生活的认识去发掘和深化主题,把生活的本质意义有层次地反映出来。

人们接触事物的顺序有两种:一是感性的方式接触,体现为情感的深化;二是以理性的方式接触,体现为认识的深化。在实践中,叙事性强的片子会更多地按照情感深化的顺序来结构,议论性强的片子则更多地按照认识深化的顺序来结构。

此外,一些由记者采访贯穿其中的调查类节目,也常常采取这种结构方法。让故事情节随记者采访的进程层层展开,在结构上环环相扣,循序渐进,最后步入高潮。

三、电视节目的空间结构

空间结构也称横向结构,是把没有时间连续的各个空间内容,按一定的内在联系组织在一起的结构。这种结构的特点是节目中无中心事件或中心人物,但各个内容之间必须有内在联系,紧紧围绕主题。这种结构一般用于人物多、头绪多的综合性报道,也用于非事件性(观念性)专题片。

《沙与海》是中国第一部获亚广联大奖的纪录片,该片记录了宁夏与内蒙古交界处的一户游牧人家刘泽远和辽东半岛的一个渔民刘丕成的生活。通过这两户人家同与不同的比较,通过"沙与海"的对话,来表现一种人文关怀,一种对个人生存状态的思考。生活在沙漠和大海中的人们,都有着曲折的生活经历,他们和自然环境抗争,生命的坎坷,理想的存在,质朴与平静,都是对现代社会浮躁与奢华的反思……在结构上,这部电视片平衡对称,错落有致。整个片子非常严格地按照介绍完刘丕成之后,紧接着介绍刘泽远的顺序进行剪辑,形成"沙"与"海"两个地域相互对比、平行呈现的特殊空间结构。两户人家,一个在湛蓝的大海上,一个在银色的沙漠里,两种地方风貌穿插,让人感觉清晰有序。

很多电视风光片往往以空间位置的变换来安排层次,反映创作者在不同空间、不同环境和地点下的新的视点。较之时序式结构,它在层次安排上有更大的自由度。如《话说长江》、《话说运河》等从整体看就是按照空间变换来安排层次的。《话说长江》从长江源头开始一直到长江入海口,通过不断变换的位置,展示长江的雄姿和两岸的风貌。《话说运河》在节目开始的头几回里,先以序集展示出节目摄制的"海陆空"立体式战役的浩大声势。而后的《一撇一捺》《漂来的北京城》《江河湖海处》,则形象地概括了古老运河的内在与外在的气势,从京杭运河的两端介绍了运河源头的有趣知识。在中间部分,主要表现江南运河与苏北运河的风貌,着重挖掘运河自身的奥秘及两岸的风土人情,充分揭示出大运河的古朴之美。后面部分则侧重于揭露大运河所面临的问题,如污染、干涸、断航等,反复向人们呼吁大运河已到了非治理不可的时候了。同时,也以南水北调的伟大工程来振奋人心。

可见,以"空间"变化为依据的"横向结构",其一般特点是,把几部分不同的材料用一条主线按照顺序编辑在一起,从事物的不同方面来展现同一个主题。这里的各个部分可以是紧密相关的,也可以是相对独立的。比如片子按不同的人物、地域、事件、年代、主题等分为几块,各个块可以独立成篇,块与块之间不一定构成起承转合的关系。有时,这样的结构方式也被称为板块结构。

四、电视节目的时空交错结构

时空交错结构也称散点式结构。它既有不受时间约束的大幅度的空间变换方面,也有表现事物发展过程的时间推移方面。时空交错结构的电视片纵横交织,相互推进,打破了生活正常时间、空间的连续性和顺序性,将古今中外同时纳入片中,因而不再是单一的线性,而是立体交叉,具有深度和厚度的网状结构。比如编辑一部反映改革开放以来北京、上海、广州三地经济建设成就的电视片,可以以三个地方形成一个空间结构,再在这三个地方分别按经济发展的过程表现为时间结构,也可把北京、上海、广州三地的工、农、商各条战线的发展过程做交叉表现,形成更加复杂的时空交错的结构形式。

大型纪录片《舌尖上的中国》在创作时也大量使用时空交错的结构方式。以第二集《主食的故事》(图8-3、图8-4)为例,创作者通过前期的采访拍摄获得了大量素材,仅在后期编辑时纳入节目的就有来自山西、陕西、兰州、新疆、贵州、广东、浙江、北京等近10个不同省域的素材,因此,节目最终呈现时主要是一种在多个地点间穿梭、转换的空间结构。但具体到每个地方,又分别按某一道美食的制作过程形成时间结构,展现其完整的烹饪工艺。这样,既有空间的变换,又有时间的推移。编辑人员对分属不同时空的素材进行了较为自由的组合,最终形成了和谐、统一的整体。

图8-3　以字幕作为提示的空间变换

图8-4　以菜肴制作流程形成局部的时间结构

电视纪录片《一个城市的十六天奥运记忆》以北京奥运会的新闻事件为主

体,以 10 个主题分别纪录了在北京奥运会 16 天内的赛场内外的精彩瞬间及背后故事,进而展示中国人民对奥运的巨大热情,以及成功举办奥运会的巨大成就和本届奥运会所取得的丰硕成果。在这部电视片中,既有以奥运比赛 16 天赛程为顺序的时间安排,也有以赛场内外多个不同人物故事构成的空间组合,也是典型的时空交错结构。

总而言之,对于创作者来说,不应该拘泥于哪一种结构方式,而是要首先考虑主题的需要,可以用单纯的时间结构或空间结构,也可以兼而有之,但不应为它们束缚手脚。在总体是时间或空间结构的基础上,局部做时间或空间的变化是可以的。而且这是丰富结构形式和改变结构模式化的重要途径,电视编辑人员应该正视这个问题。

思考与练习

1. 什么是电视时间?可分为哪几类?
2. 试举一例说明何谓电视时间的扩张法?常用的扩张法有哪些?
3. 电视空间的特征体现在哪些方面?
4. 何谓再现的电视空间?何谓构成的空间?
5. 从时空的角度看,电视节目常见的结构有哪几类?

推荐阅读书目

1. 傅正义,《影视剪辑编辑艺术》,中国传媒大学出版社,2009 年。
2. 汪流,《电影剧作结构样式》,中国广播电视出版社,1999 年。
3. 罗慧生,《世界电影美学思潮史纲》,山西人民出版社,1985 年。
4. 汪流,《电影剧作概论》,中国电影出版社,1985 年。
5. [苏]普多夫金,《论电影的编剧导演和演员》,中国电影出版社,1980 年。

第九章 电视编辑的现代影视观

学习要点

　　本章旨在帮助学生了解现代主义思潮对影视语言的影响,懂得现代影视语言的基本规律和创作原则,内容上着重讲解在电视编辑中使用现代影视语言的创作技巧、创作规律。

第一节　现代影视观的基本内涵

　　现代艺术是相对传统艺术形态而言的。现代主义对影视创作的影响比起其他艺术门类来说要晚一些。而谈到现代影视艺术创作的出发点和落脚点,则首先要到现代主义这个大门类中寻找它的理论依据。

　　一般而言的现代主义艺术主要指 20 世纪初在欧美等国家兴起的反对一切艺术传统、提倡绝对自由的各艺术流派,如美术上的表现主义、超现实主义、抽象主义,音乐上的表现主义、噪声主义、十二音主义、复数音乐,舞蹈上的正统派、效果派、即兴派,戏剧上的荒诞派,电影上的先锋派、表现主义、超现实主义、新浪潮派,文学上的未来派、生活派、意识派等派别。

　　总体说来,现代主义艺术最典型的特征是非理性原则。所谓非理性原则,就是对传统艺术理性至上的彻底否定。传统观点认为,艺术创作应纳入理性或逻辑思维活动的范畴。以电影和电视为例,在传统影视作品中,情节结构、人物行为、叙事方式,以及构图、用光、造型都要合乎理性,有固定规律可循,人们能够通过影视作品理解创作者想要传达的意图,即它的思想内容。这样,影视作品就和其他传统艺术一样,有了帮助人们认识世界、认识人生的功能,也就获得了伦理价值和社会意义。但这一切正是现代主义所排斥的东西。

现代主义主张在艺术作品的创作过程中摆脱理性的"束缚",用非理性的直觉、本能、潜意识活动、意志等"原始力量"在作品中体现出创作者真正的"自我"。它强调创作者要在作品中表达出自己对社会直接的、原始的感受,不要经过理性的综合概括,所以作品的含义应当"因人而异""自行求解"。为了达到这个目的,它在发展过程中逐步地,最后彻底地否定了情节结构、人物行为动机、性格发展逻辑、形象的比例尺度、色彩的合理配置等一切"旧文艺"的"程式"。人们通常将这一类的艺术创作流派统称为现代派艺术,而现代影视则基本上可以纳入这一范畴当中。

一、现代派艺术的科学依据

现代派艺术深受弗洛伊德的精神学说的影响,总体来说就是要表现摆脱一切理性、法律、道德和习俗的约束的人的真实。弗洛伊德精神学说也被称为"精神分析""心理分析"理论,它产生于19世纪末和20世纪初,最初运用于医学特别是心理分析上。应该说,弗洛伊德理论具有较高的理论价值和应用价值。它科学地阐明了人的动机和人的行为之间的相互关系,并指明了动机和行为的易变性。弗洛伊德理论学说内容广泛,总体上说有以下三个部分组成:无意识论、释梦论和泛性论。

(一) 无意识论

弗洛伊德认为人的意识结构是有层次的,可以分为三层不同的结构,即表层的意识、处于中间层的前意识和处于深层的无意识(即潜意识),但是这三种意识并不是相互独立的,而是一种相互关联的动态结构。

弗洛伊德认为,意识是与直接感知有关的心理部分,可以用语言来表达,有目的性,是人的自觉活动,并受社会舆论和伦理道德的影响。人们日常工作、生活的行为方式受意识的支配,是以一种高级形态出现的。前意识是指意识和潜意识之间的边缘部分,它由可以回忆起来的经验构成,主要功能是在意识和无意识之间从事警戒。无意识(潜意识)是不能被本人意识到的,是和意识相对而言的部分。无意识(潜意识)包括人的原始的、盲目的冲动,各种本能及出生后被压抑的欲望,它具有先天性和遗传性,无法用语言表示,只能以低级形式表达。弗洛伊德认为人的心理活动主要是无意识的,而有意识的精神活动仅仅是人的精神活动中的极小部分。他将无意识与有意识之间的关系比喻为:人的整个精神或心理好比一座浮在海面上的冰山,意识只是露在海面上的1/3部分,那藏在水面下的2/3的更大部分都是无意识。也就是说,人们在意识这种高级形态支配下,从事着一种并非原始本能的行为方式。

(二)释梦论

由于人的精神活动或心理活动主要由无意识(潜意识)组成。因此,弗洛伊德用潜意识理论解释梦——这种并非在意识支配下的精神活动。他认为,人们在白天,由于前意识的警戒,人的各种欲望被压抑了,而到了夜里,在睡眠中,潜意识的检查放松了,潜意识的冲动经过化装,以离奇怪诞的形象做假面具,乘机潜入人的意识界去活动,于是就有了梦。他认为这种看似无意识的活动,实则是人的真正的、原始的心理活动的表现,即人们常说的"日有所思,夜有所梦"。

(三)泛性论

弗洛伊德认为,人从出生到衰老,一切行为动机都有性的本色,都受到性本能冲动的支配。这种冲动常常表现为种种无意识的意图和欲望,从而给人的全部活动、本能和欲望提供力量。因此,他用这个概念赋予人的整个行为和心理活动以性欲的意义。

人是社会的基本要素,既然人的一切动机都是因性而生,那么一切社会的问题的总根子都在人的下意识之中,是人的性欲引起的,是性心理、性冲动的表现。他把文艺看做是下意识的象征表现,具有梦境的象征意义。因此,他认为文艺的功能在于使读者和作者所受的本能和欲望的压抑都得到一种"补偿"或变相满足。

弗洛伊德用他的精神分析学说解释文学艺术问题,他的"文艺即梦幻"论点对西方文艺的直接影响就是在文学上首先促成了所谓的"意识流小说"。乔伊斯在1922年发表的小说《尤里西斯》被认为是对弗洛伊德文艺理论的成功应用,而前者在1939年出版的《费尼根的觉醒》则是"对精神分析的文学资源的最精心彻底的发掘利用"。

弗洛伊德的精神分析法极其强调人的性欲问题,要求从性的角度来重新分析过去的文艺作品并指导一切文艺创作。作品中人物行为的性的动机和人的性生活(正常的和变态的)在生活总体中的地位被极端地夸大。他通过对希腊悲剧的分析,提出了著名的"俄狄浦斯情结"和"厄勒克特拉情绪"。

俄狄浦斯情结也称为"子恋母情结"或"仇父恋母情结"。这一名称取之于索福克勒斯的悲剧《俄狄浦斯王》。该剧故事的核心就是"杀父娶母"。而"厄勒克特拉情结"也称为"女恋父情结"或"仇母恋父情结"。这一概念的名称取自于索福克勒斯的另一个剧本《厄勒克特拉》。该剧讲的是某国王为王后所害，公主厄勒克特拉促使她的弟弟奥列斯特斯杀死了他们的母亲，为父亲报了仇。"子恋母情结"的主要特点是男孩依恋母亲而嫉恨父亲，"女恋父情结"的主要特点是女孩对父亲的好感超过母亲。

弗洛伊德用他的精神分析学说解释文学艺术问题，分析了一系列的作家、艺术家及其作品结构和内容，并把艺术创作看成是解除痛苦，使现实中未得到满足的愿望得到自慰的手段，是无意识冲动的升华，是一种得不到满足而转入其他排遣途径的发泄能量的创造物。因此，他认为文艺创作的根本是一种"个人的白日梦"，而欣赏本身则是在"享受我们自己的白日梦"。

弗洛伊德学说对文学、艺术观的影响主要表现在，首先要求文学艺术创作提供无意识，二是主张文学艺术中的幻想，最后就是要表现出创作者和欣赏者的"性"——这种最原始、最本能的冲动行为。

超现实主义是最早接受弗洛伊德无意识理论的现代西方文艺流派之一。在超现实主义艺术家看来，文艺作品不仅其内容应当以人物的无意识为主，而且创造活动本身也应当是无意识的。他们称之为"自动写作"的无意识创作，就是在似睡非睡中完全凭无意识自发完成作品。因此，有些学者认为是弗洛伊德学说开始了心理学与文学艺术的联系。

其实早从古希腊时代开始，人们对于艺术创造就一直存在着现实主义表现和浪漫主义表现两种截然不同的观点。柏拉图认为，从认识论角度看来，艺术是不真实的，艺术创作（如诗）是诗人受上帝的委托的行为。能创作出好诗是上帝赋予的力量，使他可以看清世界的本质，而创造的本身是诗人在一种特定的状态下的产物，即艺术创作的"迷狂说"。"迷狂说"的艺术创作观否定道德，讲究艺术创造的灵感，是一种浪漫主义类型的创作观。这种浪漫主义实际上就是强调了创作的无意识。

而柏拉图的学生亚里士多德认为，艺术可以把握历史发展的多种可能性，艺术是人们认识世界的有效手段，而人们通过对艺术的欣赏，可以提高人的精神境界。与柏拉图相比较，亚里士多德更加强调艺术家知识的积累、生活的积累，是一种典型的现实主义的观点。这也是传统艺术一贯倡导的创作原则。

二、现代派艺术的哲学基础

现代派艺术不仅以弗洛伊德学说作为其形成和发展的科学依据，同时还有其深厚的哲学思想基础——存在主义。存在主义发源于19世纪末，并在20世纪30年代开始盛行于欧美各国。现代派艺术接受了萨特的存在主义的影响，主要表现在人与物、人与社会、人与人之间的关系上。传统作品中的"良好的感情"在这里消失殆尽,代之以人生恐惧、社会秩序之荒谬、人之渺小孤独、人性之虚伪和残暴等。

(一)存在主义的主要内容

存在主义理论庞杂而晦涩,概括起来主要有以下几个方面的内容。

1. 自由之路

这里的"自由"指的是以主观性和超越性为特征的纯粹意识活动。它不是人的存在的某种性质,不是追求和选择得来的。人的追求和选择,或者说人的存在本身就意味着自由。自由是人所必然具有的。萨特认为,人的自由是人的意识活动,这种自由与人在现实生活中的具体的自由(如人在政治、经济生活中的自由)有所区分。后者要受到各种具体条件的限制。在现实生活中人并不能随心所欲。至于与自为同一的自由则是人们在思想上对自己面临的各种可能性加以选择的自由,不受任何限制。存在主义在描述自由之路时,首先从人的角度,肯定了人的价值。即人是自由的人,就是个人有选择的想象,有根据想象在各种可能性中进行选择的自由。任何人在任何时间、地点及任何具体条件下,都可以而且必须在思想上对自己面临的各种可能性加以选择。不管人们处于何种精神状态之下,例如是勇敢还是懦弱,是无畏还是恐惧,都同样是在选择,而这种选择就是自由。所有选择都是个人单独地进行的,完全根据个人在特定境遇下的意愿,不遵循任何普遍的或先天的标准,不受任何因果和逻辑关系的约束。

存在主义同时强调,由于人面临着自由,享有自由的权利,所以就必须具有合理运用这种权利的道德观和能力,必须对自己的选择负责并承担后果。这里面包含有三个层次的含义:一是选择是自由的,但绝不是任意的;二是在选择时必须意识到要对自己和他人负责;三是别人有权对他的选择进行评价。

人的选择完全是个人的自由行动,不受他人和任何外力影响。因此除了自己以外,没有任何其他人可以负责。同时,个人的选择要牵涉到他人以至全人类,因此,个人不仅应关心自己的命运,也应关心他人和人类的命运。"对每一个人来说,他每发生一事,都好像整个人类在用两眼盯着他,要他用他的行为来指导自身。"①

萨特把个人在自由选择时应负的责任与个人的烦恼、孤寂和绝望等情绪联系起来。人们之所以感到烦恼,正是由于人被判定是自由的,人不能逃避自由,不能逃避在各种可能性面前进行选择,不能逃避对所进行的选择要担负责任。烦恼意味着对自己、他人和世界的责任感。逃避自由、逃避选择、逃避烦恼,在萨

---

① 萨特:《存在主义是一种人道主义》,转引自《存在主义哲学》,商务印书馆,1963 年,第 340 页。

207

特看来是一种"自我欺骗",是"不诚"。人们之感到孤寂,是因为他们在进行选择时不能依靠上帝或其他外在力量,而只能依靠个人自己。一切道德价值均出于个人创造,也应由个人负责。人们之所以感到绝望,是因为个人只能信赖自己,无法信赖他人和社会。"由于人是自由的,没有我可依赖的人类本性,所以我就不能信赖人类善良或人类关心社会福利的方法来期待我们所不认识的人。"①萨特强调在许多互相矛盾的道德原则冲突的情况下,个人勇于承担道德责任的重要性,在道德责任上被称为"奥列斯特情势"。

由于萨特把人的存在等同于人的自由选择,并把烦恼、孤寂、绝望等情绪当做对自由的领悟的根本方式,因此,尽管他竭力强调个人的能动性和行为,把存在主义当做一种倡导积极进取的乐观主义哲学,实际上却表现出了明显的阴暗、悲观倾向。

2. 存在先于本质

存在先于本质指的是人的本质出于人的自由的创造。"人的自由先于人的本质,并使本质成为可能;人的存在的本质悬置于人的自由之中,因此我们称为自由的东西是不可能区别于'人的实在'之存在的。人并不是首先存在以便后来成为自由的,人的存在和'他是自由的'这两者之间没有区别。"②

这里说的人的本质泛指人的各种有质的规定性的特征(包括人的才能、专长、职业、地位等)。存在先于本质、自由先于本质,意思都是说人一开始只是作为纯粹的主观性、虚无而存在,至于人的各种规定性,则是出于纯粹主观性、虚无的创造。人的一切特性不是与生俱有的或上帝之类外力给予的,而是作为自由的人按照自己的意愿造成的。简单的理解就是,首先是人存在、露面、出场,然后才说明自身。"懦夫是自己造成懦弱,英雄是自己造成英雄。懦夫常有可能变成不再是懦弱。英雄常有可能不再是英雄。"③

存在主义认为人的存在之先于其本质,使人与物严格区分开了。物总是消极被动的,没有自由,不能自己造就自己。它们作为自在的存在本身没有意义,没有价值,也就是没有本质。它们的本质是当它们作为人(自为)的对象而存在的时候由人赋予的。就它们作为人的对象来说,它们的本质先于其存在。比如,当裁纸刀被其制造者制造出来以前,其制造者首先要有裁纸刀的观念(包括什么是裁纸刀以及制造的方法),也就是先有裁纸刀的本质,然后赋予它,使之成为裁纸刀。因此,就裁纸刀而言,可说本质先于存在。

---

① 萨特:《存在主义是一种人道主义》,转引自《存在主义哲学》,商务印书馆,1963 年,第 347 页。
② 萨特:《存在与虚无》,三联书店,1987 年,第 56 页。
③ 萨特:《存在主义是一种人道主义》,转引自《存在主义哲学》,商务印书馆,1963 年,第 349 页。

萨特认为,人与物的重要区别就在于人是一种不断自我设计、自我谋划、自我选择、自我造就的存在物。在人的面前有多种可能性,人究竟成为一个什么人完全取决于人的选择。"人不外是人所设计的蓝图。人实现自己有多少,他就有多少存在,因此,他就只是他的行动的总体,他就只是他的生活。"

3. 新的人学

新的人学是贯穿萨特全部哲学的核心,是对人的命题的关怀,以及恢复人的价值的努力。存在主义把人的价值提升到相当高的地位,赋予人的许多全新的命题。充分肯定了人的努力的重要性,以及对人自身的关怀。

(二) 存在主义对现代派艺术的影响

存在主义的根本特点是把人的存在当做哲学的出发点,研究人的存在状态,揭示现实世界对人的异化。这就把现代艺术从传统的临摹自然、传达宗教启示中解放出来,引向对人的生存本质的探索。存在主义认为环境使人产生了孤独、迷惘的情绪,人要取得自由,必须反抗环境。存在主义主张用作品介入生活,主张人有责任通过创作使社会获得精神上的超越。

存在主义思潮渗入现代影视创作中,使现代影视艺术特别是电影和电视剧领域里表现唯我主义和非理性主义,表现人的"内心孤独"、人与人之间"无法交流"的现状。这类作品主要表现在人与物、人与社会、人与人之间的关系上,传统艺术中的"良好的感情"在这里消失殆尽,代之以人生恐惧、社会秩序之荒谬、人之渺小孤独、人性之虚伪和残暴等,作品都着力突出人的精神痛苦与丑陋。

现代影视艺术除了受到弗洛伊德学说和存在主义思潮影响以外,同时还受到伯格森的"直觉主义"和布来希特的影响。"直觉主义"强调在文艺作品中通过非理性感受而进入意识深处,强调"直觉"在认识世界、艺术创作与鉴赏中的位置,清除我们与"实在"之间的障碍,克服我们同"实在"的距离,使我们直接面对"实在"本身,使灵魂得到提高,超脱生活现状。比如法国"左岸派"的影片就接受伯格森的观点,从而赋予"现实"以全新的观念。而布来希特则力图对现实进行曲折的表现,以沟通内心的幻象,使影像不是单纯模仿自然,而是再造自然。布来希特在戏剧作品中运用的间离技巧被发挥到银幕上,主张艺术作品应当让观众时时处于静观的状态之中,让观众在这种"静"中认识世界。

下面以意大利著名电影导演费德里科·费里尼的影片《八又二分之一》为例,分析现代影视创作中的上述观点的运用。

应该说西格蒙德·弗洛伊德的心理分析理论在费德里科·费里尼影片中得到了最充分的表现。据说在此以前,费里尼拍摄了7部故事片和略等于半部影片的2个插曲,因此这部影片具有很强的自传性色彩。

影片采用了"套层结构",即采用了片中人物的主观视点,这是一种非情节化的结构——"无结构的结构"。影片线索主要有两条。一条是叙述那部悬而未决的影片遭受挫折的故事线索。这是一个有职业特性的人物的故事,尽管是整个故事的结构支撑面,但它仍是次要基线。还有一条是由闪回、幻想所构成的旨在探索幼年动机或成年逃避现实的平行线索,即以表现"处于危机中的普通人"的心理世界为线索,看似是结构的填空面,但实则是一条主要基线。因此,整个结构上具有较大的主观随意性,并割断了人在现实中动作发展的序列,给人一种支离破碎的晦涩的印象。

影片中的三个重要人物:露依莎是环境的代表,暗喻着当代人类之间的隔阂,彼此无法沟通;嘉拉是性欲的代表,暗喻世俗的人沉溺于物欲横流之中而无法解脱;克罗狄娅尽管是精神的代表,但是精神终究破灭了。

费里尼想通过这部影片告诉我们什么呢?影片的最后一点,在摄影棚正在拆除的火箭发射台前,男主人公吉多说:"人的一辈子就是一场戏,你只要把它接受下来就行了。"或许是一个答案,可能像费里尼自己所说的,影片的结尾只有一个意义,那就是吉多明确、彻底、清楚地容忍了他自己,接受了现实。影片的结论是:不必热衷于去理解一切,只要试着去感觉和容忍自己就行了,必须适应当前的一切,保持目前的局面就能愉快。

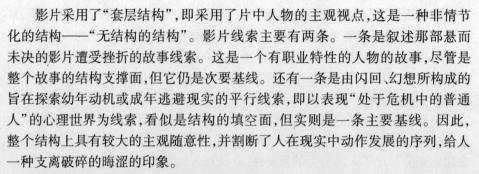

第二节　现代影视艺术的创作观

受现代艺术的影响,现代影视艺术在表现范围、创作手法、审美标准等诸多方面都发生了巨大的变化。

一、艺术表现上的不完整性

所谓艺术表现上的不完整性,是指现代影视艺术的叙事策略是建构在现代梦想意识理论基础之上的,而作为人类精神活动最重要的表现形态——梦的本身是一种无确定意识,无逻辑层面,梦的随意性、不完整性运用在现代影视艺术上,借用屏幕表现人的精神层面。因此,现代影视艺术的叙事方式最重要的一点是其结构上的不完整,这是与传统影视艺术相悖的重要方面。与《战争与和平》那种完整再现历史的传统影视结构相比较,《尤里西斯》只截取了生活的一天,用一天的生活来反映整个社会的现状。

现代影视创作者认为,生活本身是不完整的,是分裂的,现代影视所表现的仅仅是生活的某一层面,某一个片断。但这片断是生活中不可或缺的,必须将这个片断放大,以求得深入探索其精神层面的内容。因此许多现代影视作品表现可能是无头无尾的,而仅仅表现了生活的一个瞬间。

二、从"审美"向"审丑"变化

在传统社会,美的创作是社会的分工,人们在精神上需要真、善、美。美是人类的老师,在形而上的范围里,"审美"最重要的内涵是高尚、向上的成分,"审美"必须保持一定的规范,丑是不能介入"审美"的领域的,美与丑是对立的。在现代影视作品中,美与丑的界限被打破了,艺术中的美与丑相伴相生,成为多重矛盾的对立组合。美不是一种独立的存在,而是与丑密不可分的。

在传统社会当中,人们普遍认为艺术家的人格是完整的,艺术家的心灵是完整的,他有模仿自然的能力,并为社会创作一种精神上的愉悦感——陶醉品。

而现代影视的创作者认为,当代社会整个社会陷入异化状态,艺术家不可能通过对社会的简单模仿去表现完整的社会。艺术所表现的对象被异化了,人们精神和肉体分离了,人已成为了非人,没有人能够摆脱异化,因此,艺术的审美特征也需要发生异化。如果仍采用传统的方式去表现社会,一味地追求真、善、美,那是对社会的一种不负责的粉饰,只有采用非常规的手法才能恢复对社会的印象。如何才能在现代社会中恢复对社会的印象呢?就是解决"我是谁"、"我从哪里来"、"我要到哪里去"等人们心灵中的问题,深入到人们的心灵深处,反映现代人的现代无意识这种最原始本能的变化,找到社会、人发生异化的固疾。

当然,这里的"丑"是广义的。现代影视艺术向"审丑"转化并不是为"丑"而"丑"。"丑"不是一种非外形的狭意指称,而是一种具有更广泛意义上的所指,是对传统社会对立的美丑二元化标准的深入质疑。对传统美的对立面"丑"的褒扬,并非是一种无视传统的"美"的意义,而是从一种更广泛的层面——合谐的层面——去看待传统社会对美与丑的二元化标准。

因此,将传统意义上的"审美"转向"审丑",并不是对审美标准的退化,而是针对当代社会的存在的多种异化的强烈批判,是对现代社会对人性异化的一种最彻底的反讽。而现代影视艺术直面丑陋,甚至扩大和夸张了丑陋,其本质上是对传统社会将艺术作为社会陶醉品的反叛。

影视艺术作为当代社会最具有影响力的大众艺术之一,不仅承担为社会提供文化娱乐的精神产品的任务,同时也作为引导观众的重要工具。电视编辑者是艺术家,更是社会精神家园的守望者,应对社会具有更加深刻的历史反思和现实观照。直面丑陋,将社会丑陋的局部进行放大,并非是为了颂扬丑陋,而是通过将"丑"——社会的另一面,揭示给人们看,引起社会的震惊,引起人们对社会为什么会如此丑陋的思考。从这个意义上来说,现代影视艺术创作已不仅仅想成为社会的陶醉品,而是要成为现代社会人们必需的清醒剂,以帮助人们透过社会的表面,看到社会的本质。

三、审美对象的世俗化

传统社会艺术只限于高雅艺术。传统社会里,艺术是高雅品位的产物,是高层面的精神产品,是与通俗、大众相对立的。进入现代社会以后,随着人们物质文化水平的不断提高,人们对艺术的要求也随之提高。特别是艺术品具有商品属性以后,艺术的高雅门槛随之降低,高雅艺术生活化、日常生活艺术化就在我们的身边了。比如,在传统社会,"如厕"代表了不洁、不雅,而现代社会从人性的角度出发,从关心人的层面出发,关心"如厕"文化的建构,使"如厕"行为更加舒适,更加放松,更加富有人性。所以,过去的高雅艺术,如今也可以在"如厕"的地方听见。

现代影视作品将镜头对准了社会的不同层面,使社会最大众化的生活成为艺术表现的重要内容。当然,现代影视审美对象的世俗化并不是要低俗化、庸俗化,而是指影视作品表现方式的生活化、大众化。这种"世俗"的艺术表现将镜头对准社会生活的不同层面,试图反映现实生活中的不同的人、不同的事、不同的生活、不同的命运。总之,就是要让那些在传统艺术创作中不可能出现的小人物,成为现代影视创作的主体。

四、艺术理想的缺席

在现代影视创作中,创作者对所谓的正义和邪恶并不进行明确的表态,只把生活的本来面目告诉人们,在截取社会生活层面时,更加注重客观化的截取。比如,对人物评价时,更多是将其放于大的社会背景下。在表现人物时,一反传统社会艺术人物的二元化推断,抛弃"脸谱化"人物,而用处于中间层面的"灰色人物"——一种中性的、不正不邪、亦好亦坏的社会人——取而代之,展示的人物性格是立体的而非平面的,采用的视点是客观的而非主观的,解说的方式是介绍的而非评论的,观察人的内心世界是动态的而非静止的,从而使传统影视艺术当中的理想标准出现了缺席。

从更深层面上看,现代影视艺术的这种创作观,并非是理想的真正丧失,而只是将对客观的观察与评价的标准交给了观众,以创作者主观标准的"缺席"换取观众主观意识的"出席",这也表现出现代影视创作者对观众的尊重。

五、从具象到抽象的转变

"具象"与"抽象"是一对矛盾。一般而言,"具象"是现实的、可视的、可感的物质形态,是一种较为直观的形象化内容。而"抽象"是理性的、主观的、不可视的、不可感知的,是以一种潜在的方式存在的。

电影、电视以造型手段为其逻辑起点,非常擅长于用具象的方式去表现客观物质社会现象。在传统影视艺术当中也试图运用一些方式实施具象内容上的抽象化,即将具象化的内容通过分析的手法上升到一个较高的精神层面上来。但是传统影视艺术当中的这种转化——由具象到抽象——是建立在对客观事件的全面逻辑具象的基础上完成的。也就是说,这种抽象还是建立在对事物客观叙述的基础上的,而且,创作者极力强调自己的这种理性升华不具有更多的主观化倾向。

而现代影视艺术却从不回避这一点,相反更加强调创作者的主观态度,强调创作者对外部客观社会的主观反映,但是在表现手法和表现形式上,却更加重视无结论式的手法,更多表现一种纯粹的个人体验。尽管这种个人体验更加主观,但创作者并不掩饰自己的这种主观性,相反尽可能地给予放大,并通过各种艺术的手法,如梦境、心理活动、幻觉来加重这种主观视点的痕迹。

因此,现代影视艺术与传统影视艺术的分水岭就在于,传统社会的主观视点的抽象是建立在对社会现实的具象基础上的主观视点,而现代影视艺术的抽象是完全建立在一种个人梦境、心理的、自我幻觉的非客观的自我体验基础之上的。前者的抽象具有总结、评判、归纳的意义,而后者的抽象则更多是一种感觉、认识、反应。前者的抽象是对一个具体的、可感知的具象内容的理性化的结果,而后者的抽象则是一种非具体的、看似"非理性"化的结果。

抽象化手段的运用,弥补了传统影视创作的不足,使影视创作进入了一个全新的领域。但是,这种过于形式化的手段有时晦涩、抽象,观众不太容易理解。

下面用影片《迷墙》作为个案,分析以上观点。

影片《迷墙》正是这样一部典型的由具象转向抽象,将个人主观视点放大化,表现个人体验的一部影片。应该说,《迷墙》是一部反思历史和人类自身的一部具有深刻哲理性的"艺术性纪录片"。但是这种反思并不是建立在一个具体的事件叙述之上的,即不是对某个具象内容的抽象,而仅仅是表明了创作者的主观体验。当然,这种主观体验仍然具有广泛的社会存在的基础。

从《迷墙》这个片名上看,它具有两层含义。第一是"迷"。所谓的"迷"是指"迷惘",这是一种纯粹精神的活动,创作者试图以个人体验来反映现代欧洲人的思想状态,特别在对历史反思以后,对现今生存状态的一种"迷惘"。第二是"墙"。这里的"墙"同样也是一种不可感知的心理活动。它意味着"隔阂",而"隔阂"意味着心理的隔绝。创作者还是以个人的主观视点来表现欧洲人与人之间心理相互隔绝的生存状况。因此,《迷墙》这部影片想表现的,正是现代西方社会人的生存状态与冷漠的人际关系,渴望寻求一种拯救和希望(图9-1)。

图9-1 影片《迷墙》中"墙"有特殊的寓意

整个影片应该说还是传统的命题方式,即"生与死、爱与恨、战争与和平"三个人类永恒的主题。但是《迷墙》并不具体地叙述一个人的故事,反映的也不是一个人的命运,而是通过一个年轻人的视角,体验、反思在经历了第二次世界大战之后,所有欧洲人的生存状态,这个视点是20世纪七八十年代整个欧洲年轻人的视角,表现的也是整个欧洲人的"生存状态"。

工业文明的发展,改善了人类的生存条件,提高了人类的物质文明,但这种物质文明的发展却没有使人类的精神世界进入更高的领域,整个世界充满了矛盾、冲突,人们被物欲所统治,内心世界充满了孤独和焦虑,彼此之间变得淡漠,身体接近了,而精神则更远了。特别是欧洲,通过强权的战争没能带来复兴,而带来的却是大量的死亡和失去父亲的孩子。那么,和平、物质文明的富裕能带来欧洲文化精神的复兴吗?不但没有,反而带来了人的享乐、沉沦。人在享受物质文明的时候沉入深渊:犯罪、吸毒、同性恋、物欲横流,人与人之间的冷漠、隔绝……人的肉体是活着,可人的内在精神却死去了。理想、纯洁、崇高的爱情也终结了,剩下的只是情欲的刺激、满足。婚姻成了一纸空文的契约。

《迷墙》以异常抽象的形式反映了这样的主题:战争造就了毁灭、残酷、死亡;但和平又具有了压抑、物欲横流、沉沦,这是另一种死亡,因为"我们每一个人只是墙上的一块砖"。在没有神性、崇高、伟大的时代里,爱情也终结了。但我们渴望和平,我们渴望人与人的交流,我们不想成为隔绝人们心灵之墙上的一块砖。

影片为了更加突出创作者的主观视点,在艺术手法上也别具匠心。

首先,运用意识流的结构和叙事方式。整个片子通过这个年轻人的主观视角和他的意识流动来结构。《迷墙》用影视语言和音乐语言来表现欧洲人的"心理真实",以及生存境况的"意义真空"。整个影片都是以这个年轻人的回忆、联

想、幻觉的意识流动片段结构叙述的，来表现他的内心状态，而不是完整地叙述事件。

其次，多种艺术手法并用。片中采用了大量的荒诞戏剧的手法（图9－2）。比如，学生们被学校"驯服"成听话的机器人，整个学校的学生都戴上了面具，排着队被生产线的机械送进搅肉机，将人搅拌成肉馅。再如，他妻子与他的婚姻只是一个契约关系，两人像是陌生人一样，心理上完全隔着一堵墙。当他妻子回到他身旁的时候，用手推开他们之间的"墙"，并问"你还认识我吗？我是登记处派来的。"这纯属荒诞戏剧性的表现手法。

图9－2　影片《迷墙》中被"驯服"的学生

再次，大量采用抽象的表达方式，如老鹰、十字架、老师等。老鹰意识着征服，抓取一切的权力意志，鹰本身就是西方文化中崇拜的征服者形象；英国米字旗破碎成十字架，血从十字架上流淌下来，直流入下水道的镜头，象征大英帝国称雄世界的统治破碎；十字架即基督教的人道被血粘满，成为屠杀的十字架，"虽战火早已熄灭，可痛苦还在持续"；老师象征权威，隐喻统治者，而权威是虚伪的，"老师们，别管孩子们！""我们不需要思想被控制"；郁金香花在西方象征爱欲，片中多次出现郁金香花吞食人，隐喻在物质极度丰富的和平时期，物欲横流；电视象征着现代人的生活方式，一种使人隔绝的生活方式，砸碎电视，隐喻想改变现在的一种孤独的生活方式；他吸毒、沉沦，幻觉用极权的方式重新统治世界，"感受年轻人的迷惘与兴奋"；他们自称强者，要消灭弱者，要排除异己，那些不顺眼的人、犹太人、黑鬼、同性恋者、脸上长雀斑的人。极权，就意味着遵从统一的意见和意志；锤子，砸碎一切的锤子，金属般的意志，步调一致的摧毁力……

影片的结尾是炸毁的"墙"。三个小孩，一个黑人小女孩，一个犹太男孩，一个金发的雅利安人种的小孩，共同在玩小车搬砖游戏。这些小孩象征新的一代人，新的希望。

最后，音乐节奏贯穿全片。片子没有解说词，只有音乐配歌词，是以音乐的

节奏来结构片子的。虽然画面是片断零碎的、时空也是错乱的,但音乐给了片子一个整体的生命。音乐语言述说战后欧洲人沉闷、压抑、绝望、阴郁等非理性的情绪流动,比画面语言更具穿透力,它表达的是"人类"(欧洲人)的情绪,具有普遍性的意义。歌词具有丰富的哲学意味,音乐推动了整个画面和歌词的情绪氛围,极大地增强了片子的感染力和震撼力。

第三节　现代影视观与电视编辑技巧

一、破除传统的情节结构,用无逻辑组合体现意义

受戏剧的影响,传统影视创作在结构上也与戏剧一样有贯彻始终的情节结构。所谓情节结构,按亚里士多德所说的,是指根据可能性和必要性的法则(或因果关系)而相互联系起来的一系列事件。尽管也有打破固定的惯例的创造,如奥逊·威尔斯拍摄的《公民凯恩》,但这只是极个别的。大多数的、标准化的影视情节结构都是沿袭戏剧化观念制作出来的。因此,在传统影视作品中,情节是作品对生活客观规律性的反映,如果否定情节就意味着否定生活的客观规律性。

而对传统情节结构的否定恰恰是现代影视创作中最基本的形式特征。即事件不以不断发生、不断发展为前提,而是一个结束了另一个又开始,就像穿起来的一串念珠(日本电影工作者把事件无序结构方式称为"肉丸串子")。比如,在法国"新浪潮"导演戈达尔的《精疲力尽》一片中,观众已经看不到像样的故事。情节结构已不复存在,叙述也不是为环境与个人、人与人之间的矛盾纠葛而存在,更不受因果律(一切事物的产生都是有原因的,没有原因就不会产生任何事物的法则)的支配。

影片中主人公米歇尔被杀的原因,可能与他以前曾开枪打死警察有关。然而,这部影片既不是表现追捕与逃亡的悬念情节,也没有将事件的发展作为戏的主线。米歇尔完全是在一般的思想状态下杀了人,当然,他并未意识到这是犯罪,因此也就没有拼命地想逃跑,甚至没有把自己会被杀放在心上。戈达尔导演的这部影片就像新闻片那样,只是把主人公米歇尔非常一般的日常行为记录下来,这与以往的故事片创作方向迥然不同。

现代影视艺术的创作者认为,破除传统的情节结构是为了避免使影视作品成为粉饰现实的工具,而是能够如实地反映现实。因为,在我们生活的这个实际的社会里,从来不会有什么始终一致,什么必然性和合理性的情节存在,人的行

动绝不是根据有连续性的合理的意识来决定的,而是根据或明或暗的潜在心理和一时的冲动而行动。因此,在他们看来,未经加工的现实,本身就不具备戏剧的或小说的因素,更谈不上有开端、高潮和结尾。所以,一部影片如果颇有戏剧性,那只能证明这是创作者按照自己所喜好的图纸对现实任意加以剪裁和加工出来的。因此,避免使影视作品成为粉饰现实的工具的最好方式,就是将戏剧性和情节性从影视作品中排除出去,而采用符合现实的无逻辑的组合来表明意义。

二、非理性意识活动构成作品主体

非理性(或反理性)是现代派艺术最重要的特征。通常采用的方式是意识流的形式。意识流这个词首先是由美国心理学家威廉·詹姆斯在其论文《论内省心理学所忽略的几个问题》中第一次提出来的。1890 年,他在《心理学原理》一书中对意识流的概念做了进一步的论述。他所指的"意识"是指不受人的理性和意志所控制的潜意识行为。因此,"意识流"一词就其心理学原意来说,是用来描绘自然地不间断地流动的意识状态的一种借喻。意识流理论首先被文学创作所吸收,并发展成为意识流小说这样一个文学上重要流派。

在传统的现实主义影视作品当中,尽管并不排斥用意识活动来表现对象,但通常所表现的仍是一种理性的内容,或者是一种经过整理的有条理的意识活动,是一种被纳入整个情节发展和人物性格形成的逻辑,并用来作为解释人物行为动机或预示情节发展的补充手段。比如,在卓别林的影片当中,流浪汉暂时摆脱了人间的苦楚,鼓着翅膀在仙境中飞翔,仅仅是为了推动情节的发展。而"意识流"手法则力图打破这种传统的思维和手法,向人的主观精神领域开掘,深入到人物的潜意识当中去,并通过各种表现手段来展示人物复杂、混乱、矛盾的内心世界。因此,其在艺术特征上表现为偏重主观表现,偏重艺术想象,偏重形式创新,并强调在无情节的前提下以非理性内容的意识流动构成作品的主体,潜意识活动的形象表现为各自独立,互不吻合,画外音作为一种理性化的手段是不使用的。这种"意识流"把表现的重点放在"错乱"上,包括时间错乱、空间错乱、音画错乱和真假错乱。时间上把过去、现在和将来交织在一起,空间上随意转换,声音与画面互不吻合,表现的具象内容与抽象的假想内容混在一起。

比较有代表性的意识流电影主要有瑞典导演伯格曼的《野草莓》、法国导演阿仑·雷乃的《广岛之恋》以及阿仑·雷乃和罗勃·格里叶合作拍摄的影片《去年在马里昂巴德》等。《去年在马里昂巴德》是现代主义意识流电影的"高峰作品",是一部真正意义的意识流影片。没有真实的角色,没有真实的背景,有的只是流动的潜意识内容:

在一座古老的水城里,戏剧演出正在进行。男人 X 与女人 A 相遇。男人告诉女人:一年前他们曾在这里相见。那时她曾许诺一年以后在此重逢,并将与他一起出走。A 起初不信这个带外国口音的男人的诉说,可 X 却不断地出现在她的面前,并且不厌其烦地谈着他们一年前相会时的种种细节。他一会儿出现在公园里,一会儿出现在她的房间里……

A 开始怀疑自己的记忆了,她觉得去年或许发生过这次相会。

与此同时,另一个男人 M(或许是 A 的丈夫)试图挽留 A。但 A 终于离开了自己的房间,进入花园,向那个男人 X 讲的约会地点走去……

在影片当中,A 与 X 一年前是否曾相会,影片自始至终都没有做出明确答案。据说在此问题上导演同编剧各有定见。雷乃认为有过相会,而罗勃·格里叶则坚信那不过是叙事人的幻觉。影片的创作者们希望观众依据自己的生活经历参与影片的创作,观众看到了男人 X 一再诉说那些具有说服力的细节,诸如 A 如何因摔跤而折断鞋后跟,A 如何在闪身时用手抓住了 X 的手臂。观众也看到 A 逐渐怀疑自己,最终离开卧室,走入花园。他们完全依据自己的想象来揣测那最终没有答案的结局。就这样,观众与传统影片之间的那种消极"认同"被取消,取而代之的是积极"参与"。

正如创作者自己所说的那样,允许观众从头至尾完全以自己的纯主观的设想为依据。这样,他们可能有两种态度。一种态度是尽可能按直线的时间顺序,按照他们自己认为最合理的方式,把故事重做安排。这样,观众即使不觉得影片无法理解,肯定也不会觉得难以看懂。另一种态度是使自己完全听任眼前的异乎寻常的形象、演员的声音、声带,影片里音乐、蒙太奇节奏以及人物的情感等去驱使。这样,观众就会觉得这仿佛是天下最容易理解的电影,是一部直接诉诸他们的情感,诉诸他们的视、听、反应和感情上发生共鸣的电影。他们一旦愿意抛弃那些先入之见、心理分析和相当庸俗的理解方式,他们就会感到影片所讲述的故事更有现实性、更真实,跟他们所感受的日常生活更为接近了。也就是说《去年在马里昂巴德》的内容许多可能是直接感觉的那样,但也可能是按照观众的意图所理解的那样,其内容可以有多种理解的发展的线索,影片留下了许多的空白,观众可以根据自己的理解任意填补。

从表现方式上说,《去年在马里昂巴德》试图从人物的潜意识世界出发来表现他们的行为。在生活里,一个人的外部行为并不永远同他的意识行动相一致。

《去年在马里昂巴德》采用心理的连续性取代了叙事的顺序;过去、现在和未来的事件交织在一起,回忆和幻想、真相和错觉交织在一起;画面与声音发生错乱,我们眼里看到的弦乐四重奏,但所听到的是手风琴的声音。这一切均成为创作表现的主体内容。

尽管《去年在马里昂巴德》也被人们称为"迄今以来最难以理解的一部影

片"，但这部影片的意义或许在于对电影语言的贡献，以及它在表现这样一个世界时所显示的风格上的异彩，在这个世界里现实的东西与幻想的东西共存于一种新的空间与时间向度之中。

三、"破坏美学"技法形式

传统影视语言一直存在着蒙太奇和纪实主义两大派别之争。尽管两大派别在影视表现内容的方式上不一致，但都恪守一些基本的技巧法则，如：合乎逻辑，顺应正常心理习惯的剪接次序；符合人们视觉习惯的镜头组接原则。但在现代派影视作品当中，已经没有了传统意义上的流畅感，以及为观众所能接受的造型，特别是大量采用了跳接、多余镜头、自我介入与乱发议论的方法。

（一）跳接

跳接，是指在人们以为会是连续不断的可见动作的地方省却一部分真实的时间。这种组接方式常常在不变换场景的情况下，把一个连贯运动中的两个不连贯部分剪辑在一起，或者从一个场景骤然跳到另一个场景。法国"新浪潮"运动主将让·吕克·戈达尔在影片《精疲力尽》中首次大量运用有悖于传统观念的影片组接方式，震动了当时的电影界。随后在他的影响下，跳接开始风行起来。法国"新浪潮"另一位著名导演阿仑·雷乃在影片《莫里埃尔》中处理一个老太太与一个老头谈话时，用了5个镜头，这5个镜头的对话是衔接的，但人物每说一句话就换一个地方。

跳接式的镜头组接虽然有时也增加了画面的节奏感和容量，省略了许多不必要的过程，但总的来看，这种对内容的处理方式，完全破坏了传统影视表现的技巧，形成了一种非现实生活存在的可能。

（二）多余镜头

所谓"多余镜头"就是在一个连续动作中插入一些毫不相干的镜头。传统影视作品中对画面形象的选择有比较严格的要求，对那些意义不大或对情节发展不必要的素材（画面、效果、音乐）坚决舍去。但是现代影视艺术的创作者认为，在传统意义看似无用的素材实际上具有很多独特的魅力。这种魅力在我们的头脑里占据的时间，不像过去所想象的那样只有30秒或者1分钟，而是可以长达10分钟甚至十几分钟。因此，影视创作者最大限度地发挥了这种感觉作用。让·吕克·戈达尔常常让摄影机在影片中"逛荡"，让一些"多余镜头"打断连续性动作，故意造成剪辑上的不流畅感。

再比如，在意大利著名导演安东尼奥尼的电影《夜》中，女主人公丽迪亚朦胧地意识到她和丈夫吉奥瓦尼之间的爱情将要消失,她无目的地在街头、公园和空地上徘徊。丽迪亚看到一个邮差模样的男人靠在墙壁上吃着东西,她好奇地看着他,从他身边走过,走了一段路以后又回过头瞥了一眼,那个男人也在看她。地上扔着一只旧的时钟。丽迪亚停下脚步呆呆地望着那只钟。喷气式飞机发出轰鸣声从上空飞过。她不由自主地仰望天空,然后隔着玻璃窗窥视一座建筑物的内部。屋里坐着一个男人正在看书,他注意到站在窗外的丽迪亚。他慌忙地离开那里。这一系列堆积起来的镜头并没有什么直接的意义。但是,这些形象在积累的过程中,就像一张烤墨纸经过火烤逐渐显露出字迹那样,在我们的思想意识深处浮现出一种虚幻空洞的感觉。而这一切都是传统影视艺术所不允许的。

(三) 自我介入与乱发议论

"自我介入与乱发议论"是更彻底地破坏传统影视艺术的极端手段。如戈达尔就称自己的电影是"电影化的论文",是不同于三种传统电影(故事电影、纪录电影和实验电影)的第四种电影。他说,我把自己看成一个论文家,我用小说的形式写论文,用论文的形式写小说,简言之,我是拍而不是写他们。既然是"论文",就可以直接阐述自己的观点,可以在影片里放进各种各样抽象的素材,通过影片中的人物来乱发议论。这种导演或编辑人员直接介入作品,成为作品内容的有机组成部分的做法,在当代不少电视片中都有使用。

值得注意的是,近年来,作为后工业社会的文化表征,后现代主义以其鲜明的文化特征在世界范围兴起。在影视创作领域,虽然增加了拼贴、戏仿等新的元素,但在后现代影视艺术中,还是可以看到现代主义创作观的影响。如:手持拍摄大量存在;主观镜头比比皆是;对白既可以与情节有关也可以与情节无关;色彩混用;现场采访混入其中;导演以及其他人随意进入画面等。将现代主义甚至后现代主义移用于影视创作,代表着一种观察社会的新的思维方式的建立,也深刻影响着当代电视的面貌。

思考与练习

1. 从哪些方面可以看出现代影视艺术从具象到抽象的转变?
2. 现代影视艺术为何要"破除传统的情节结构,用无逻辑组合体现意义"?
3. 现代影视艺术中为何要用"非理性的意识活动构成作品的主体"?
4. 现代影视艺术以"破坏美学"取代"传统美学"表现技法表现在哪些方面?
5. 现代影视艺术特征主要表现在哪些方面?

推荐阅读书目

1. 陈默,《影视文化学》,北京广播学院出版社,2001 年。
2. 彭吉象,《影视美学》,北京大学出版社,2002 年。
3. 张专,《西方电影艺术史略》,中国广播电视出版社,1999 年。
4. [匈]巴拉兹·贝拉,《可见的人,电影精神》,中国电影出版社,2000 年。

案例解析一

"幼儿园"中的成人世界

——电视编辑技巧在纪录片《幼儿园》寓意呈现中的运用

一、纪录片《幼儿园》简介

"在中国武汉的一所寄宿制幼儿园,我们记录了一个小班、一个中班和一个大班在 14 个月里的生活……"4500 多分钟的素材最后精心剪辑成 69 分 25 秒的成片。这就是湖北电视台导演张以庆的著名电视纪录片——《幼儿园》。

《幼儿园》是一部具有深刻人文内涵的纪录片,导演从儿童与成人之间的关系与影响这样一个宏观视角出发,来观照一群儿童的吃喝拉撒和喜怒哀乐,全片以真实丰富的生活细节,设计精妙的问答式采访,天籁般的童声合唱《茉莉花》和一些虚焦场景,构建了一部充满寓意的作品。在上海第十届国际电视节上,《幼儿园》获得了"最佳人文类纪录片创意奖";在 2004 年的广州国际纪录片大会上该片又赢得最高荣誉的纪录片大奖。国际评审委员会对其评语是:"《幼儿园》以一种纪实的形式,表达了孩子与成年人之间的关系与影响,既充满童趣又具有社会内涵,是一部寓意式的纪录片。"

"或许是我们的孩子,或许就是我们自己……"这是《幼儿园》开篇的题记,它为我们解读这部作品提供了线索。可以说,《幼儿园》里的每一个段落,每一处细节,都是这个充满张力的世界的隐喻,也是创造者高超编辑技巧的反映。

二、典型段落编辑技巧分析

1. "接子"段落:组接的合理性与节奏感

序号	截 图	时长	画面	声音	编辑技巧分析
1	字幕:陈志鹏通常是最后被接走的孩子	10秒	近景,固定拍摄,人物右出画	哭声	"先声夺人"。哭声打破了幼儿园的宁静。当幼儿园几乎只剩下陈志鹏一个小朋友的时候,通过一个带有哭声同期声的镜头将他心中的不悦与委屈反映出来。配以字幕,让观众明白事情的原委。这是"接子"段落的第一个镜头
2		11秒	全景,固定拍摄,人物右入画,焦点从前移向后	嘈杂的环境声中隐约传来老师"快点"的叫喊	窗前的背影。体现出了孩子心中的一丝失落感和无助感
3	字幕:活动室有两个门,这让陈志鹏瞻前顾后	7秒	中景,固定拍摄	环境声	这个镜头,一下子又把孩子内心中那种焦急不安的等待情绪呈现在了观众面前。小孩子坐不住、喜欢左顾右盼是一种天性。而字幕的说明则很好地交代出了缘由
4		3秒	全景,固定拍摄,远处有接孩子的家长不断走过	环境声	由一个全景镜头接上面的近景镜头,给人感觉小孩子离我们远了许多,表达出了孩子心中那种复杂的感情交织。画面构图上前景一个大书包占据了画面的主体,而孩子则退化为次体

案例解析一

223

序号	截　图	时长	画面	声音	编辑技巧分析
5		7秒	中景，固定拍摄	环境声	连续多个镜头，以相似机位条件下的视距变化，形成多个不同景别的固定画面，硬切组合，带来有趣的节奏感
6		11秒	全景，固定拍摄，远处接孩子的家长逐渐少了	环境声	此时镜头又变回一个全景，而且小孩子比先前离得更远。这样剪辑镜头可以前后形成一种对照和排比，虽重复但却不单调。类似镜头的来回组接，形成了一种强烈的感情氛围，衬托出孩子那颗小小无奈的心
7		12秒	近景，固定拍摄，人物转身，迎着镜头走过来	环境声	镜头内的主体发生运动
8		11秒	中景，固定拍摄，人物取包后又走入画面	环境声	

序号	截图	时长	画面	声音	编辑技巧分析
9		22秒	远景，固定拍摄，广角镜头延展了空间	老师："应该在门口了是吧，进来吧，儿子在等着你了。"	这是一个远景镜头，此时陈志鹏在画面中显得十分渺小，似乎是为了把人们的思绪带向远方。画外音表明孩子的妈妈最终来接他了。这是利用声音元素构建立体的电视空间的典型做法
10		10秒	近景，固定拍摄，慢镜，人物转头回看	音乐《茉莉花》响起	伴随着主题音乐《茉莉花》的响起，画面转为慢镜头，接下来运用的是一组蒙太奇——陈志鹏哭泣的脸
11		10秒	近景，固定拍摄，慢镜，人物再次转头回看	音乐《茉莉花》	上一个镜头是从陈志鹏左面近景，这个则是右侧近景，一左一右刚好相互呼应。这种成组镜头在烘托情景和心境方面作用显著。背景虚化的近景镜头让我们看了陈志鹏内心，将人物的感情推向高潮
12		10秒	近景，固定拍摄，慢镜	音乐《茉莉花》	接下来是一个小女孩开门寻找的身影，以及一个小男孩趴在窗户上望眼欲穿的神情。这一连串的剪接，把孩子与父母之间心心相连的感情不动声色地刻画出来

（续）

序号	截 图	时长	画面	声音	编辑技巧分析
13		7秒	全景，固定拍摄，慢镜	音乐《茉莉花》	
14		5秒	中景，固定拍摄，慢镜	音乐《茉莉花》	妈妈终于来了，美丽的母亲和可爱的孩子坐在一起，本身就是无比温馨的画面，陈志鹏脸上终于绽开了灿烂的笑容
15		10秒	中景，固定拍摄，慢镜，隐黑	歌声渐止	"接子"段落结束

2. "9·11"事件段落：声画关系的巧妙构建

序号	截 图	时长	画面	声音	编辑技巧分析
1	 字幕：大班	10秒	全景，固定拍摄	教室的嘈杂声	"9·11"事件段落的开场镜头。以一个全景交代环境，同时用屏幕文字做必要的说明

序号	截图	时长	画面	声音	编辑技巧分析
2		5秒	近景，固定拍摄	"开飞机，丢炸弹，炸死了美国的王八蛋。"声画不同步	在色彩上，这一组镜头都采取了暖色调的颜色，用红、黄色，配上和谐的光线，营造出一种纯真的氛围，但又与"9·11"事件的残酷事实形成了强烈的反差
3		8秒	近景，固定拍摄，人声结束时画面冻结	"开飞机，丢炸弹，炸死了美国的王八蛋。"	画面中，孩子们表情木然，全然不知"9·11"事件的意义。"炸死了美国的王八蛋"的游戏声与画面形成"声画分立"的特殊效果，令观众深思
4		4秒	全景，固定拍摄	轰隆声（"9·11"事件中的撞击声响）	画外音响拓展了屏幕空间，也丰富了观众想象的空间
5		4秒	近景，固定拍摄，画面冻结	轰隆声（"9·11"事件中的撞击声响）渐弱	
6		4秒	中景，固定拍摄，画面冻结	无声	冻结的画面有"震惊"的寓意。此时无声胜有声

序号	截图	时长	画面	声音	编辑技巧分析
7	一个飞机撞在大楼上面的9·11事件	13秒	近景,固定拍摄,色调特殊处理	"在今天美国发生了一个飞机撞在大楼上面的"9·11"事件,美国警方正在调查当中。"	插入两段采访,反映孩子对于"9·11"事件的真实看法,也表现了孩子们天真无邪的性格。黑白色在这里起到了与真实记录部分区分的作用,形成两条平行交叉的结构线索
8	我觉得他们太偏否则	15秒	近景,固定拍摄,色调特殊处理	"这个事情你从哪里听到的?""电视。""你当时什么感觉?""我感觉……"	除了结构的需要之外,黑白影调还能够形成强烈的视觉反差,增强作品的感染力。孩子那种深沉的、成熟的思想表达,与人们想象中天真无邪、纯洁浪漫的孩子大相径庭,不由得发人深省

3. "户外活动"段落:诗意的镜头与配乐

序号	截图	时长	画面	声音	编辑技巧分析
1	一叶知秋 字幕:一叶知秋	3秒	近景,固定拍摄	孩子的玩闹声	作为记录过程中的必要交代和有机补充,解说词有着不可或缺的地位和作用。恰到好处的旁白,被称作"上帝的声音"。但《幼儿园》全部用表达能力强、内涵极其丰富的画面语言来展示,丢弃了"解说词",个别镜头辅以必要的字幕
2		6秒	特写,固定拍摄	孩子的玩闹声	斑斓的色彩,诗意的镜头

（续）

序号	截 图	时长	画面	声 音	编辑技巧分析
3		7秒	特写，固定拍摄	孩子的玩闹声	
4		7秒	全景，固定拍摄，虚化处理	孩子的玩闹声	用模糊的手法象征外面的自由世界可望而不可及。色彩上依旧是以恬静的暖色为主
5		20秒	近景，固定拍摄，色调特殊处理。隐黑	"世界上有这样几样东西，一个是快乐，还有钱，还有一个是可以到处旅游。这三个作为礼物的话，你选择哪一个？" "选第一个……"	插入同期采访。在《幼儿园》里，与家庭、生活、理想、情感等内容相关的一系列对话，均采用了黑白画面处理，与色彩斑斓的幼儿园，五彩缤纷的儿童内心世界形成反差
6		7秒	特写，固定拍摄	"公安局有枪的，警察会把你抓走的。"（画外音）	环境音配上冷色调的色彩，交代一种气氛，成人化的世界观正在影响着下一代

电视编辑理论与实践

序号	截 图	时长	画 面	声 音	编辑技巧分析
7		5秒	中景，固定拍摄	"噗噗"声（男孩用自己的唾液擦皮鞋）	
8	 字幕:户外活动	4秒	近景，固定拍摄，带有前景的仰拍		用分割的线条，将前景、中景、后景分离，一面喊着"户外活动"，一面却是幼儿园的孩子在写作业
9		14秒	中景，固定拍摄	"不是天天有户外活动，外面尽玩尽玩，太好玩了！户外活动！"	
10		6秒	中景，固定拍摄，冻结后虚化	"外面尽玩尽玩！想玩什么就玩什么！"	画面冻结、虚化，声音却在延续。冻结是画面空间的"压缩"，或许意味着孩子们在幼儿园里"没有足够的空间"

序号	截图	时长	画面	声音	编辑技巧分析
11	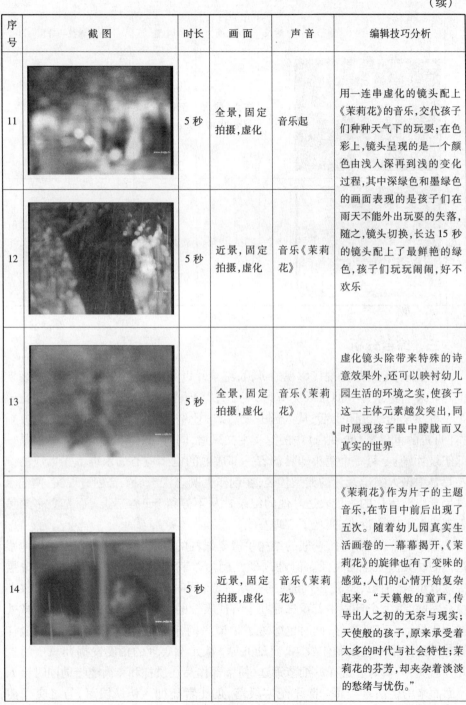	5秒	全景,固定拍摄,虚化	音乐起	用一连串虚化的镜头配上《茉莉花》的音乐,交代孩子们种种天气下的玩耍;在色彩上,镜头呈现的是一个颜色由浅入深再到浅的变化过程,其中深绿色和墨绿色的画面表现的是孩子们在雨天不能外出玩耍的失落,随之,镜头切换,长达15秒的镜头配上了最鲜艳的绿色,孩子们玩玩闹闹,好不欢乐
12		5秒	近景,固定拍摄,虚化	音乐《茉莉花》	
13		5秒	全景,固定拍摄,虚化	音乐《茉莉花》	虚化镜头除带来特殊的诗意效果外,还可以映衬幼儿园生活的环境之实,使孩子这一主体元素越发突出,同时展现孩子眼中朦胧而又真实的世界
14		5秒	近景,固定拍摄,虚化	音乐《茉莉花》	《茉莉花》作为片子的主题音乐,在节目中前后出现了五次。随着幼儿园真实生活画卷的一幕幕揭开,《茉莉花》的旋律也有了变味的感觉,人们的心情开始复杂起来。"天籁般的童声,传导出人之初的无奈与现实;天使般的孩子,原来承受着太多的时代与社会特性;茉莉花的芬芳,却夹杂着淡淡的愁绪与忧伤。"

（续）

序号	截图	时长	画面	声音	编辑技巧分析
15	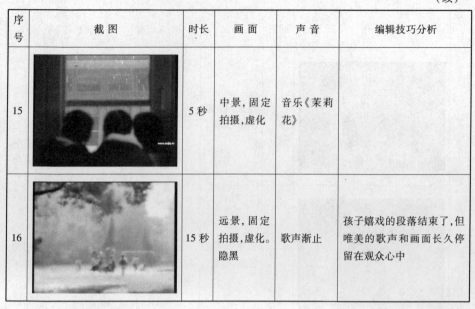	5秒	中景，固定拍摄，虚化	音乐《茉莉花》	
16		15秒	远景，固定拍摄，虚化。隐黑	歌声渐止	孩子嬉戏的段落结束了，但唯美的歌声和画面长久停留在观众心中

三、综合分析

有人说，纪录片是现代影视的鼻祖，纪录片以其高度凝练的写实性反映现实世界。著名纪录片导演张以庆历时 14 个月，深入湖北一家幼儿园中，完整记录了一群孩子的幼儿园生活，从入园开始，以毕业结束。《幼儿园》延续了他在前作《舟舟的世界》、《英和白》中的写实主义风格，同时，画面不失美感。虽说是一部纪录片，但是每一个镜头却具备着一部成熟的电影应有的水准。张以庆的纪录片是中国人文纪录片的典型代表，在创作上既忠实于现实又创造现实，使纪录片呈现出陌生化的主观表达。他的纪录片从不停留于现实表层，而是更多聚焦于现代人的内心世界，实现了心理写实。

对于这样的纪录片，一般的结构手段是线性的，即瞄准某一个固定的群体跟踪他们幼儿园三年的生活。但是，《幼儿园》没有采取这样的编辑手段，它分层次截取小班、中班、大班三个班级的生活片断，同时将三个不同的时空环境放在观众面前，每一个环境中着重选择几个有代表性的孩子，跟人深刻印象。这样处理远比平铺直叙效果好，同时也缩短了拍摄周期，降低了编辑成本，在状态最佳的时候留下了最佳的制作效果。《幼儿园》从儿童心理的角度发掘儿童生活的方方面面，剪辑时有选择的细节筛选，使整部作品在质朴和充满趣味的同时给人扑面而来的生活真实感。除了纪实段落，创作者还加入访谈段落，与之交叉剪辑,形成并行的两条线索,并以不同的色调加以区隔,带来鲜明的"间离效果"。纵观全片,除了一些精致元素恰到好处的运用,使片子结构匀称、画面精美、段落层次分明、思想意境深刻之外,纪录片还呈现出一个多元的、丰满的故事架构,这与创造者蒙太奇思维的巧妙运用有着密不可分的关系。

在《幼儿园》这部作品中,导演有意识地影射了成人世界的价值观。比如:在纪录片的中间部分,着重刻画了孩子们之间的交往;孩子们刚来到幼儿园,对于温暖家中的生活或多或少都是有些留恋的,于是孩子们在幼儿园中最盼望的是周末爸爸妈妈来接自己回家,每个孩子记得最牢的知识是一周七天的名称;当那个小男孩独自等待母亲时,一分一秒仿佛都变得那么漫长,当他回头看见妈妈终于出现在面前时,那一刻翻涌上的喜悦简直无以言表……整部作品就以这样的蒙太奇手法,将一个个孩子世界的片段拼接起来。然而,在我们看到孩子们的种种天真表现时,内心却并不感到高兴,因为我们的世界观已经渗入了他们的世界,正如创作者所言:"或许是我们的孩子,或许就是我们自己。"

(执笔人:张添溯、刘亚)

案例解析二

诗意江南的视听呈现
——形象宣传片《情归同里》声画编辑技巧解析

《情归同里》是由著名导演、被誉为"中国第一摄影师"的顾长卫为古镇同里量身打造的形象宣传片,片长 12 分钟,2008 年 4 月首播。这部短片集结了不少精兵强将:张艺谋的"御用摄影师"赵小丁,北京申奥、上海申博等宣传片的制片人孙明海,青年演员于小伟等。全片描述了一对青年男女在同里邂逅,引起了他们对前尘往事的回忆抑或幻想,共谱浪漫之曲的故事。片中贯穿古、今两条线索,寄情于景,融景于情。今生的相逢原是前世不经意的擦肩,而同里的小桥流水、桃红柳绿则更好地衬托了这段美丽的邂逅。两段浪漫的情愫在美丽水乡的古代与现代两个时空中弥漫,交叉缠绕,欲说还休,欲迎还拒,理之还乱,剪之不断。

全片以青绿色为基调,再现了江南水乡的春天绿意盎然、青翠欲滴的勃勃生机,而同里的美也在这般唯美的影像中尽情绽放自己的全部魅力:千年古镇像被裹进了一幅涂满青绿色颜料的油画之中,青色幻化为蓝天白云,绿色幻化为碧波绿荫,古宅旧院、石桥小巷在青绿色中流动,流过时空,流过记忆,流进男女主角的心里,流进观众的心里。片中男女主角不同时空的真正相遇并不多,绝大多数的时间都是在追忆和想象。而即使是相遇也只是淡淡地一笑,未置一词,一种古典的美洋溢在片中。之所以选用"艳遇"这个点切入,本片也是独具深意:两个时空的男女主角都在寻觅一份自己的最爱,而对于游客而言,同里就是他们的最爱。

现将片中有代表性的几个片段予以解析,以呈现创作者高超的声画编辑技巧。

片段一：开场 30 秒的江南水乡描绘

短片从一组规矩的对接镜头开始。以居中的全景打头给人以精美之感，然后分别以右后方镜头和左后方镜头介绍河畔两岸，三个镜头从中、右、左三个角度完成，体现横看的不同侧面。需要注意的是，左、右两个镜头角度并不一致，右边的视角比左边的较大，而左边视角只是略偏于中间而已，避免了角度相似造成的视觉趋同，也使得与反向对接（角度相差不小于 90 度）相比二者的方向过渡不至于过分明显，承接更加柔和自然，适合柔美的景物表现。

随后，一组慢慢的推镜头带着我们"深入地"了解了同里古镇。这一组镜头分为三部分：第一个镜头从栏杆内向外推出开始，视角是广阔的，可以看到对面的房舍；第二个镜头转入一条街道，缓缓推移，望不到尽头，视角随着街道的延伸体现出空间的纵深感；第三个镜头则到了胡同的尽头，这也预示上一个镜头街道的尽头，眼前豁然开朗，树影相称。

倒影的出现把观众的视线由岸上带到了水里，一边是泊在水上的木船，而从相反的角度却可以看到傍水的房舍，房子倒映在水中与倒影对称开来，倒影自然而然再次成为画面的主要内容，而从倒影中抽离出来，却又是另外一番景象了。倒影巧妙地承担了"转场"的作用，而水、房、影却是几个画面之间不缺的联系。

片段二:男女主角的初次出现

镜头从一个大幅度俯角的远景开始。故事的男主角第一次出现在画面中,紧接着是一个略高的俯拍下的全景,远景与全景的衔接和俯仰角的变化使得画面过渡自然平和,十分符合江南小镇惬意的氛围,也顺应了后面平视视角下画面的出现。男主角拿着相机拍下沿途的景色,而画面中的第一张照片角度也与上一个镜头呈反向。无论是运动的画面还是静止的画面,方向角度上的对接都是常用的法则。

男主角在船上赏景,片中使用了主客观镜头的穿插。时而用主观镜头表现在小河上徜徉,时而用客观镜头交代男主角所处的环境,随波荡漾的闲适始终是这一段落的主旋律。而男主角手中的相机将成为故事一个重要的衔接点。

男主角随意的拍摄在这里出现了一个小小的插曲。从古朴的石桥,到石桥上擎着伞的白衣女子,女子的形象在相机的连拍中渐渐清晰,终于全部出现在男主角面前,而画面也定格在女子的照片中。

随着画面的渐黑,另一条线索在"淡入淡出"的效果中出现在我们眼前。女主角的出现承接了上一线索中的照片场景,同时运用蒙太奇手法,让照片中已走到桥头的女子再次从桥面上走了过来。在随后对女主角的表现中,短片两次用了"化入化出"手法,在短时间内交代了时间的变化;与简单的拼接相比,显得更加柔和。

片段三:男女主人公的心灵"对白"

男女主人公心灵的"对白"是两位主角在不同时空却颇有默契的"对话"。故事从避雨开始。在女主角"戏雨"段落,创作者有意使用了从局部到半身、从特写到近景的剪辑顺序,音乐也选择在此刻响起,使得画面充分展现了一个女子在烟雨濛濛中的唯美,颇有婉约之意,同时也寓意着同里小镇的柔与美。

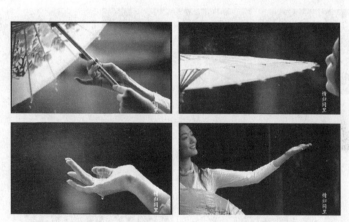

这里,画面和人物的旁白在声画关系上较为一致。"屋檐上的雨滴,斑驳的老墙,池子里的鱼群、青苔和野花",在画面中都得到了具体的展示。在对小镇的感情对白中,画面配了大量的景物描写,不同镜头之间又有各种各样的联系,充分展现了雨中江南小镇的美。画面中也有许多相近的元素,比如湖水,比如鱼群,而人物旁白"恍惚中仿佛又回到了千年之前",也为后面的"时空穿越"埋下了伏笔。

片段四:戏台与前生

这是一场"戏中戏"。故事中的两人在不同的地点甚至是不同的时间在大戏台前看到了同一场戏。两人前世今生的幻想做了交叉蒙太奇的剪辑。画面只是简单地交代了两人来到戏台,随后用一定的篇幅着重刻画了戏的内容。在戏份的描写中,镜头的拼接剪辑与前面提到的角度、景别并无太大区别。片段妙在把两人的前世今生结合在了一起。不同时空的两人技巧性地出现在一个画面中,后期特技的使用创造出一种新的时空关系。

人物在画面中的融合也延伸到了两人在穿心弄里的相遇。在这场"前世"戏中,穿心弄的画面色调与戏台演出色调一致,与现在的时空区分开来。两人的擦肩而过在短片中给予了重点刻画——不同的角度、不同的景别、慢动作和蒙太奇的手法,使一刹那变得永恒,最后飘拂的裙摆也形象地展现了二人之间不断的情愫,将艳遇的美表现到极致。

随着两人的擦肩而过,另一时空的戏也渐至尾声,这里出现了另一个重要道具——古铜镜。古铜镜不是一个简单的物品,而是男女主角前世今生缘分的重要见证。片中给了铜镜一个特写,让观众把注意力集中过来。在随后的故事里,女主角在古镇的街市上发现并把玩着这把铜镜,而这一幕又恰好被茶楼上的男主角发现。在这里,随着画面中女主角把铜镜从镜面到镜背地轻轻一转,镜头也从女主角回到了男主角身上,他手里也拿着这样一面镜子。上一个镜头的镜背接这一镜头的镜背,两个镜背的衔接就是两个镜头的连接,可谓巧妙。这种转场方式利用了画面元素的相似性,类似的处理在片中被大量使用。

片段五:"擦肩而过"与最后的相遇

导演善于运用巧合。作为一部关于"艳遇"的"情感戏",片中安排了大量的"擦肩而过"。这里的"擦肩而过"是指男女主角在不同时间、同一地点体会着同里。片中使用了"化入化出"的方式,同样的角度,同样的景别,除了人物的不同,几乎赋予画面所有的一致性。你"走"了,我"来"了。这种处理一方面增加了二人感情的累积,仿佛冥冥之中自有缘分;另一方面,也引发观众的惋惜情绪,为两人差之毫厘的不能相见而着急。更重要的是,为后文穿心弄里的相遇埋下了伏笔。

男女主人公在穿心弄里的第二次相遇，其实是现实中两人的第一次相遇。这一片段从一系列主观镜头开始，两人相向而行，直到发现彼此。镜头的移动随着二人的止步而静止。随后使用移步的手法，把明显距离尚远的两人一下子拉到了擦肩而过的一刻。片中一如既往地使用了镜头的慢放和局部的特写，独到之处在于古今的穿插。前世的一幕是如此巧合的在今生上演，慢放和特写使得情意绵绵，充满美感。与之前提到的前生相遇比较，这里的前世与今生并不是孤立的两个段落，而是和谐共生、完美统一的整体。

　　"千年艳遇,情归同里。"《情归同里》就是这样一部让人"一见钟情"的形象宣传片,一部诗意江南的视听呈现。短片的剪辑既注重规范,又体现新意。比如利用画面元素的巧妙关系进行镜头的组接。或是延续镜头的运动趋势,或是抓住画面之间的相似性,或是利用成组镜头的视觉效果,同里的景物表现多运用这样手法。再比如细节。或大量运用分镜头反复刻画,或利用画面色彩风格的变化反映不同时空,男女主人公的感情变化被细腻地呈现出来。

　　《情归同里》是双线结构的,一条是"无处不是景"的风景散文,另一条传奇演绎的美丽邂逅。而顾长卫导演把两条线成功地混合在了一起,景中有人,人在景中,让观众不禁遐想:与同里的邂逅,又何尝不是一次美妙的艳遇呢?

　　(执笔人:刘明峥)

营造立体的蒙太奇时空

——"多重蒙太奇"技法在电视剧《潜伏》中的运用

在谍战、动作、悬疑等类型化的影视剧中,导演和剪辑师们总希望影像能包含更大的信息量,希望影片节奏更加清晰明快,剧情更加跌宕起伏。面对越来越复杂的叙事结构,传统的单一蒙太奇技法便难以适应所需,剪辑师们开始自觉不自觉地将各种不同的蒙太奇相互叠加、穿插,将各种单一的剪辑技法不断延展、融合,从而创造出"多重蒙太奇"。所谓"多重蒙太奇",是指"在一场戏或是一个段落中运用两种以上的蒙太奇技法架构情节、铺陈故事,使得影像传达的信息量更加丰富、影片把控的节奏更加凝练多变、渲染的情绪更加跌宕起伏,阐述的意境更加深远辽阔。让观众能通过镜头与镜头间渐次展现的元素和彼此间的微妙联系,产生出丰富的联想和情感体验"。实践证明,"多重蒙太奇"在故事叙述、节奏把握、情绪掌控和人物塑造方面,有着单一蒙太奇无法比拟的优势。

拍摄于 2008 年的《潜伏》,是近年我国谍战题材电视连续剧的经典之作。一经播出,便获得口碑与收视的双丰收,更是斩获飞天奖、白玉兰奖等重要奖项。作为该剧剪辑师,也是"多重蒙太奇"的提出者和实践者,国家一级剪辑师、中国电影剪辑学会常务副会长周新霞将这一技巧大量运用到《潜伏》的剪辑中,并因此获得第 27 届"中国电视剧飞天奖最佳剪辑奖"。本案例将列举《潜伏》的几个经典段落,借此分析"多重蒙太奇"的作用。

一、刺杀李海峰——如何改变节奏、推动情节

"多重蒙太奇"的一个运用就是将本来线性的故事碎片化,将本来平淡的剧情紧张化,使得故事情节环环相扣,改变原本单调的叙事节奏,产生时紧时松的节奏感,同时增容信息,推动情节发展。

以第二集余则成刺杀叛徒李海峰为例。此前，身为军统外勤的余则成被戴笠看中，和他的上司、实为中共卧底的吕宗方一起，被秘密派往南京刺杀叛徒李海峰。吕在和余接头时被枪杀，并暴露了中共党员身份，这使余则成大为震惊，他对自己原有的信仰产生了怀疑。原本可以悄无声息走掉的他，由于身怀爱国抗日之心，决定不为两党之争，而是为了国家，单枪匹马刺杀李海峰。这一段落的戏剧任务只有一个：表现刺杀掉李海峰的经过。这是一条相对单一的戏剧线索。按照时间顺序简单编辑，固然可以，但如此处理难免导致剧情冗长、拖沓，进而削减"刺杀"带来的紧张感。让我们来看看周新霞是如何通过改变叙事节奏，调动观众情绪，将这个段落"复杂化"的。

虽以时间顺序为基础，但剪辑师并非事无巨细地罗列镜头，而是挑选了和刺杀最为相关的两个场景：准备刺杀和实施刺杀，由此构筑了这一段落的主体框架——由一个连续蒙太奇组成。这个连续蒙太奇对整场戏起到了勾连作用。

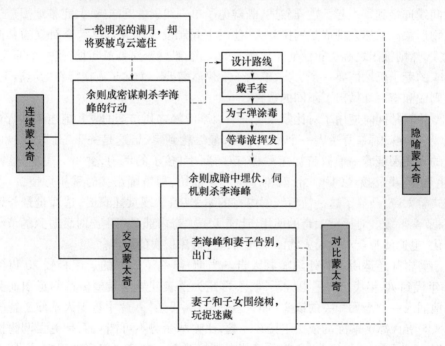

在这个大框架完成后，剪辑师开始交代两个具体场景。第一个场景是"准备刺杀"，剪辑师再一次采用连续蒙太奇，挑选了准备刺杀的关键环节：设计刺杀路线、准备弹药。剪辑师给了"路线设计"2个镜头，分别是9秒和3秒；而重点放到了"准备弹药"，将其再一次分解为戴手套（3秒）、涂毒（10秒）、吹气让毒液速干（3秒）、放下最后一颗子弹（3秒）、做完以后咽唾沫（3秒）5个镜头。

我们可以发现，这一部分不仅省略了"一颗一颗子弹涂毒"这样繁琐的交代，使得剧情更加紧凑，而且在镜头衔接速度上明显呈现由松到紧的变化，使得节奏一下子被提了起来。在经过了比较紧张的"准备刺杀"之后，剪辑师衔接了一个看似可有可无的场面：李海峰出门，和妻子、子女告别。这并非一个无关的过场。剪辑师用这个比较轻松的场面和前后紧张的剧情加以对比，将节奏放缓，制造出"暴风雨前的平静"。试想，如果将这一场景拿掉，让"准备刺杀"和"刺杀"这两个节奏都比较激烈的段落直接衔接，松紧无变化，观众的心一直悬着，反而会降低整场戏的节奏感和紧张感。

在"刺杀"段落中，剪辑师运用交叉蒙太奇，牢牢把握整个情节的走向和叙事节奏。剪辑师交替交代一个时间内不同人物的行动：余则成暗中埋伏，伺机刺杀李海峰；李海峰和妻儿告别后，开车在路上行进，然而司机、保镖接连被杀；李海峰妻儿围绕着一棵树捉迷藏。三条线索并行发展，随着一声枪响，三条独立的时间线连接到了一起。这样叙述，既避免了单一线索的乏味感，又完整地塑造了人物形象。纵然余则成是国民党人，他的上司和女友是和自己完全对立的共产党人，然则报国之心仍驱使他做出刺杀的决定；纵然李海峰是叛徒，是一个罪人，但李的妻子仍然需要一个丈夫，李的子女仍然需要一个父亲。在特殊的境遇下，余则成和李海峰做出了不同的选择。

剪辑师同时使用了对比蒙太奇——以李海峰之死与李的妻儿捉迷藏进行对比。李海峰被截，身边人一个个被杀掉，最终轮到自己，这是关于"死"的叙事；李的妻儿围绕着一颗树苗捉迷藏，树苗的新生、孩子的活力，被一一表现，这是"生"的叙事。接连的死亡让戏剧节奏不断变快，剪辑师组接时采用短镜头、前进式蒙太奇，凸显了这一情节线索内在的紧张感；表现捉迷藏时，选择全景长镜头，节奏平缓。对比蒙太奇的使用，让交叉蒙太奇内部又产生出时缓时急的节奏变化，也迫使观众对不同人物的不同命运进行深层次的思考。

剪辑师还运用了两处隐喻蒙太奇。当前，隐喻蒙太奇的运用相较 20 世纪 20 年代到 70 年代已有了很大不同，不再是为了表现导演希望传达的意图而突兀地插入一个毫无相关的镜头（如普多夫金在《母亲》一片中将工人示威游行的镜头与春天冰河解冻的镜头组接在一起，比喻革命势不可挡），而是更强调隐性表现，镜头取自自然场景，和前后情节有直接联系。在整个叙事过程中，即使观众没有看出镜头更深层次的寓意，也不会打断事件的讲述。比如刺杀之前的一个空镜头：一轮明亮的满月，却即将被乌云遮住。意指余则成的行动虽然正义，却暗含各种危险，甚至可能带来"杀身"之祸。另外一处是李海峰的妻儿捉迷藏，暗指李海峰躲躲藏藏，行踪小心，极力避免被想要刺杀自己的国共两党人士抓住。李的儿子大叫"抓喽，抓喽"，暗示了李海峰最后的命运，而余则成枪响之前的镜头,正是李的妻子抓住儿子的场景。此处,隐喻蒙太奇附着于交叉蒙太奇结构之中,不仅加大了影像本身的信息量,更凸显了李海峰个人的悲剧命运。

二、机场相遇——如何塑造角色、传递情感

"多重蒙太奇"的另一个作用就是塑造人物形象,传达思想感情。通过在叙事蒙太奇和表现蒙太奇之间架构起一座桥梁,以镜头的跳切、组接,让人物的情绪很好地传达给观众。

以《潜伏》最后一集余则成与翠平在机场最后的短暂相见为例。这一部分可以说是整个《潜伏》情节的最高潮:余则成成功拿到安插在天津的敌特名单,终于可以撤离,却被临时截下,是福是祸;翠平作为佣人留在天津,能否再见到余则成;余则成的名单如何传给组织;二人各自的命运会如何发展……一连串的问题让观众的心被牢牢抓住。整部电视剧后半段铺设的悬念,将在这一个段落集中爆发,主人公的命运和心情则在"大喜"和"大悲"之间的陡然急转:余则成成功拿到名单完成了任务、接到组织明码呼叫命令转移的"大喜",正准备离开却被局长安排人截住的"大惊",以及随局长离开前往广州,最终中途被要求在台湾下飞机,再也回不去大陆的"大悲"——情节可谓峰回路转。作为另一主角,翠平在之前的剧情里已被余则成误认为"牺牲",她的突然出现让余则成再次看到希望,也使得这一段落的情绪变化更加复杂多样。

为了更生动地表现这一复杂的戏剧情感,剪辑师选择交叉蒙太奇作为该段落时空架构的基础,让两个人的行为并行发展。此一方,余则成并不知道翠平仍然活着,在成功拿到潜伏名单之后便准备撤离。剪辑师挑选了余的几个关键动作直接组接,比如收到组织的指示、离开前环视家里、从鸡窝里掏出东西却被打断等;同时非常用心地使用了一个隐喻蒙太奇:他最后环视了一眼这个他和翠平构筑的家,镜头的落点是翠平的"遗照"和一块书有"锲而不舍"的牌匾。这个蒙太奇的使用,既再一次渲染了余则成对翠平的依恋,为之后的机场相遇埋下了伏笔;又表现了出余作为地下工作者坚定的信仰。交叉蒙太奇的另一方,翠平为了重回组织,在被"绑架"之后成功逃离,当做佣人留在了国民党高官家中,准备送太太前往机场,离开天津,自己留下(此剧情是这一段落之前的段落叙述的)。就这样,两条并行的时空线索在机场这个场景交叉重叠到了一起。

在机场相遇这个场景,剪辑师巧妙运用了格式塔心理学,只保留余则成前往机场的镜头,而省略掉了翠平前往机场的镜头。然而这并不影响观众对于整场戏的认知和"完型",观众自然会在脑海中将翠平赶去机场的镜头"补完"。而这样的省略恰恰突显了余则成在前往机场路上的忐忑不安:名单如何转移出去,自己是暴露了还是没暴露……使得整个段落有轻描(省略),有重彩(抻长),从而

更好地突出了重点。

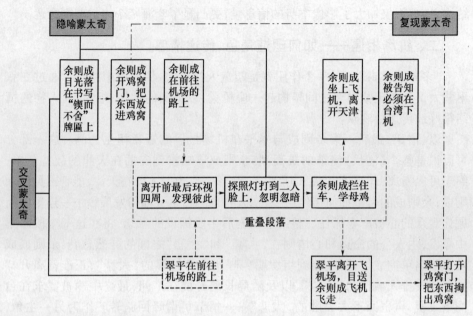

余则成和翠平因为在机场的眼神交流而使得整个交叉蒙太奇产生交点,这也使得全剧的情感达到了顶峰。而后,剪辑师再一次巧妙地将隐喻蒙太奇累加到这个重叠段落之中:翠平在看到余则成时,给出的多个余则成的面部特写,伴随着机场指示灯忽明忽灭,衬托了她焦急的内心,希望余能够发现她;而余在发现翠平之后,特写镜头搭配明暗变化的灯,象征此时他矛盾的内心:知道翠平还活着的惊讶和开心,但自己仍要和她分开的纠结和伤感。余的表情由惊到喜,转而淡定摇头示意翠平不要下来。也是在明灭转换间,余则成想到自己的使命,于是采用"学母鸡"这一暗号,向翠平传达出自己的意图。这个段落中,隐喻蒙太奇附着于交叉蒙太奇里,不仅加大了影像本身的信息量,也彰显出余作为卧底"潜伏"的无奈:时明时暗,却永远不能把真实的自己显露出来。

重叠段落结束,时空再次分裂开,呈现字母"X"型发展,回到交叉蒙太奇结构。余则成被强制带上飞机离开,然后得知自己的目的地是台湾而不是广东;翠平目送余的飞机离开,而后回到家中在鸡窝里找到名单。不难发现,交叉点之前表现的重点是余则成,着重表现出他内心的纠结;交叉点之后的重点则是翠平,表现她身为一名共产党员的坚定、聪慧。这是为了平衡地展现这两个角色,他们二人,都是舍弃了爱情,而去追求了更高的报国之愿。

最后,剪辑师巧妙地使用了一次复现蒙太奇,以同样机位、同样角度的一系列镜头,表现翠平在鸡窝中找到资料的情节。这些动作,可以说是对余则成之前行为的延续:翠平终于完成了余则成没有完成的任务;另一方面,物是人非,同景异人,以前两个人在一起的日子一去不复返。翠平最后望着这个家,也有丝丝心酸,悲伤的情绪自然而然地传达给了观众。

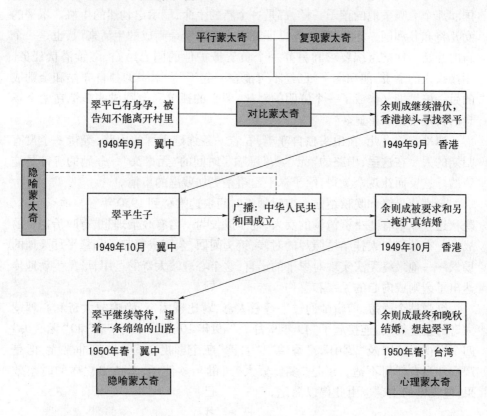

三、永远别离——如何勾连时空、深化主题

"多重蒙太奇"能够融合不同叙事蒙太奇的特殊作用,将不同时空联系起来,也能够将表现蒙太奇的效果融入到叙事蒙太奇当中,表现出特殊的时空效果。我们来看看《潜伏》全剧的最后一个段落,是怎样巧妙运用"多重蒙太奇",勾连起四个时间和三个地点的。

这一段落以平行蒙太奇为基础,构架了翠平、余则成平行的时空关系。故事从翠平说起,上一个段落中已经铺垫了翠平有孕吐现象。在这一段落,第一个场景便有翠平小腹的特写镜头,时空随之进行了一次转换,配合字幕我们得知现在的时空是"1949年9月的冀中"。为了确保潜伏在外的余则成的安全,翠平被要求不能离开村子一步。下一场景则换成了大城市。余则成继续执行他的潜伏任务,但仍然没有放弃寻找翠平的信念——这里,剪辑师将对比蒙太奇叠加于平行蒙太奇之上,将余则成所处的大都市香港和翠平苦苦等待的小山村进行对比:相隔千里,如果余则成不回来,翠平只能永远待在那个偏僻、落后的小山村,使得翠平这一角色的悲剧命运更加突显。

之后,剪辑师又使用了复现蒙太奇,重复之前翠平、余则成所在的场景。在表现时间推移的过程中,采用了声音蒙太奇——在翠平生子和余则成第二次接头的场景转换中,插入了一个广播音响"中华人民共和国中央人民政府成立",这使观众明白,现在时间已经推移到 1949 年 10 月。

值得一提的是,这处广播音响同时也是一个非常巧妙的隐喻:中华人民共和国和那个呱呱坠地的孩子一样,都是一个新的生命,显示出勃然的生机。翠平的女儿将和共和国一同成长,一起见证将来。而对于余则成的生活来说,也是一个新的开始。他被组织要求和另外一个负责掩护他的同志结婚,继续潜伏任务。用接头人的话说,他和翠平"已经不可能在一起了"。翠平的独自守候和余则成的另一桩婚姻又构成了一个鲜明的对比,翠平的孤单和余则成的震惊在两个场景的转换中得以彰显。

翠平抱着女儿,在山头独自守望,看着一条绵延无尽的山路,等待一个没有归期的人。在这里,山路的"无尽头"隐喻了时间的"无尽头"——她的等待是徒劳的。这反而让观众觉得,给予翠平希望是更加残忍的事情。

余则成最终和晚秋结婚。剪辑师将时间快速推移到1950年春。地点台湾。晚秋这个原来有些小资情调的女人,终于成长为一名有政治理想、有政治抱负的战士。在他们二人挂结婚照片的时候,镜头闪回,余则成想起了和翠平拜天地的场景——他最终无法实现对翠平的诺言,这个心理蒙太奇的运用,形象生动地传达出了余则成内心的无奈和悲伤。

纵观整个段落,剪辑师通过平行蒙太奇、对比蒙太奇、隐喻蒙太奇和心理蒙太奇的重叠使用,连接起了"49 年 9 月"、"49 年 10 月"、"50 年春"和"无尽头"四个影视时间以及"冀中"、"香港"、"台湾"三个影视空间。跨度非常大,但是观众却没有任何不适。正是"多重蒙太奇"的巧妙使用,营造出立体的时空效果,电视剧的主题也由此得以深化。

(执笔人:高思远)

参 考 文 献

[1] [法]安德烈·巴赞. 电影是什么. 北京：中国电影出版社,1987.

[2] [法]马赛尔·马尔丹. 电影语言. 北京：中国电影出版社,1980.

[3] [苏]B·普多夫金. 论电影的编剧导演和演员. 北京：中国电影出版社,1980.

[4] [苏]多宾. 电影艺术诗学. 北京：中国电影出版社,1984.

[5] [美]斯坦利·梭罗门. 电影的观念. 北京：中国电影出版社,1983.

[6] [美]李·R·波布克. 电影的元素. 北京：中国电影出版社,1986.

[7] [美]鲁道夫·阿恩海姆. 艺术与视知觉. 北京：中国社会科学出版社,1984.

[8] [匈]巴拉兹·贝拉. 可见的人,电影精神. 北京：中国电影出版社,2000.

[9] [英]安德鲁·吉德温,加里·惠内尔. 电视的真相. 北京：中央编辑出版社,2001.

[10] [乌拉圭]丹尼艾尔·阿里洪. 电影语言的语法. 北京：中国电影出版社,1981.

[11] [美]赫伯特·泽特尔. 电视制作手册7版. 北京：北京广播学院出版社,2004.

[12] 彭吉象. 影视美学. 北京：北京大学出版社,2002.

[13] 汪流. 为银幕写作. 北京：中国电影出版社,1994.

[14] 汪流. 电影剧作结构样式. 北京：中国广播电视出版社,1999.

[15] 温化平. 电视节目解说词写作. 北京：北京广播学院出版社,1988.

[16] 邵长波. 电视导演应用基础. 北京：中国广播电视出版社,2000.

[17] 何苏六. 电视画面编辑. 北京：中国广播电视出版社,1997.

[18] 王晓红. 电视画面编辑. 中国传媒大学出版社,2002.

[19] 钟大年,王桂华. 电视片编辑艺术. 北京：北京广播学院出版社,1987.

[20] 张凤铸. 音响美学. 北京：中国广播电视出版社,1997.

[21] 周传基. 电影·电视·广播中的声音. 北京：中国电影出版社,1991.

[22] 郝俊兰. 电视音乐音响. 北京：中国广播电视出版社,1997.

[23] 王菊生. 造型艺术原理. 哈尔滨：黑龙江美术出版社,2000.

[24] 傅正义. 影视剪辑编辑艺术. 北京：中国传媒大学出版社,2009.

[25] 任远. 电视编辑理念与技巧. 北京：中国广播电视出版社,2008.

[26] 黄匡宇. 电视节目编辑技巧. 北京：中国广播电视出版社,2002.

[27] 赵玉明,王福顺. 广播电视辞典. 北京：北京广播学院出版社,1999.